도시재생씨앗융자
어디까지 아니?

도시재생씨앗융자
어디까지 아니?

2023년 2월 20일 인쇄
2023년 2월 25일 발행

지은이 | 신우진·신우화·박소영·문창용·윤가인·곽민재
펴낸이 | 정성택

펴낸곳 | 전남대학교출판문화원
주소 | 61186 광주광역시 북구 용봉로 77
전화 | (062) 530-0571~3 팩스 | (062) 530-0579
등록 | 1981. 5. 21. 第53호
홈페이지 | http://www.cnup.co.kr
이메일 | cnup0571@hanmail.net

값 15,000 원

ISBN 978-89-6849-954-8 (93300)

How far do you know about urban regeneration seed loans?

도시재생씨앗융자 어디까지 아니?

신우진·신우화·박소영·문창용·윤가인·곽민재 공저

■ 들어가며

저출산, 고령화시대에 접어들면서 수도권과 비수도권의 격차가 크게 벌어짐에 따라 국가균형발전의 필요성이 대두되었다. 지방 도시지역의 활성화를 위해서 도시재생사업이 추진되었고, 정부는 2015년에 주택도시기금법을 제정하면서 도시재생기금이 본격적으로 탄생하게 되었다. 도시재생기금은 출자, 융자, 보증 등의 지원방식으로 도시재생사업에 적용되었고, 공공 중심의 도시재생 지원을 넘어 민간참여 유도를 통한 도시기능증진을 지원하기 위해서 다양한 방식으로 활용되고 있다. 도시기능증진 지원은 크게 도시재생씨앗융자(수요자중심형), 소규모주택정비사업, 산업단지 재생사업에 대한 융자 지원으로 구성된다. 이 중 도시재생 활성화 및 지원에 관한 특별법에 따른 도시재생 고유의 사업은 도시재생씨앗융자(수요자중심형)이라고 볼 수 있다.

마중물로 시작한 도시재생(뉴딜)사업이 대체로 중반을 넘어가는 상황에서 도시재생사업 수요자 중심형, 즉 개별사업자가 적극적으로 활용할 수 있는 도시재생기금인 도시재생씨앗융자에 대한 관심이 그 어느 때보다 필요한 시점이다. 노후한 건축물 및 도시기반시설을 대상으로 매입, 신·개축 등을 통해 공동협업공간, 창업시설, 상가리모델링, 임대상가, 도시재생기반시설 등을 조성하는 용도로 융자가 가능하기에 누구나 활용할 수 있으며, 마중물로 조성되는 커뮤니티 시설 주변에서 진행될 경우 재생사업의 파급효과를 키우는 데 용이하다. 최근 도시재생기금 운영의 방향을 보면, 대규모 사업 중심에서 중·소규모 사업으로 지원 대상이 확대되고 있고, 담보 기반의 융자에서 사업 기반의 투자로 기금 지원 방식이 업그레이드되고 있다. 따라서 사업적 마인드가 높은 개별 사업자가 이용 가능한 도시재생씨앗융자는 이러한 도시재생기금 운영 방향과도 일치한다고 볼 수 있다. 도시재생사업을 공공이 오롯이 이끌어가야 한다는 생각은 바람직하지 않다. 이미 도시재생기금을 만들면서 민간의 참여를 적극적으로 유도하고자 노력하였다는 점에서 공공만의 기능 강화는 적절하지 않음을 인정하고 있는 상황이다.

그런데, 좋은 금융사업 아이템이 존재함에도 불구하고, 도시재생씨앗융자 사업은 크게 활성화되지 못하고 있다. 도시재생활성화지역 내 사업에 지원된다는 점에서 사업의 가능성을 우려하는 시각이 있는 것은 분명하다. 그러나 그런 지역의 열악함을 고려하여 이자율, 지원금액 및 지원기간 등 혜택을 주고 있다. 그렇다면 활성화되지 못한 이유는 무엇일까? 이 책을 저술하게 된 계기는 바로 이 질문에서 시작되었다.

본 도서는 총 5개의 장으로 구성되어 있다. 먼저 도시재생기금을 이해하고 알아보는 것에서 출발하였고, 이후에는 도시재생씨앗융자를 이해하고 알아보고자 하였다. 자세한 구성과 주요 내용은 다음과 같다.

1장에서는 도시재생기금이 어떤 목적에서 만들어졌고, 지원방식과 역할을 무엇인지 살펴보았다. 현재 도시재생기금의 운영 현황을 보고, 국내·외 사례를 분석하여 도시재생기금 운영의 문제점 및 개선 방향에 대해서 서술하였다.

2장에서는 보다 구체적으로 도시재생사업과 기금이 어느 지역에 얼마나 지원되었는지 살펴보았다. 먼저 도시재생사업의 선정과정 및 특징을 살펴보고, 도시재생기금의 지원 현황을 지역별로 비교하여 살펴보았다. 마지막으로 도시재생씨앗융자 제도개선사항을 정리하였다.

3장에서는 도시재생씨앗융자를 이해하기 위한 내용을 기술하였다. 도시재생씨앗융자를 설명하고, 선정대상 및 절차를 소개하였으며, 지금까지 지원받은 사항들을 정리하였다.

4장에서는 지방의 광역시 단위에서의 도시재생씨앗융자를 받은 사업장을 살펴보았다. 본 저서에서는 광주광역시와 대구광역시에서의 사업장 사례들을 정리하였다. 각 사업장의 지리적 위치, 사업지원내역 등을 정리하였다.

5장에서는 광역도 단위에서의 도시재생씨앗융자 사업지를 정리하였다. 본 저서에서는 전라남도와 경상북도를 대상으로 사업지를 정리하고, 사업지의 지리적 위치, 사업지원 내역 등을 기술하였다.

또한, 각 장 말미에는 도시재생을 경험한 전문가, 도시재생씨앗융자를 지원받은 사업자들의 인터뷰를 추가함으로써, 생생한 정보가 제공될 수 있도록 구성하였다.

이 책이 출판되기까지 도움을 주신 분들에게 감사의 말씀을 전한다. 2022년 전남대학교 학술도서출판지원사업을 통해 본 저서가 출간될 수 있음에 감사의 뜻을 전한다.

2023년 2월

집필진 일동

■ 차 례

제1장 도시재생기금 이해하기 ___ 박소영

제2장 도시재생기금 알아보기 ___ 신우화

제3장 도시재생씨앗융자 이해하기 ___ 신우진·신우화

제4장 도시재생씨앗융자 알아보기(광역시) ___ 신우화·문창용

제5장 도시재생씨앗융자 알아보기(광역도) ___ 윤가인·곽민재

제1장

도시재생기금 이해하기*

박소영

1. 도시재생기금의 개요
2. 지원방식과 역할
3. 도시재생기금 현황과 운영실태
4. 기금을 지원하는 국내외 사례
5. 소결

* 박소영 외 (2020) 지역주도형 도시재생을 위한 재정·금융 지원체계 구축방안. 국토연구원을 재구성

1. 도시재생기금의 개요

1.1. 도시재생기금의 시작

한국에서 도시지역에 대한 국가지원은 2007년 국가균형발전사업의 일환으로 추진된 '살고싶은 도시만들기' 사업에서 시작되었다. 본 사업은 2010년부터는 '도시활력증진 지역개발' 사업으로 재편되었으며, 2017년부터는 도시재생사업 세부사업 유형 중의 하나인 '우리동네 살리기' 사업으로 이어지고 있다.

2013년 「도시재생활성화 및 지원에 관한 특별법(이하 도시재생법」이 제정되면서, 도시지역에 대한 국가지원 방식은 일방향으로 예산을 지원하는 '보조' 방식과 함께, 지원자와 수혜자가 책임과 의무를 함께 하는 '융자' 방식으로 확대되었다.

도시재생법 제27조에서는 국가 또는 지방자치단체는 도시재생사업에 대하여 '보조하거나 융자'할 수 있다고 지원방식을 함께 명기하였다. 특히 도시재생법 동 조항에서 '국가는 보조하거나 융자하는 데에 필요한 자금을 일반회계, 「국가균형발전 특별법」 제30조에 따른 국가균형발전특별회계 또는 「주택도시기금법」에 따른 주택도시기금에서 지원한다.'라고 재원의 근거까지 명확히 제시하였다.

이를 바탕으로 2015년 주택도시기금법이 제정되면서 명실상부한 도시재생기금이 탄생할 수 있었다. 본 법을 통해 1981년부터 설치 및 운영되어 온 국민주택기금을 주택도시기금으로 개편하고, 주택건설자금의 원활한 공급을 통해 국민주택건설을 촉진하고, 저리 주택자금 지원으로 무주택 서민층의 주거안정을 도모하는 등 주택 분야에 한정하여 사용하던 기금의 용도를 도시재생사업에 대한 수요증가 및 지원 필요성을 감안하여 도시재생 분야까지 확대[1]할 수 있게 되었다.

▼ 도시재생 정책과 사업변화

구분		2000년대	2010년대	2015년대	2020년대
대통령		노무현 ('03-'08)	이명박 ('08-'13)	박근혜 ('13-'16)	문재인 ('17-'22)
특징		균형발전	지역발전	도시재생 기반조성	도시재생 정착 및 확산
주요제도 및 정책		국가균형발전 특별법('04)		도시재생특별법('13) 주택도시기금법('15)	도시재생뉴딜 ('17)
주요 사업	보조	살고싶은 도시만들기	도시활력증진 지역개발사업	도시재생사업	도시재생 뉴딜사업
	융자 등 (기금)			복합개발형 출융자	복합개발형 출융자 수요자 중심형 지원 도태펀드

자료 : 저자 작성

주택도시기금법 제5조에 따르면 기금은 크게 주택계정과 드시계정으로 구분되며, 이 중 도시계정이 바로 '도시재생기금'이라고 볼 수 있다. 초기에는 대규모 복합개발사업을 대상으로 했으나, 현재는 중소규모 수요자 중심형사업 등으로 다변화하고 있다. 현재 주택도시기금 도시계정은 보조사업의 주요 재원인 국가균형발전특별회계 지역지원계정과 함께 도시재생 융자사업의 재원으로서 도시재생사업에 대한 국가지원의 중요한 축으로 자리잡고 있다.

---

1 국가법령정보센터 주택도시기금법 연혁. 2015.01.06. 제정·개정 이유

1.2. 도시재생기금의 제도적 기반

도시재생기금은 주택도시기금에 근거한다. 주택도시기금법 제1조에 따르면 주택도시기금은 주거복지 증진과 도시재생 활성화를 지원함으로써 국민의 삶의 질 향상에 이바지함을 목적으로 한다. 이때의 도시재생은 도지재생법의 제2조 제1항 제1호에 따른 도시재생을 말하며, 주택도시기금의 도시계정을 통해 지원한다.

주택도시기금법 제9조에서는 기금의 용도를 구체적으로 제시하고 있다. 도시재생사업의 시행에 필요한 비용을 출자, 투자, 융자 등의 방식으로 지원할 수 있으며, 도시재생뿐만 아니라 정비사업, 산업단지 재생사업에 대하여 지원할 수 있다. 또한 직접적인 사업뿐만 아니라 도시·주거환경정비기금, 재정비촉진특별회계, 도시재생특별회계 등 지자체의 도시환경을 정비 또는 재생하기 위한 기금, 특별회계에 융자할 수 있도록 하고 있다.

▼ 도시재생기금의 법적 근거

도시재생법	주택도시기금법
제27조(보조 또는 융자) ① 국가 또는 지방자치단체는 도시재생 활성화를 위하여 대통령령으로 정하는 바에 따라 다음 각 호에 대하여 그 비용의 전부 또는 일부를 해당 사업 또는 업무를 수행하는 자에게 보조하거나 융자할 수 있다. <개정 2016. 1. 19., 2017. 12. 26.> 1. 도시재생전략계획 및 도시재생활성화계획 수립비 2. 도시재생 제도발전을 위한 조사·연구비 3. 건축물 개수·보수 및 정비 비용 4. 전문가 파견·자문비 및 기술 지원비 5. 도시재생기반시설의 설치·정비·운영 등에 필요한 비용	제9조 기금의 용도 ② 기금의 도시계정은 다음 각 호의 용도에 사용한다. 1. 다음 각 목에 대한 융자 가. 「도시 및 주거환경정비법」 제2조제2호가목부터 다목까지의 사업, 「빈집 및 소규모주택 정비에 관한 특례법」 제2조제1항제2호 및 제3호의 사업 나. 「도시재정비 촉진을 위한 특별법」 제2조제7호에 따른 기반시설 중 같은 법 제29조제2항에서 정하는 기반시설의 설치에 드는 비용 2. 다음 각 목의 사업 중 대통령령으로 정하는 요건을 충족하는 사업에 필요한 비용의 출자·

도시재생법	주택도시기금법
6. 도시재생지원기구 및 도시재생지원센터의 운영비 7. 문화유산 등의 보존에 필요한 비용 8. 마을기업, 「사회적기업 육성법」 제2조제1호에 따른 사회적기업, 「협동조합 기본법」 제2조제3호에 따른 사회적협동조합 등의 지역활성화사업 사전기획비 및 운영비 9. 도시재생사업에 필요한 비용 10. 도시재생사업을 위한 토지·물건 및 권리 취득에 필요한 비용 11. 그 밖에 대통령령으로 정하는 사항 ② 국가는 지방자치단체의 재정상태 및 제24조에 따른 도시재생활성화계획의 평가 결과 등을 고려하여 대통령령으로 정하는 바에 따라 보조 또는 융자의 규모·비율 등을 달리 할 수 있다. ③ 국가는 제1항에 따라 보조하거나 융자하는 데에 필요한 자금을 일반회계, 「국가균형발전 특별법」 제30조에 따른 국가균형발전특별회계 또는 「주택도시기금법」에 따른 주택도시기금에서 지원한다. <개정 2014. 1. 7., 2015. 1. 6., 2018. 3. 20.>	투자 또는 융자 가. 「도시재생 활성화 및 지원에 관한 특별법」 제2조제1항제7호에 따른 도시재생사업의 시행에 필요한 비용 나. 「도시재생 활성화 및 지원에 관한 특별법」 제2조제1항제5호에 따른 도시재생활성화지역 내에서 해당 지방자치단체의 장이 도시재생을 위하여 필요하다고 인정하는 건축물의 건축에 필요한 비용(토지의 매입에 필요한 비용을 포함한다) 다. 「산업입지 및 개발에 관한 법률」 제2조제11호에 따른 산업단지 재생사업의 시행에 필요한 비용 2의2. 제1호가목 및 제2호가목의 사업으로 조성된 부동산을 매입하여 도시재생 활성화 목적으로 운영하는 위탁관리 부동산투자회사(「부동산투자회사법」 제2조제1호나목에 따른 위탁관리 부동산투자회사를 말한다)에 대한 출자·융자 3. 다음 각 목의 기금, 특별회계에 대한 융자 가. 「도시 및 주거환경정비법」 제126조에 따른 도시·주거환경정비기금 나. 「도시재정비 촉진을 위한 특별법」 제24조에 따른 재정비촉진특별회계 다. 「도시재생 활성화 및 지원에 관한 특별법」 제28조에 따른 도시재생특별회계 3의2. 「도시재생 활성화 및 지원에 관한 특별법」 제2조제1항제5호에 따른 도시재생활성화지역에서 창업지원, 지역상권 활성화 등 도시재생 관련 투자를 하는 것을 목적으로 하는 투자조합에 대한 출자 3의3. 제2호 각 목의 사업을 추진하기 위하여 설립된 부동산투자회사(「부동산투자회사법」 제2조제1호에 따른 부동산투자회사를 말한다) 및 제2호의2에 따라 설립된 부동산투자회사가 발행하는 증권의 매입 4. 제5조 및 제6조에 따른 예수금, 예탁금, 차입금의 원리금 상환 5. 기금의 조성·운용 및 관리를 위한 경비 6. 그 밖에 도시계정의 설치목적을 달성하기 위하여 대통령령으로 정하는 사업

자료 : 도시재생 활성화 및 지원에 관한 특별법, 주택도시기금법

2. 지원방식과 역할

2.1. 정부재정의 구성과 지원방식

국가의 재정은 크게 예산과 기금으로 구성된다. 이 중 예산은 일반회계와 특별회계로 구분된다. 일반회계는 국가 고유의 일반적 재정활동을 위한 것인 반면, 특별회계와 기금은 특정목적을 위해 운용하는 점에서 차이가 있다. 또한 일반회계는 특정수입과 지출을 연계하지 않지만, 특별회계와 기금은 특정세입과 지출을 연계한다는 점에서 공통점이 있다. 다만 특별회계는 회계이기 때문에 단년도 회계를 원칙으로 하며, 목적 외 사용금지 원칙을 적용받는 등 합법성에 입각하여 엄격한 통제를 받아야 한다. 반면 기금은 다년도 회계를 원칙으로 하며, 예산원칙의 일반적인 제약으로부터 벗어나 좀 더 탄력적으로 운용이 가능하다는 특징이 있다.

국가가 재정을 지원하는 대표적인 방식에는 '보조', '융자', '투자'가 있다. '보조금'은 국가 또는 지방자치단체가 공익적 사업을 지원하기 위해 반대급부 없이 교부하는 금전 급부를 말하는 것으로, 법적 성격은 증여에 해당한다(정부입법지원센터[2]).

---

2 https://www.lawmaking.go.kr/lmKnlg/jdgStd/info?astSeq=2236&astClsCd=CF0101 (검색일자 : 23.01.04)

▼ 정부재정의 구성과 특징

구분	예산(Accounting)		기금(Fund)
	일반회계	특별회계	
설치사유	국가 고유의 일반적 재정활동	특정사업 운영을 위한 특정자금 운용	특정목적 위해 특정자금 운용
운용형태	공권력에 의한 조세 수입과 무상급부를 원칙	일반회계와 기금 형태 혼재	출연금·부담금 등 다양한 재원
수입·지출 연계	특정수입과 지출 연계배제	특정세입과 지출 연계	특정수입과 지출 연계
회계제도	단년도 회계		다년도 회계
집행절차	합법성에 입각하여 엄격히 통제, 예산의 목적 외 사용금지 원칙 적용		합목적을 위해 상대적으로 자율성·탄력성 보장
현황 (2022년)	1개	20개 (기업특별회계 5개 / 기타특별회계 15개)	67개 (사회보험성 6개 / 금융성 9개 / 계정성 4개 / 사업성 48개)

자료 : 유민봉, 2005. 한국행정학. pp.547-548. 박소영, 2020. p.22

일반적으로 '융자'란 금융기관에서 사업계획서와 담보(물적담보, 각종 보증서 등)를 제공하고 자금을 빌리는 것을 말한다. 융자는 신용 또는 담보 능력만 된다면 쉽게 빌릴 수 있으며, 반드시 되갚아야 하는 돈이다. 공공분야에서의 융자는 민간이 행하는 사업 중 공익성이 크고 적극적으로 장려·진흥시켜야 할 필요가 있는 경우에 정부가 재정자금 등을 재원으로 하여 민간 금융회사보다 낮은 이자율로 융통함으로써 사업자의 자금 확보를 도와주는 제도를 말한다. 저리자금의 융자는 특혜의 소지가 있으므로 사업의 공익성에 대한 검토가 필요하며, 시장경제 질서를 해치지 않도록 해야 한다(정부입법지원센터[3]).

3 https://www.lawmaking.go.kr/lmKnlg/jdgStd/info?astSeq=2236&astClsCd=CF0101 (검색일자 : 23.01.04)

▼ 정부재정 지원방식

구분	보조	융자	투자
고려사항	공익성	신용도, 담보 능력 검토	사업성 우선 검토
사용처	중요	중요하지 않음	중요
관계	지원자 - 수혜자	채권자 - 채무자 관계	주주(파트너) 관계
위험부담	지원자가 부담	채무자 위험부담	투자위험 공유
의무	반대급부 없음	원금 + 이자 상환	수익에 따른 이익 배분

자료 : https://m.post.naver.com/viewer/postView.naver?volumeNo=16589033&memberNo=38168656를 참고하여 작성

융자가 담보 또는 신용을 바탕으로 채무자가 위험을 부담하는 지원 방식인 반면 '투자'란 성장성과 수익성 등 사업성을 검토하여 파트너 관계로 투자위험을 공유하고 수익에 따른 이익도 배분하는 방식을 말한다. 투자 방식은 주로 민간영역에서 시행되었으나, 최근 공공분야에서도 적용되고 있으며, 이를 '정책펀드'라고 한다. 정책펀드는 국가 정책적으로 중요하나 시장실패의 가능성이 높은 분야에 자금 공급을 촉진하기 위한 목적으로 정부 재정으로 지분투자하는 재간접펀드를 의미한다(남재우, 2022). 우리나라의 중앙부처들은 주로 여러 투자자(출자자)로부터 출자금을 받아 하나의 '모펀드'를 조성하여 개별 투자펀드인 '자펀드'에 출자하는 '모태펀드(Fund of Funds, FOF)'를 통해 투자를 시행하고 있다.

2.2. 도시재생기금의 역할

도시재생사업은 국가의 재정 중 국가균형발전특별회계와 주택도시기금을 주요 재원으로 사용하고 있다. 국가균형발전특별회계와 주택도시기금은 특정목적의 사업을 대상으로 안정적으로 재원을 공급하는 점에는 공통점이 있다. 하지만 운용방식과 효과 측면에서는 크게 차이가 있다.

국가균형발전특별회계는 회계의 일부이기 때문에 구조적으로 단년도를 회계연도로 할 수밖에 없으며, 정해진 목적 외 사용이 원칙적으로 금지된다는 점에서 경직적으로 운용될 수밖에 없다. 반면 주택도시기금은 사업성 기금의 하나로서 기금이기 때문에 다년도를 대상으로 할 수 있으며, 이를 바탕으로 합목적의 범위 내에서 상대적으로 유연하게 운용이 가능하다.

도시의 재생은 쇠퇴 양상과 수준이 비슷하다고 하더라도 지역마다의 여건과 지역사회의 역량이 서로 상이하기 때문에 중앙정부의 가치기준에 따른 상의하달의 탑-다운 방식만으로는 해결이 불가능하다. 중앙집권적 관료 방식은 기능적으로 단시간에 효율적으로 일을 처리할 수 있도록 하지만 지역사회의 수요에 효과적으르 대응하기 어렵기 때문이다. 이와 같은 문제를 해결하기 위해서는 지역사회 수요에 따른 유연한 대응이 필요하기 때문에 하의상달의 바틈-업 방식이 필요하다.

국가 도시재생 정책에서 국가균형발전특별회계에 따른 예산 보조방식은 표준화된 규칙과 절차에 따라 효율적으로 일을 처리할 수 있도록 역할을 하는 반면, 주택도시기금에 따른 기금의 융자·출자·투자 지원방식은 지역과 민간의 참여와 창의성을 발현하고 지원자와 수혜자가 책임과 의무를 함께하도록 함으로써 수요에 맞춤형으로 대응할 수 있도록 하는 역할을 한다고 볼 수 있다.

▼ 국가 도시재생사업 지원방식

구분	보조금 사업	기금 사업
근거법	「도시재생법」 제27조 「국가균형발전 특별법」 제5장	「도시재생법」 제27조 「주택도시기금법」 제5조, 제9조
재원	국가균형발전특별회계 (지역지원계정, 지역자율계정)	주택도시기금 (도시계정)
지원방식	보조금 지원	융자, 출자, 투자
선정방식	지자체 공모, 도시재생특별위원회 결정	개별신청 및 HUG 심사 (공공성, 사업성, 실현가능성)
특징	일방의 지원 (증여와 비슷)	양방의 책임과 의무 (정책금융)
역할	기능적 효율성	수요 탄력적 효과성

자료 : 저자 작성

3. 도시재생기금 현황과 운영실태

3.1. 개요

도시재생기금은 기본적으로 자금회수가 가능한 사업에 대하여 지원하며, 도시재생사업을 추진하는 지자체, 공기업, 공공기관뿐만 아니라 사회적기업, 주민 등에게 출자, 융자 및 보증 등의 금융을 지원한다.

▼ 도시재생기금 사업유형

구분	유형	지원방식	세부 프로그램
도시재생 지원	도시재생 지원	출자	- 도시재생리츠에 대한 출자 - 공간지원리츠에 대한 출자 - 모태펀드 출자
	도시재생 지원	융자	- 도시재생리츠에 대한 융자 - 공간지원리츠에 대한 융자
	기타	보증	- 도시재생 PF 보증, - 공간지원리츠 회사채 보증
도시기능 증진지원	도시재생 씨앗융자 (수요자 중심형)	융자	- 공동협업공간 조성자금, 창업시설 조성자금 - 상가리모델링 자금, 임대상가 조성자금 - 도시재생기반시설 조성자금
	소규모 주택정비사업	융자, 보증	- 가로주택정비사업, 자율주택정비 사업 - 소규모 주택정비사업자금 대출보증
	산업단지 재생사업	융자	- 산업단지 복합개발자금 - 산업단지 기반시설 조성자금 - 산업단지 리모델링 자금

자료 : 국토교통부. 2022.07.28. '2022년도 도시재생사업 신청 가이드라인'

기금상품은 크게 대규모 융복합 사업을 지원하는 '도시재생 지원' 프로그램과, 중소규모 수요자 중심의 사업을 지원하는 '도시기능증진 지원' 프로그램이 있다. 이와 함께 2019년부터는 모태펀드에 대한 기금 출자 근거를 마련한 주택도시기금법 시행에 따라 도시재생 지원의 세부 프로그램의 하나로 융자를 넘어 투자방식으로까지 지원할 수 있는 '도시재생 모태펀드' 프로그램이 마련되었다.

3.2. 주요 프로그램 구성과 특징

도시재생기금은 다양한 세부 프로그램으로 구성 및 운영되고 있다. 하지만 도시재생사업의 특징과 연계하여 프로그램을 재분류해보면, 대규모 융복합사업 지원, 중소규모 수요자 맞춤형 지원 그리고 도시재생 모태펀드로 재구성할 수 있다. 아래에서는 이들을 중심으로 주요 내용과 현황을 살펴보고자 한다.

대규모 융·복합사업 지원

도시재생지원은 기본적으로 도시재생 혁신지구, 도시경제기반형 재생사업 등에서의 거점을 조성하기 위한 대규모 융복합사업을 대상으로 한다. 이와 같은 대규모 사업을 지원하기 위하여 융자뿐만 아니라 출자 및 보증까지 복합금융을 지원한다. 이를 위해 다양한 금융을 연계할 수 있는 리츠 방식을 주요 대상으로 하고 있다.

▼ 도시재생 지원 기금지원 프로그램

종류	한도	이율	비고
도시재생지원(융자)	총사업비의 50% 이내	연 2.2%	- (융자대상) 도시재생사업 시행자 - (융자용도) 도시재생사업 사업비 지원 (단, 공공이 차주인 경우 年 1.8% 적용)
도시재생지원(출자)	총사업비의 20% 이내	-	- (대상) 도시재생리츠, 도시재생 PFV 및 SPC - (방식) 누적적·참가적 우선주 출자
【보증】 도시재생 PF 보증	총사업비의 80% 이내	-	- (보증대상) 도시자생 사업시행자 - (보증료율) 연 0.25%~0.57%
【보증】 공간지원 리츠 회사채보증	총사업비의 30% 이내	-	- (보증대상) 도시재생리츠(공간지원리츠) - (보증료율) 연 0.035%

자료 : 국토교통부. 2022.07.28. '2022년도 도시재생사업 신청 가이드라인'

대규모 융복합 사업에 대하여 총사업비의 50% 이내에서 연 2.2%수준으로 최대 13년까지 융자가 가능하다. 지원대상은 도시재생 뉴딜리츠(REITs), 도시재생뉴딜 SPC, 도시재생뉴딜 PFV이다. 본 사업에 대하여는 총사업비의 최대 20%까지 출자도 가능하다.

2022년 현재까지 도시재생 사업형 리츠 5곳(천안 동남구청, 청주 연초 제조창, 서대구 지식산업센터, 서울 창동창업문화, 성남 복합산업센터), 혁신지구리츠 2곳(고양 성사동 혁신지구, 천안 역세권 혁신지구), 매입형 공간지원리츠 2곳 등 9곳이 대규모 융복합사업지원을 받아 운영되고 있으며, 최근 민관협력형 1곳(천안 오룡지구)가 신규로 리츠를 준비하고 있다.

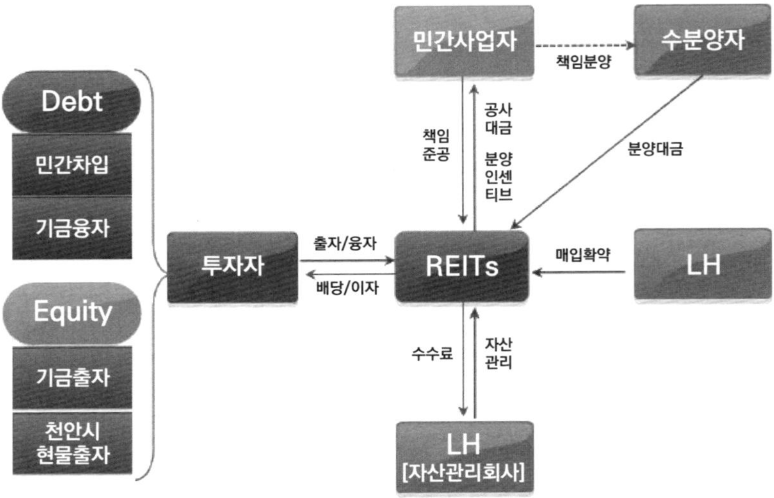

자료 : 국토교통부 보도자료. '18.10.05. '천안역세권 뉴딜사업 본격착수 향해 성큼성큼'

▲ 도시재생 리츠 사업구조 및 기금 지원

▼ 도시재생지원 출·융자

구분	출·투자	융자
대상	■ 도시재생 리츠(REITs)	■ 도시재생사업 시행자
한도	■ 총사업비 20% 범위이내	■ 총사업비 50% 범위이내 * 민간사업자 출자비율 또는 추정사업 수익률 기준으로 30~50% 차등화
방식	■ 누적적·조건부 참가적 우선주 출자 - (누적적) 미배당분을 다음 연도에 우선 배당하여 기금의 적정수익 확보 - (조건부 참가적) 보통주 수익률 6% 초과분에 대하여 배당에 참여	■ 최장 13년* 만기일시상환** - (이율) 연 2.2***%(변동금리) 다만, 공공이 차주인 경우 年 1.8% (변동금리) * 국공유지 위탁개발사업, 복합역사 개발사업 등 장기간 운영이 필요한 사업은 최대 35년 이내 적용가능 (단, 10년 단위로 연장 가능) ** 분할상환 가능, 중도상환수수료 無
지원 조건	■ (사업내부수익률) 기금조성금리 +1.5%p 이상 [약 3.3%] ■ (기금내부수익률) 2.5% 이상 ■ (주주내부수익률) 2.8% 이상 ■ (사업완충률) 최소 12% 이상*	■ (수익성) 사업 수익률 1.5% 이상,입지 여건 평가 ■ (재무적 안정성) 자기자금 선투입 비율 20% 이상, 사전임차·매입확약 비율, 이자보상비율

구분	출·투자	융자
	* 별도의 요구 완충률 충족 필요 ■ (자기자본) 단위사업 완공사업비의 20% 이상 ■ (AMC) 자본금 70억원 이상 & 자산운용 전문인력 5명 이상 ■ (시공자) 신용등급 BB+ 이상 & 시공능력순위 500위 이내 ■ (공공시설 설치비율) 건축연면적 대비 10% 이상 ■ (공급가격, 임대료상승률) 공급가 시세 이하, 임대료상승률 연 5% 이내 ■ (지역주민 의무고용) 해당 기초지방자치단체 거주 주민 30%이상 의무고용	■ (시공자) 신용등급 BB+ 이상 & 시공능력순위 500위 이내 ■ (공공시설* 설치비율) 건축연면적 대비 10% 이상(공적 임대주택 미공급 시 5%) 공공시설* 설치. 다만, 융자대상 사업이 「도시 및 주거환경정비법」에 따른 정비사업인 경우에는 공공시설 30%** 이상 설치 * 공공시설, 기반시설, 공동이용시설, 창업지원시설, 공적 임대주택 등 ** 공공이 차주인 경우 20% 이상 ■ (주거연면적 비율) 융자대상 사업이 「도시 및 주거환경정비법」에 따른 정비사업인 경우 주택 및 준주택 연면적 비율이 50%* 미만이어야 함 * 공공이 차주인 경우 미적용 ※ 공공기관, 지방자치단체, 지방공기업이 차주일 경우, 사업 수익률, 자기자금 선투입 비율, 시공사 요건 제외

자료 : 주택도시보증공사. 도시재생금융지원 상품 안내서('21.6.30)

중소규모 수요자 중심형 지원

도시기능증진 지원은 크게 도시재생씨앗융자(수요자중심형), 소규모 주택정비사업, 산업단지 재생사업으로 구성된다. 이 중 도시재생법에 따른 도시재생 고유의 사업은 도시재생씨앗융자(수요자중심형)이라고 볼 수 있다.

앞서 융복합사업 지원은 리츠와 같은 대규모 사업을 대상으로 출자, 융자, 보증까지 복합금융을 지원하지만, 수요자 중심형은 중소규모 사업을 대상으로 융자 방식으로 지원한다. 반면 수요자 중심형은 지원방식은 융자로 단일하지만 공동협업공간, 창업시설, 상가리모델링, 임대상가, 도시재생기반시설 등 다양한 대상을 지원한다.

▼ 도시재생씨앗융자(수요자중심형) 기금지원 프로그램

<table>
<tr><th>종류</th><th>한도</th><th>이율</th><th>비고</th></tr>
<tr><td>공동협업공간 조성자금</td><td rowspan="3">총사업비의 70% 이내
* 융자한도 적용기준에 따라 증·감액 가능</td><td rowspan="4">(개인/ 일반법인) 연 1.9%

(공공/사회적 경제주체**) 연 1.5%

* 금리 우대 기준에 따라 최대 연 1.2%

** 마을기업, 사회적기업, 협동조합, 자활기업 등</td><td>■ (융자대상) 공동협업공간을 조성하는 개인, 지자체등
■ (융자용도) 건설, 매입, 리모델링 자금 등</td></tr>
<tr><td>상가 리모델링 자금</td><td>■ (융자대상) 상가소유자, 상가신축을 추진하는 토지소유자
■ (융자용도) 상가 리모델링·신축</td></tr>
<tr><td>창업시설 조성자금</td><td>■ (융자대상) 신규 창업하는 청년 창업자, 사회적기업 등
■ (융자용도) 건설, 매입, 리모델링 자금 등</td></tr>
<tr><td>임대상가 조성자금</td><td>총사업비의 80% 이내
* 융자한도 적용기준에 따라 감액 가능</td><td>■ (융자대상) 임대상가를 조성하는 지자체, 지방공기업 등
■ (융자용도) 건설, 매입, 리모델링 자금</td></tr>
<tr><td>도시재생 기반시설 조성자금</td><td>총사업비의 70% 이내
* 융자한도 적용기준에 따라 증·감액 가능</td><td>연 1.5%

* 금리 우대 기준에 따라 최대 연 1.2%</td><td>■ (융자대상) 도시재생기반시설을 조성하는 지자체, 공공기관 등 법인 또는 개인사업자
■ (융자용도) 건설, 매입, 리모델링 자금 등</td></tr>
</table>

자료 : 국토교통부. 2022.07.28. '2022년도 도시재생사업 신청 가이드라인'

중소규모 수요자 중심형 지원은 지자체, 공공기관, 지방공기업 등 공공부문 뿐만 아니라 마을기업, 사회적기업, 협동조합 등 사회적 경제주체, 상가 또는 토지 소유자 등 다양한 주체를 대상으로 한다.

2022년 기준으로 1.5(공공 등)~1.9%(개인, 일반법인)의 이율로 50억원(공공은 100억 원) 미만 범위에서 총사업비의 70~80%를 융자기간 7년(최장 민간 12년, 공공 17년)까지 지원하고 있다.

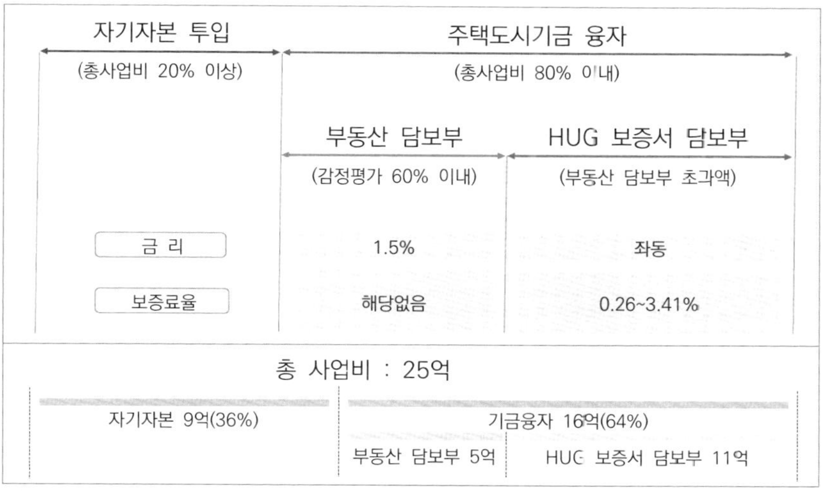

자료 : 한승욱. 도시재생사업과 주택도시기금의 역할. 주택도시보증공사

▲ 수요자 중심형 사업의 금융구조(상), 사례(하)

단, 채무자는 시중보다 낮은 금리로 장기간 금융을 지원받는 조건으로 제3자 임대요건, 운영 관리 요건, 업종 제한 등에 있어 공공성 요건을 만족해야 한다.

▼ 공공성 요건

구분	내용
제3자 임대	- 법정기간 계약갱신 보장(상가건물 임대차보호법 10년 이내) - 융자기간 임대료 인상률 연5%이내 제한 * 단, 창업시설은 임대불가
운영 관리	- 운영 관리(다음 3가지 중 하나 이상 이행) 1) 사회적 경제주체에 의한 운영관리 2) 노인, 장애인 등 사회적 약자 고용 3) 지역주민들을 위한 프로그램 등 정기운영
업종 제한	- 사행성 관련업, 노래연습장, 컴퓨터게임방, 주류 담배 판매업, 숙박업, 유흥주점업 등 관련업 - 주거건물임대업(단, 쉐어하우스 등 공유형 주거시설은 가능)
기타	- 사업자(차주) 직접 거주 금지 - 융자 받아 조성한 시설을 융자기간 내 제3자에게 매각할 수 없음 - 위 사항을 위반하여 기한이익 상실시 중도상환 수수료(3.0%) 징수

자료 : 주택도시보증공사. 도시재생금융지원 상품 안내서(21.6.30)

도시재생 모태펀드[4]

투자방식은 담보를 바탕으로 자금을 빌려주는 융자방식과 달리, 사업성을 바탕으로 지원자와 지원을 받는 자가 파트너 관계로서 위험과 수익을 공유하기 때문에 역량있는 민간주체를 발굴, 육성하는데 더욱 효과적이다. 이러한 점에서 그간 물리적 하드웨어 중심의 사업에 집중되던 도시재생 분야에 투자라는 지원방식이 도입된 것은 매우 의의가 크다. 도시재생은 지역사회 내 민간의 참여와 창의성 발현이 무엇보다 중요하기 때문이다.

현재 도시재생활성화지역 내 역량 있는 민간을 발굴 및 지원하는 투자는 부처가 직접 민간에 투자하는 방식이 아니라 모태펀드 형태로 운영되고 있다. 모태펀드란 기업에 직접 투자하지 않고, 민간 벤처캐피탈이 결성하는 펀드에 출자하는 펀드 (Fund of Funds)이며, 민간 벤처캐피탈은 모태펀드 출자를 바탕으로 연기금 등 민간자본을 유치해 창업·벤처기업을 선별 후 투자 및 회수하는 방식을 의미한다.

2011년 「정책펀드 운용 효율화 방안」에 따라 각 부처의 벤처투자 관련 출자사업은 「벤처기업 육성에 관한 특별조치법」에 근거한 '모태펀드'로 통합하는 것으로 결정되어, 도시재생사업도 모태펀드를 통해 청년창업, 중소-벤처기업 등에 투자한다. 중소벤처기업부가 주관하는 모태펀드는 재정을 기반으로 민간자금을 매칭하여 정책목적별로 투자하게 된다.

---

4 국토교통부 보도자료. '19.09.06. '도시재생 모태펀드를 통해 지역일자리를 만들고 경제활력 이끌겠습니다.'

도시재생 모태펀드는 공공과 민간이 공동으로 출자하는 구조로 주택도시기금(도시계정)과 민간투자금을 합하여 3년간 총 625억 원 규모로 조성되었다. 2019년에 제1호 펀드를 시작으로 현재까지 제3호 펀드까지 운영되고 있다. 도시재생 모태펀드는 도시재생활성화지역의 사회·문화·환경·경제적 활력 회복과 주민 삶의 질 향상에 기여하는 중소 벤처기업 등을 중심으로 다양한 분야의 기업에 투자하게 된다.

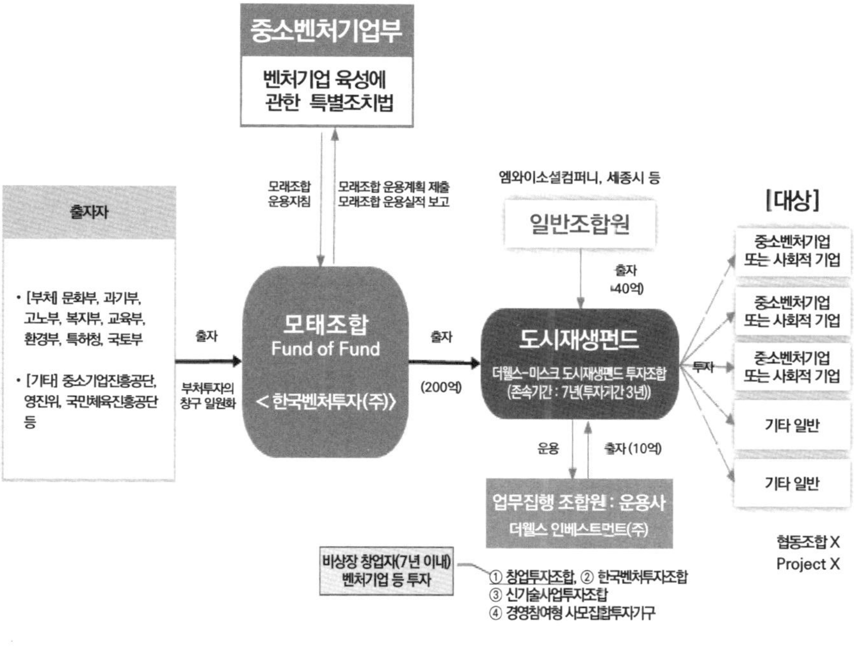

자료 : 박소영 외. 2020. p.67

▲ 도시재생 모태펀드 운영구조

▼ 도시재생 모태펀드 운용 현황

구분		제1호 펀드	제2호 펀드	제3호 펀드
시기		'19.12 운용사 선정 '20.06 결성	'20.11 운용사 선정 '21.05 결성	'21.10 운용사 선정 '22.01 결성
운용사		더웰스인베스트먼트	쿨리지인베스트먼트	쿨리지인베스트먼트
출자	기금	200억원	200억원	100억원
	민간	50억원	50억원	25억원
	계	250억원	250억원	150억원

자료 : 국토교통부 내부자료. 2022.03.

▼ 도시재생 모태펀드 도시재생기여도 평가 기준표

구분	항목	측정항목 및 방법
공통항목	경제적 활력기여 (30점)	▪ 지역주민고용 또는 소득증대 기여 - 고용실적, 소득신고 실적
선택적 항목 (특화항목)	사회적 활력기여 (20점)	▪ 사회적 활력제고 - 사회서비스 제공, 공동체 공간제공, 동네상권 및 창업지원, 지역자원 활용 공동생산 등
	문화적 활력기여 (20점)	▪ 문화적 활력제고 - 지역공동체 활성화 지원, 문화관광서비스제공, 지역특화 컨텐츠 제작 또는 활용 등
	환경적 활력기여 (20점)	▪ 환경적 활력제고 - 주민친화적 정주환경개선, 생활안전인프라 개선, 혁신공간 구축 & 운영, 신재생 및 친환경 에너지 개선, 생태환경의 지속가능성 복원 등
특별항목	국토부 예비사회적기업 및 이로부터 유래한 사회적기업(70점)	

자료 : 박소영 외. 2020. p.68.

3.3. 도시재생기금 운영실태

도시재생기금 예산규모는 2017년에 522억 원에서 시작하여 2021년 최대 9,132억 원까지 증가하였다가, 2022년 다소 감소하여 6,008억원 수준으로 운영되고 있다.

유형별로는 2022년을 기준으로 대규모사업을 대상으로 하는 '도시재생지원' 프로그램 보다 중소규모사업을 대상으로 하는 '도시기능증진지원' 프로그램 예산이 두 배 이상 많이 편성되어 있다. 세부 프로그램 별로는 가로주택정비사업을 지원하는 프로그램의 예산이 가장 많으며, 다음으로 도시재생지원(융자), 도시재생씨앗융자 순으로 예산이 많이 편성되어 운영되고 있다.

▼ 도시재생기금 연차별 예산규모

단위사업	세부사업	예산 (단위: 억원)					
		'17	'18	'19	'20	'21	'22
도시재생 지원	도시재생사업지원	50	1,441	91	152	177	176
	도시재생지원(융자)	269	672	471	542	2,235	1,501
	도시재생지원(출자)	33	23	1,192	1,280	1,580	300
	소계	352	2,136	1,754	1,974	3,992	1,977
도시기능 증진지원	도시재생씨앗융자	90	526	1,877	1,307	1,965	856
	가로주택정비사업	80	675	1,500	3,870	2,675	2,675
	자율주택정비사업	-	21	134	700	500	500
	노후산단재생지원 (융자)	-	-	230	937	400	600
	소계	170	1,222	3,741	6,814	5,540	4,631
합계		522	3,358	5,495	8,788	9,532	6,608

자료 : '17-'20년 : 결산기준, 국회예산정책처, 연도별 '예산안 위원회별 분석(국트교통부)'

세부 프로그램 유형별로 실제 지원된 사업수 현황을 살펴보면, 가로주택정비사업이 181건으로 가장 많으며, 다음으로 코워킹시설 조성자금 지원이 122건, 임대상가 조성자금 지원이 109건, 자율주택정비사업이 66건 순이다. 그 밖의 프로그램들은 50건 미만으로 사업수 현황이 미미하다. 도시재생지원 프로그램은 대규모 사업을 대상으로 하기 때문에 사업이 15개에 불과하지만, 사업 당 지원액수가 현저하게 많은 특징이 있다.

▼ **도시재생기금 지원사업 현황('17 - '21)**

<table>
<tr><th colspan="3" rowspan="2">구분</th><th colspan="2">개소수</th></tr>
<tr><th>개</th><th>비율(%)</th></tr>
<tr><td>도시재생 지원</td><td colspan="2">도시재생 출·융자</td><td>15</td><td>2.7</td></tr>
<tr><td rowspan="8">도시기능 증진지원</td><td rowspan="5">수요자 중심형</td><td>코워킹시설조성자금</td><td>122</td><td>22.1</td></tr>
<tr><td>상가리모델링자금</td><td>18</td><td>3.3</td></tr>
<tr><td>창업시설조성자금</td><td>31</td><td>5.6</td></tr>
<tr><td>임대상가조성자금</td><td>109</td><td>19.8</td></tr>
<tr><td>생활SOC조성자금</td><td>3</td><td>0.5</td></tr>
<tr><td rowspan="2">소규모 주택정비</td><td>가로주택정비</td><td>181</td><td>32.8</td></tr>
<tr><td>자율주택정비</td><td>66</td><td>12.0</td></tr>
<tr><td colspan="2">노후산단재생</td><td>6</td><td>1.1</td></tr>
<tr><td colspan="3">합계</td><td>551</td><td>100</td></tr>
</table>

자료 : 국토교통부 내부자료(2022년 5월 기준)

3.4. 도시재생기금 운용의 특성과 한계[5]

대규모 사업 중심에서 중·소규모 사업으로 지원 대상 확대

초기의 도시재생 기금상품은 청주 연초제조창, 천안 동남구청부지, 서울 창동 복합시설 등과 같은 대규모 복합개발사업을 위한 것으로 도시재생 리츠를 설립하고 기금이 우선주로 출자 및 융자하고 공사가 보증을 통해 민간 투자를 유치하는 방식이 중심이 되었다. 하지만 이들은 대규모 개발사업이었지만 도시재생사업의 특성상 낮은 수익성 등으로 지속적으로 민간사업자 공모가 유찰(국회예산정책처, 2019, p.31)되면서, 정책의 관심은 자연스럽게 중소규모로도 확대되었다.

현재는 생활 SOC, 공동협동공간, 스타트업을 위한 창업시설, 주변 시세보다 저렴한 임대상가 등 단기에 큰 수익을 기대하기는 어렵지만, 지역사회에서 사회적 가치를 지향하면서도 장기적으로 안정적으로 회수 가능한 중소규모의 사업들로도 지원대상이 확대되고 있다. 사업규모로 볼 때 도시재생 리츠에 투자되는 도시재생 지원사업이 여전히 가장 큰 부분을 차지하고 있지만, 사업 개수의 증가추세로 볼 때 중·소규모 씨앗 융자사업이 지역사회에서 보다 크게 요구되고 있음을 알 수 있다.

담보 기반의 융자에서 사업 기반의 투자로 기금지원 방식 업그레이드

융자는 일반적으로 사업계획서 보다는 부동산, 지급보증서 등을 담보로 대출이 발생하는 안정지향형 금융방식이다. 반면 투자는 담보가 없더라도 사업계획서를 기반으로 자금을 지원하는 금융방식으로, 투자

---

5 박소영 외. 2020. pp.89-92.

자와 사업자는 공동으로 수익과 리스크를 분담하게 된다. 이러한 투자방식은 단순한 자금의 지원을 넘어 담보력을 갖추지 못하였으나, 아이디어가 있는 사업자들을 발굴하고 성장시킬 수 있는 계기를 마련하였다고 볼 수 있다.

그간의 도시재생 기금은 국민들의 청약자금이라는 태생적인 한계 때문에 리스크를 분담하고 지역의 민간 도시재생사업 주체를 적극적으로 키우기보다는 담보를 바탕으로 융자하는 안정적인 방식을 선호하여 왔다. 이러한 한계를 극복하기 위하여 최근 도시재생 모태펀드라는 투자형태의 금융방식이 시도되고 있다. 도시재생 모태펀드는 여러 가지 제약조건에도 불구하고 기존의 안전 지향의 금융에서 도시재생에 보다 적극적인 금융의 역할을 도입하였다는 측면에서 의의가 크다.

▼ 도시재생기금의 특성과 한계

구분	특징	내용
재원	주택계정에 대부분 의존	주택계정(국민주택채권, 입주자저축 등) 전입금·차입금 등
자금용도	공간관련 시설자금 집중	토지 또는 건축물 매입, 신축 또는 리모델링 자금
사업대상	특정 시설사업 중심	복합개발, 가로주택·자율주택정비사업, 노후산단 생활SOC / 공동협동공간, 창업시설 / 임대상가 조성, 상가 리모델링
접근성	접근성 낮음	서울과 부산 2개소에서 접수 가능
심사기준	사업심사를 진행하나 담보력 중심	1. 사업심사 (신청인적격, 공공성, 사업성, 실현가능성의 적정여부 심사) * 임대료, 임대기간, 임차인 조건 등을 기준으로 공공성 평가 2. 담보심사(부동산, 지급보증서, 담보취득)

자료 : 박소영 외. 2020. p.90

부동산 매입을 전제로 하는 높은 진입장벽

도시재생 모태펀드가 도입되었지만 이는 시범사업 수준이고, 대부분에 해당하는 상품은 부동산을 담보로 하는 대출 방식으로 운영되고 있다. 즉 사용자 입장에서는 대부분 부동산의 소유권을 확보한 경우에만 기금을 지원받을 수 있다. 또한 주택도시기금 도시계정은 부동산 매입, 건설 또는 리모델링 등 조성자금 용도로만 활용이 가능하다.

일반적으로 사업을 할 때 공간을 매입하기보다 임대해서 사용하는 경우가 더 많다. 지방의 부동산 가격이 아무리 낮아도 민간주체들이 대부분 영세한 점을 고려할 때 부동산을 매입하고 사업을 하기는 쉽지 않다. 민간주체가 영세하지 않더라도 부동산의 매입 여부는 경영전략에 따라 달라질 수도 있다. 이러한 점을 고려할 때 부동산에 대한 1순위 근저당을 전제로 융자하는 방식은 공급자 입장에서 안정성을 확보할 수 있지만, 사용자 입장에서는 높은 진입 장벽일 수밖에 없다.

쇠퇴한 도시는 물리적 환경 개선뿐만 아니라 사회·경제적 활동의 활성화를 통해 재생될 수 있다. 쇠퇴지역 내 사회·경제적 활동의 증가는 자연스럽게 물리적 환경의 개선을 동반하게 된다. 지금과 같은 진입장벽이 높은 물리적 환경 위주의 금융지원은 쇠퇴지역 내 민간분야의 다양한 사회·경제적 활동을 유입하고 활성화하기에는 한계가 있다.

공공성 판단의 경직성

중소규모 상품에 해당하는 씨앗융자사업은 1.5%라는 이율, 최장 14년이라는 사용기간, 50억 미만 내 총 사업비의 70～80%라는 한도 등 지원내용이 시중은행과 비교하여 매우 유리한 조건이다. 유리한 조건과 함께 주택도시기금 도시계정은 한해 9,000억 규모의 대규모 공적자금인 만큼 융자심사에서 공공성에 대한 심사도 점차 강화되고 있다. 국정감사 등 외부 지적에 따라 몇 차례 변경을 거쳐 현재 공공성 요건은 사회적 경제주체에 의한 운영·관리, 노인·장애인 등 사회적 약자 고용, 지역주민들을 위한 프로그램 정기 운영 등 운영관리에 대한 요건, 사업자(차주) 직접 거주 금지, 제한업종 3가지로 정리되었다.

하지만 도시재생에서 공공성은 지역의 여건에 따라 차별화될 수밖에 없다. 수도권이 아닌 인구가 감소하는 지방 중소도시에서는 차주가 직접 살면서 영업 활동을 할 때 오히려 지역이 저녁에도 활기차고 안전할 수 있다. 또한 주점이나 여관업도 운영하는 방식에 따라서는 커뮤니티의 거점이 되기도 한다. 젠트리피케이션과 관련하여 기존에 영업하시던 분이 원하거나 협의가 된 경우, 사업 이후 기존 세입자가 교체되는 것이 문제가 되지 않을 수도 있다. 건축물의 안전성, 형태 등에 따라서 리노베이션이 아니라 신축이 보다 더 적합할 수 있다. 그럼에도 불구하고 중앙에서 정한 공공성 잣대의 획일적인 적용으로 인하여 정작 지역에 필요한 혁신적인 실험에는 자금이 흘러가지 못하는 경우가 발생하고 있다.

공급자 중심의 의사결정 시스템

국민주택기금은 5개 시중은행에 위탁하고 있어, 담보물 인근 시중은행 영업점에서 상담을 받을 수 있으나, 주택도시기금 도시계정은 주택도시보증공사가 직영한다. 물론 전화로 상담하고, 우편 또는 이메일을 통해 접수가 가능하지만, 대면을 위해서는 서울 또는 부산으로 가야만 한다. 물리적 거리뿐만 아니라 부동산 담보 이외 융자 심사에서 심사기준이 공개되지 않고, 기본 요건을 충족하더라도 융자 가능성을 사전에 파악하기 어려운 등 의사결정에서 예측가능성이 매우 낮다.

금융지원 과정은 단순한 자금의 지원을 넘어, 사업에 대한 컨설팅, 인큐베이팅, 엑설러레이팅을 통해 사업자를 성장시키는 역할을 할 수 있다. 주택도시기금 도시계정이 기존의 건설금융을 넘어, 지역을 활성화하는 금융이 되기 위해서는 이와 같은 임팩트 금융이 되어야 한다. 하지만 이와 같은 절대적인 물리적 거리와 공급자 중심의 의사결정 시스템은 사용자 입장에서의 접근성을 떨어트릴 뿐만 아니라, 공급자와 사용자 간 긴밀한 의사소통과 프로젝트에 대한 정확한 이해를 바탕으로 한 의사결정을 제약한다. 결과적으로 주택도시기금 도시계정은 적극적으로 지역문제를 해결하는데 자금이 사용되기보다, 정형화되고 안정적인 사업을 지원하는 소극적 금융에 머물고 있다.

4. 기금을 지원하는 국내외 사례

4.1. 일본의 마을만들기 지원펀드[6]

일본은 한국과 가장 유사한 제도적 맥락 속에 도시재생을 추진하고 있으며, 도시재생에 대한 오랜 기간의 경험을 바탕으로 재정지원 방식을 고도화하고 있다. 특히 최근에는 오랫동안 추진해온 중심시가지 활성화사업이 실패한 요인을 공공주도의 공적 재원 의존형 사업방식이라고 진단하고, 공공지원을 줄이고 민간주도로 사업을 추진할 수 있도록 기금 지원을 강화하는 방향으로 정책을 전환하고 있다.

일본에서 기금지원은 민간도시개발 추진기구(MINTO)에서 담당한다. 민토는 '민간 도시개발 추진에 관한 특별조치법'에 근거하여 운영되는 주체로서 국토교통대신으로부터 지정을 받는 재단법인이다. 1987년 설립 이래, 도시재생특별조치법에 따라 민간 도시개발사업에 안정적인 자금을 지원하는 역할을 수행해 오고 있다.

MINTO기구의 주요 역할은 국토교통대신의 인정을 받은 민간도시개발사업에 대한 출자, '도시재생긴급정비지역' 등의 구역에서 국토교통대신의 인정을 받은 민간도시개발사업에 대한 대부, 비교적 소규모 사업을 지원하는 마을만들기펀드 지원이 있다.

6 박소영 외. 2020. pp.104-106.

주요 사업 내용 중 매니지먼트형 마을만들기 펀드는 지역 금융기관과 MINTO기구가 함께 '마을만들기 펀드'를 조성하고 민간에서 추진하는 마을만들기 사업에 출자 등을 통하여 지원한다. 이를 통해 일정 지역에서 민간 마을 만들기를 연쇄적으로 진행함으로써 당해 지역의 가치 향상을 도모하면서 지역의 과제해결에 기여하고 있다.

▼ 민간 도시개발 추진기구 주요역할

구분	내용
융자	1. 마을재생출자 업무 - 지자체가 수립한 도시재생정비계획 등의 구역에서 실시되는 국토교통대신의 인정을 받은 민간도시개발사업에 대해 출자 등을 통해 지원
장기 안정적인 융자형 지원	2. 메자닌 지원업무 - 도시재생 긴급정비지역 등의 구역에서 실시되는 국토교통대신의 인정을 받은 민간도시개발사업에 대하여 대부 또는 사채 취득을 통해 지원 3. 공동형 도시재구축 업무 - 사업시행에 필요한 비용의 일부를 부담하여 부동산을 취득하고, 해당 부동산을 공동사업자에게 장기할부 변제조정으로 양도함으로써 장기 안정적인 대출과 동일한 교화 지원
펀드 지원	4. 마을만들기 펀드 지원업무 - (매니지먼트형) 지역금융기관과 연계하여 마을조성펀드를 조성하고 민간에 의한 마을만들기사업에 대해 출자 등을 통해 지원 - (크라우드펀딩 활용형) 크라우드 펀딩을 활용한 민간에 의해 마을만들기 사업을 조성하는 마을만들기펀드에 대해 자금 각출로 지원

자료 : 박소영 외. 2020. p.104

최근에는 재원을 지역금융기관 뿐만 아니라 일반 민간으로도 확장하기 위하여 크라우드 펀딩과 연계하는 방식을 활용하고 있다. 크라우드 펀딩 활용형 마을만들기 펀드는 ① 지방자치단체[7]와 MINTO기구가 마을만들기 펀드를 조성하고, ② 마을만들기 사업자가 크라우드 펀딩

[7] 펀드에 대한 지자체의 출연금은 고향납세 기부금을 재원으로 활용할 수 있다.

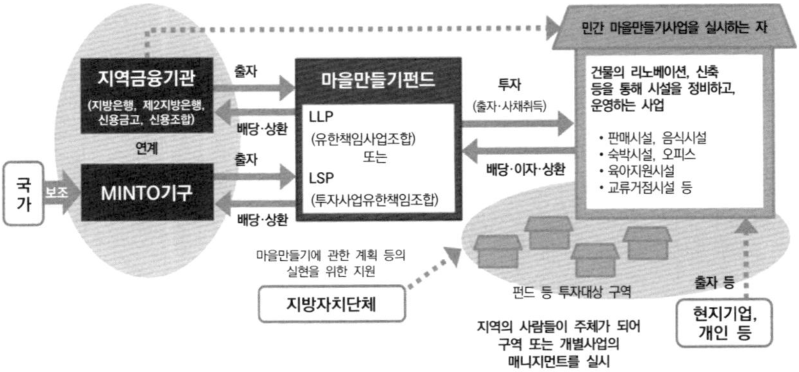

자료 : 박소영 외. 2020. p.105
원문 : MINTO기구 홈페이지 업무 안내 [http://www.minto.or.jp/products/management.html] (2020년 11월 30일 검색)

▲ MINTO 마을만들기 지원펀드(매니지먼트형) 구조

▼ 일본 마을만들기 지원펀드 지원기준

심사항목	내용
공익성	- 불특정 다수의 주민의 이익이 되는가? - 지역 마치즈쿠리 추진에 공헌하는가?
발전성	- 활동의 수준을 높이고 활동범위를 넓히는 등의 활동의 활성화가 기대되는가? - 타 주민(단체)나 지역에 파급효과가 기대되는가? - 타 주민(단체)와 연동을 구상하는 계기를 만들 수 있는가?
지역성	- 지역의 특성과 자원(도시·지역경관, 향토예능, 문화 등)을 증진하기 위한 관점이나 고민이 보이는가? - 지역의 실정에 근거한 과제해결 체계로 평가 할 만한가?
필요성	- 주민(지역)으로부터 요구가 높은 활동인가? - 마을의 활성화나 매력 만들기를 위한 의미가 있는 활동인가? - 충분한 사업실시의 전망이 있는가?
선도성	- 도전성이나 독창성이 보이는가? - 마을 만들기 활동으로서 새로운 체계가 보이는가?

자료 : 박소영 외. 2020. p.106.
원문 : MINTO 기구. 2016. 주민참가형 마치즈쿠리펀드 선정기준(2016년 10월 개정).

에 의해 개인 등으로부터 자금을 모집하여, ③ 크라우드 펀딩 조달 목표액의 1/2 이상 조달할 경우, 그 잔액을 마을만들기 펀드에서 지원하는 방식으로 운영된다. 이 때 지원은 공익성, 발전성, 지역성, 필요성, 선도성 등으로 구성된 심사기준을 통해 선정한다.

4.2. 미국의 CDFI Fund[8]

미국의 도시재생 재정지원은 1974년에 시작하여 현재까지 지속되고 있는 CDBG (Community Development Block Grant)가 가장 대표적이다. 이는 한국이 도시재생을 제도화하던 초기 가장 많이 참고했던 사례 중 하나로서 현재 한국의 근린재생형 도시재생 모델에 반영되었다. 따라서 본 연구에서는 전통적인 보조금 지원 방식보다는 경제적 지속성과 더불어 사회적·생태적 임팩트 효과를 적극적으로 추구하는 가치지향성 측면에서 지역사회와 밀접한 관련이 있는 사회적 금융(Social Finance)으로서 CDFI(Community Development Financial Institute) Fund를 중심으로 검토하였다.

미국의 CDFI Fund는 지역개발은행 및 금융기관법(The Community Development Banking and Financial Institutions Act)을 바탕으로 미국 재무부가 주관한다.

8 박소영 외. 2020. pp.108-117.

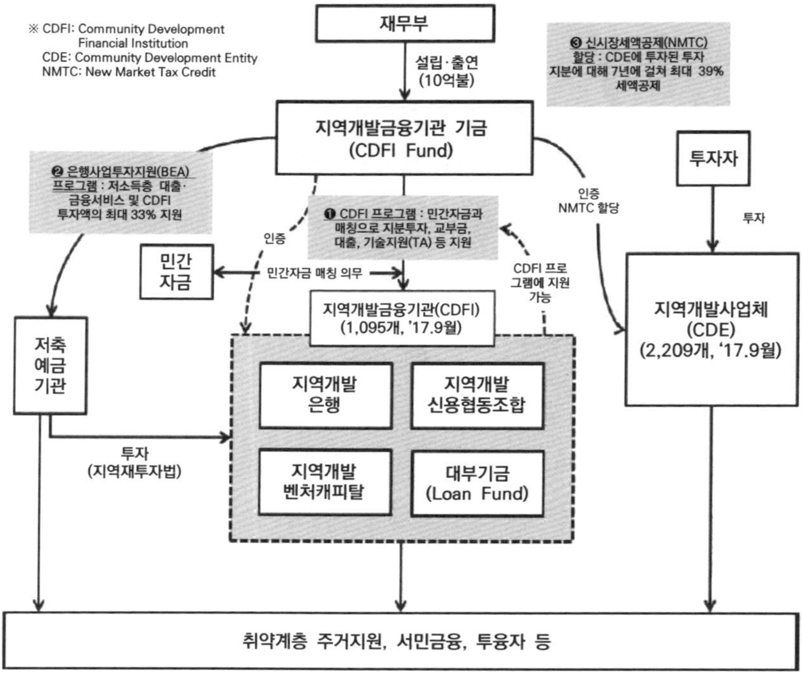

자료 : 관계부처 합동. 2018a. 2. 8. 사회적 금융 활성화 방안.

▲ 미국 CDFI 운용체계

미국 CDFI Fund 운영에 있어 재무부의 역할은 한국의 주무부처와 매우 상이하다. 재무부는 CDFI Fund를 조성하지만, 직접 운영하지 않고 운영기관을 지원하는 역할을 한다. 재무부는 자금지원과 함께 운영기관을 인증하고 교육 및 경영 지원하는 역할을 수행하고, 지역재투자법을 통해 민간자금이 지역에 투자될 수 있는 시장을 형성하는 등 제도적 환경을 조성하는 등 간접적인 역할을 수행한다.

실제 운영은 '커뮤니티 금융'으로 불리는 지역개발 금융기관(Community Development Financial Institution, CDFI)을 적극적으

로 활용하고 있다. 재무부로부터 인증 및 경영지원을 받는 지역 내 다양한 지역개발금융기관이 민간자금을 매칭하여 운영한다. 이러한 지역 중심의 지원방식이 지역사회와 보다 밀접하고 임팩트 있는 효과를 창출할 수 있도록 한다.

▼ CDFI 인증 가능한 조직 및 자격요건

구분	내용
인증 가능 조직	- 은행 : 대출과 투자를 통해 경제적 낙후지역 사회를 재건하기 위해 자본을 제공하는 영리법인 - 신용협동조합 : 저축, 저렴한 융자 및 기타를 촉진시키는 회원 소유 비영리 협동조합 금융 서비스 - 융자 기금 : 일반적으로 소액 대출에 자금 및 기술 지원을 제공하는 비영리 단체 기업, 소규모 기업, 저렴한 주택 개발자 및 지역 사회 봉사 단체 - 벤처 캐피털 펀드 : 낙후지역 기업에 주식 및 부채 상환 서비스를 제공하는 조직
자격 요건	- 지역 또는 커뮤니티의 개발을 주요 목적으로 하는 조직 - 투자대상 지역 또는 사람들에게 적극적으로 봉사할 수 있는 조직 - 지역개발 사업에 더해 주식 투자 또는 융자를 시행하는 조직 - 투자대상 지역의 주민 또는 여러 주체들에 대해 설명 책임을 지속적으로 다하는 조직 - 민간조직

자료 : 박소영 외. 2020. p.114

인증된 CDFI는 전통적인 대출기관보다 유연한 대출을 제공함으로써 CDFI의 목적에 부합한 사업 계획, 신용 컨설팅과 같은 교육서비스 제공 및 낙후된 지역 사회에서 합리적인 가격의 금융상품과 서비스를 제공한다. 2020년 현재 인증 CDFI 기관은 1,126개로, 2017년(1,011개) 대비 115개 증가하였다. 인증 CDFI를 유형별로 살펴보면 대출기관 548개(49%), 신용협동조합 312개(28%), 은행 또는 저축은행 147

개(13%), 벤처캐피탈 펀드 15개(1%)로 구성되어 있다.

CDFI는 빈곤 지역에서 제조업, 서비스업, 소매업, 주택, 보육시설, 대안 공립학교 등과 같은 매우 다양한 자금수요자 영역을 대상으로 투자 및 융자를 실행을 통하여 빈곤 문제 해결 등 지역 또는 커뮤니티의 사회혁신 및 경제재생을 실현하는데 기여하고 있다.

4.3. 한국의 지역사회금융[9]

우리나라에서는 「지역신용보증재단법」에 따라 광역지자체별로 지역신용보증재단을 설립 및 운영하고 있다. 지역신용보증재단은 지자체 출연금, 금융회사, 및 기업 출연금 등으로 기본재산을 조성하고, 담보력이 부족한 지역 내 소기업, 소상공인 등과 개인의 채무를 보증하고 자금융통을 원활하게 함으로써 우리나라 지역사회금융의 가장 기초적인 역할을 담당하고 있다.

2007년 「사회적기업 육성법」(고용노동부 사회적기업과), 2012년 「협동조합 기본법」(기획재정부 협동조합과)이 제정된 이후 일부 지자체들은 지역신용보증재단과 별도로 사회적기업, 사회적경제 관련 조례를 제정하고 사회적 경제를 지원하기 위한 정책을 추진하고 있다. 특히 2012년 서울을 시작으로 2020년 현재 전체 5개 광역지자체에서 사회적 경제 관련 조례와 별도로 기금운영 조례를 제정하여 운영하고 있다.

9 박소영 외. 2020. pp.124-128.

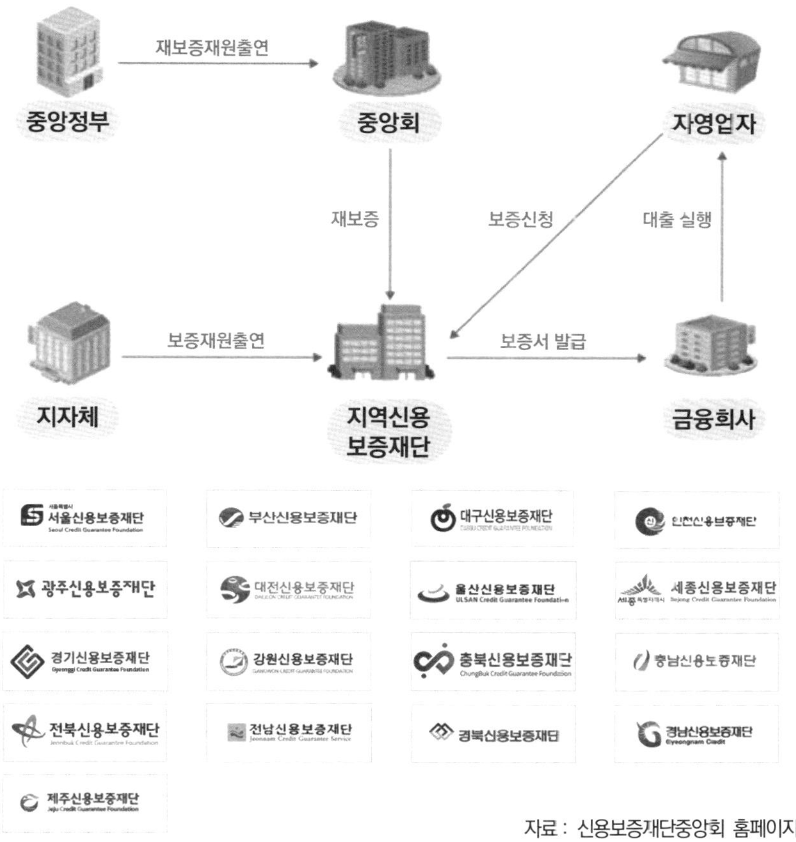

자료 : 신용보증재단중앙회 홈페이지

▲ **전국 지역신용보증재단 체계도 및 현황**

지자체의 사회적경제 기금은 지역 내 사회적 경제기업 및 주거·돌봄 등 다양한 사회문제를 해결하는 프로젝트를 대상으로 투·융자를 지원하며, 이와 같은 사회적 경제기업, 사회, 환경 및 문화 등과 관련한 문제를 개선하는 사회적 투자사업, 장애인기업 등 사회적 배려가 필요한 기업 및 사람에 대한 지원뿐만 아니라 사회적 금융을 수행하는 중간지원기관에 대한 지원도 병행할 수 있도록 하고 있다.

▼ 광역지자체 사회적경제 기금 개요

	서울	경기	충남	경남	전북
명칭	사회 투자기금	사회적 경제기금	사회적 경제기금	사회적 경제기금	사회적 경제기금
조례 제정	2012.07.	2016.07.	2019.10.	2020.06.	2020.08.
소관 부서	사회적 경제담당관 노동민생 정책관	사회적경제과	사회적경제과	사회적 경제추진단	사회적경제과
기금 재원	1. 서울시 전입금 2. 기금운용 이자수입 3. 융자금 회수, 차입금, 예수금 4. 법인·단체 또는 개인의 기부금 등 5. 그 밖에의 수입	1. 경기도의 출연금 2. 기금운용 수익금 3. 그 밖의 수입금	1. 도 일반회계로부터의 전출금 2. 기금운용 수익금 3. 그 밖의 수입금	1. 일반회계로부터의 전출금 2. 기금의 운용으로 생기는 수익금 3. 그 밖의 수입금	1. 전라북도 및 시·군의 출연금 2. 기금운용 수입금 3. 그 밖의 수입금
규모 (천원)	5,800,000 ('20년 전입금)	4,890,578 ('20년 전입금)	-	-	500,000 ('21년 전입금)
특징	(서울) 기금을 민간 운용기관에게 무이자로 대출	(경기) 기금을 금융이관에 대여, 사회적 가치에 따라 1.5~2% 이자지원 (신협) 사경 기업에 대출	(충남) 이자지원, 원금손실 발생시 손실액 70% 지원 (신협) 자체 자금으로 대출 실행		

자료 : 박소영 외. 2020. p.124.

▼ 광역지자체 사회적경제 기금의 용도

서울	경기	충남	경남	전북
1. 사회적 경제기업에 대한 지원 2. 사회적 금융을 수행하는 기관에 대한 지원 3. 사회, 환경 및 문화 등과 관련한 문제를 개선하는 사회적 투자 사업에 대한 지원 4. 장애인기업 등 사회적 배려가 필요한 기업 및 사람에 대한 지원 5. 기금의 관리·운용을 위하여 필요한 경비의 지출 6. 수행기관의 사회적경제기업 대상 비융자사업비 지원 7. 수행기관의 융자에 대한 이자 차액 보전 8. 「서울특별시 사회주택 활성화 지원 등에 관한 조례」에 따른 사회주택의 건설 및 공급을 위한 융자 또는 보조 9. 그 밖에 시장이 인정하는 기금 공모사업 등에 대한 지원	1. 사회적경제 및 공유경제 육성과 지원을 위한 투자, 대출, 보증 및 사회적 금융기관과의 협력사업 2. 사회적경제 조직 및 공유단체 설립 또는 운영지원 3. 기금운용계획에 포함된 사업 추진에 필요한 경비 4. 그 밖에 사회적경제 조직 및 공유단체의 육성을 위하여 도지사가 필요하다고 인정하는 사업의 지원 ③ 기금은 목적 외로 사용할 수 없다.	1. 사회적경제 조직의 설립 또는 운영에 필요한 경비 2. 기금운용계획에 포함된 사업추진에 필요한 경비 3. 사회적경제 조직에 관한 자금 투·융자 및 투·융자 손실액 4. 사회적경제 조직에 관한 자금 융자의 이자차액 보전 5. 사회적금융기관 육성과 운영에 필요한 경비 6. 그 밖에 사회적경제 조직의 육성을 위하여 충청남도지사(이하 "도지사"라 한다)가 필요하다고 인정하는 사업의 지원	1. 사회적경제조직의 설립 또는 운영에 필요한 투자·융자·보증 지원 2. 사회적금융기관과의 협력사업 3. 기금운용계획에 포함된 사업 추진에 필요한 경비 4. 그 밖에 사회적경제기업 육성을 위하여 도지사가 필요하다고 인정하는 사업의 지원	1. 사회적경제 조직 및 기업 설립 또는 운영 지원 2. 사회적경제 육성과 지원을 위한 투·융자 및 투·융자 손실액 보전과 사회적금융기관과의 협력사업 3. 기금운용계획에 포함된 사업 추진에 필요한 경비 4. 사회적금융기관 육성과 운영에 필요한 경비 5. 사회적경제 조직에 관한 자금 융자의 이자차액 보전 6. 그 밖에 사회적경제 조직 및 기업의 육성을 위하여 전라북도지사(이하 "도지사"라 한다)가 필요하다고 인정하는 사업의 지원 ② 기금은 목적 외로 사용할 수 없다.

자료 : 박소영 외. 2020. p.125.

서울시는 초기 기금을 조성 후 민간단체에 위탁하는 방식으로 운영하였으나, 「지방자치단체 기금관리기본법」 개정에 따라 기금의 민간위탁이 금지됨에 따라 시가 직영하는 방식으로 운영하고 있다.

직영체계 전환 이후에는 지자체가 민간 운용기관에게 0%로 대출하는 방식, 민간 운용기관이 시행한 대출에 대하여 이자를 보전하는 방식, 민간 운용기관이 시행한 대출에 대하여 보증하는 방식 등 다양한 운용방식이 시험되고 있다. 서울의 경우 지역신용협동조합, 한국사회혁신금융(주), (사) 한국 마이크로크레디트 신나는 조합, (사) 한국사회적기업중앙협의회, (사) 나눔과 미래, 한국사회혁신금융(주) 등 다양한 사회적금융 중개기관과 함께 운영하고 있으며, 경기도의 경우 경기신용보증, 신협, 신한은행 등 금융기관과 협업이 진행 중이다.

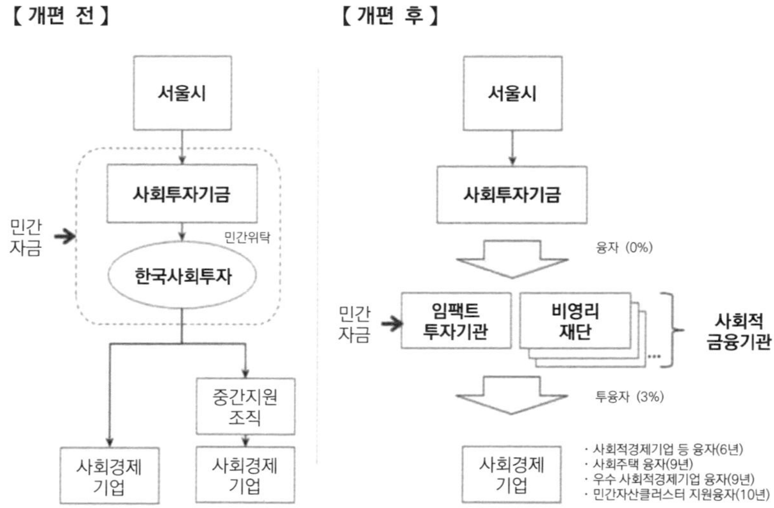

자료 : 박소영 외. 2020. p.127.

▲ 서울시 사회투자기금 운용체계

2010년 이후 사회적 가치를 추구하는 조직과 사업에 자금을 공급하려는 목적으로 설립된 민간조직들이 본격적으로 등장하였다. 마이크로크레딧, 공제사업 운영기관, 창투사, 신기술금융사, 자산운용사, P2P 금융기관 등 다양한 형태를 취하고 있으며 2018년 정부가 발표한 사회적금융 활성화 방안에서는 이들을 '사회적금융 중개기관'으로 정의하였다.

이들은 사회적 경제 분야에서 컨설팅/액셀러레이팅 등 개발금융으로서 경험과 역량을 보유하고 있으며, 중장기적으로 쇠퇴지역에서 역량 있는 민간주체를 발굴 및 육성하고 기업적 방식으로 해결할 수 있도록 지원하는 핵심적인 역할을 수행할 것이라 기대되고 있다.

▼ 사회적 금융 중개기관

연번	기관명	사업내용
1	(사)한국 마이크로 크레디트 신나는조합	마이크로 크레딧 통합지원기관
2	(사)함께만드는세상 사회연대은행	마이크로 크레딧 육성사업
3	함께 일하는 재단	사회적 경제기업 투융자
4	행복나눔재단	사회적 경제기업 투융자
5	(재)나눔과 미래	사회주택 융자
6	사단법인 피피엘	사회적 경제기업 투융자
7	(사)한국지역자활센터협회	자활공제사업
8	재단법인 벤드	사회적경제기업 공제사업
9	C프로그램	벤처기부펀드, 여성기업
10	(재)한국사회투자	액설러레이터, 사회적경제기업융자
11	(주)소풍벤처스	액설러레이터 투융자, 펀드운용
12	MYSC 엠와이소셜컴퍼니	액설러레이터 투융자, 펀드운용
13	한국사회혁신금융(주)	액설러레이터 창업벤처전문PEF, 대부업
14	(주)HG이니셔티브	액설러레이터 창업벤처전문PEF, 펀드운용

연번	기관명	사업내용
15	(주)임팩트스퀘어	액설러레이터 창업벤처전문PEF, 펀드운용
16	크레비스파트너스	창업벤처전문PEF 운용사펀드운용
17	아크 임팩트 자산운용	전문사모집합투자업자 펀드운용
18	IFK 임팩트 금융	전문사모집합투자업자 투융자
19	D3 쥬빌리 파트너스	중소기업창업투자회사, 펀드운용
20	카이스트 청년창업 투자지주	중소기업창업투자회사 투융자
21	엘로우독	신기술금융사, 펀드운용
22	오마이컴퍼니	온라인소액투자 중개업자투자후원중개
23	비플러스	P2P 중개기관 대출 중개
24	한살림펀딩	P2P 중개기관 대출 중개
25	경남사회가치금융대부	대부업 법인, 융자
26	팬임팩트 코리아	SIB 운용사
27	(주)한국사회혁신금융	SIB 운용사
28	(재)한국사회가치 연대기금	사회적금융 도매기금 운용
*	주민신협, 동작신협, 북서울신협 등	사회적 경제기업 융자

자료 : 장지연. 2020. 사회적 금융 활성화 현황 및 제도화 방향. 사회적 경제기금 운영계획을 위한 공개토론회

5. 소결[10]

5.1. 보조금 중심에서 민간참여를 위한 기금중심으로 재정지원 중심이동

일본의 경우 중심시가지 활성화사업 등 보조금 중심의 도시재생의 한계를 이미 경험하고 예산 지원은 축소하되, 민간참여 활성화를 위하여 마츠즈쿠리 펀드와 같은 기금 지원을 강화하는 방향으로 재정 지원체계가 전환되고 있다. 미국에서도 보조금보다는 CDFI Fund를 통하여 지역 금융과 함께 지역의 도시재생을 지원하는 것이 보편화되어 있다.

향후 우리나라의 도시재생도 재정지원이 보조금에 의존한 인프라 조성에 머무르지 않고 지역사회 활성화로 확장하는 것에 역량을 집중할 필요가 있다. 이를 위해서는 보조금에 대한 의존도를 줄이고 민간의 활동에 지원 할 수 있는 기금을 보다 활성화해야 한다. 즉 공공부문에 대한 예산지원은 반드시 필요하고 시급한 사업에 선택과 집중하고, 대신 기금지원은 쇠퇴지역 내 개인, 조직, 프로젝트 등 민간부문에 대한 맞춤형 관계금융으로서 역할을 확대·강화해야 한다.

10 박소영 외. 2021. pp.7-8.

5.2. 중앙주도에서 중앙, 지자체, 민간 역할 분담형 운영체제로 전환

중앙이 주도하고 지역은 정해진 틀과 내용을 따라가는 중앙집중식 방식으로는 지역사회의 여건과 수요에 맞는 도시재생을 추진하기 어렵다. 지역주도형 도시재생 활성화를 위해서는 기금 운영방식도 중앙이 주관하고 지역은 정해진 틀과 내용을 따라가는 방식이 아니라, 중앙과 함께 지자체와 민간이 권한과 책임을 함께 나누는 방식으로 전환해야 한다.

이를 위해서는 우선 기존에 하나의 주머니를 가지고 주택도시보증공사가 전국을 대상으로 직영하는 중앙집중형 방식에서, 광역 지역별[11]로 별도의 주머니(가칭, 도시재생 지역기금)를 설치하고 그 곳에 국가, 해당 지자체, 민간이 공동으로 재원을 마련하는 방식으로 우선 전환해야 한다. 단기적으로 광역지자체 단위로 '도시재생지역기금'을 조성 및 재원을 확보하면, 국가가 보조금의 일부를 보조하거나 주택도시기금 도시계정의 일부를 무이자로 융자하여 초기 재원을 마련하고, 중장기적으로 국가와 지자체뿐만 아니라 지역의 신용협동조합, 새마을금고, 지역은행 등 지역금융기관과 민간기부, 크라우드펀딩 등 민간분야까지 확대할 필요가 있다.

또한 지역의 여건과 도시재생 특수성을 보다 잘 알고 지원 이후에도 정기적인 평가를 통해 공익성과 사회적 가치 이행여부를 모니터링 할 수 있는 주체가 기금의 운영을 담당할 필요가 있다. 이를 위해서는 안

11 지자체의 재정여건, 지원의 효율성, 기존 유사 관련기금 또는 지원 프로그램과의 연계성 등을 고려할 때, 기초 지자체보다는 광역지자체 단위로 기금을 조성하는 것이 합리적이라고 판단함.

정성이 높은 지역신용보증재단뿐만 아니라 전문성이 높은 사회적 금융중개기관 등 다양한 민간 전문기관이 운영에 참여하는 방식으로 전환해야 한다.

마지막으로 도시재생지역기금은 자금을 융통해주는 엄격한 심사자로서의 역할에 그치기보다 역량 있는 주체의 발굴, 컨설팅, 엑설러레이팅, 평가와 사후관리 등을 통해 민간주체의 성장을 함께 도모하는 방식으로 운영되어야 한다.

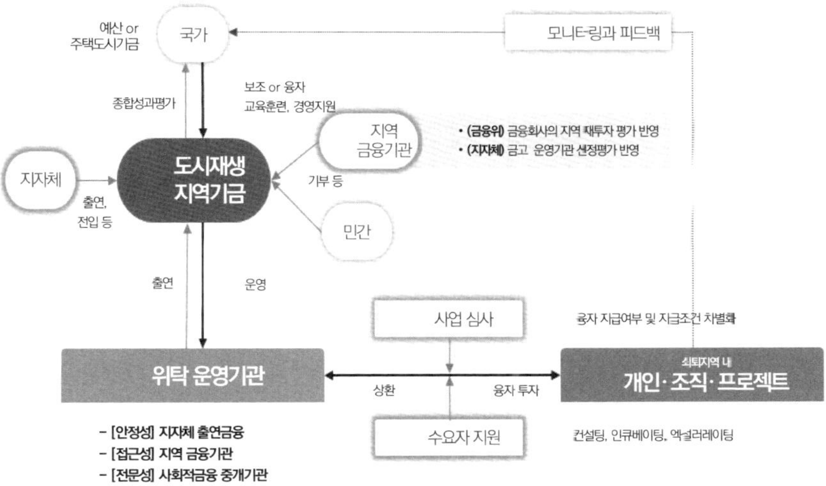

자료 : 박소영 외. 2020. p.159

▲ 지역주도 도시재생기금 운영체계 개선방안

5.3. 시범사업 우선 실시 후 전국 확대

지역주도 도시재생 기금지원체계를 도입하기 위해서는 지자체의 의지와 역량, 지역금융기관, 사회적 금융 중계기관 등 지역사회의 참여, 국비보조금에서 벗어나 사업성을 바탕으로 한 독립적으로 사업을 추진하는 등 도시재생사업에 대한 인식전환 등이 준비되어야 한다. 따라서 도시재생지역금융은 모든 곳에 의무적으로 일시에 설치하기에는 보다, 준비된 지역을 중심으로 지역이 먼저 주머니를 만들고 재원을 조달한 곳을 대상으로 시범사업을 추진 후 전국적으로 확대하는 단계적 확대 방식의 적용이 필요하다.

제2장

도시재생기금 알아보기*

신우화

1. 도시재생사업, 얼마나 선정되었나요?
2. 도시재생기금, 얼마나 지원되었나요?
3. 도시재생사업 수 대비 지원 비율은?
4. 도시재생씨앗융자의 정책 변화

* 신우화 (2022) 경상북도 도시재생활성화 방안 : 도시재생씨앗융자를 중심으로, 대구경북연구원 재구성

1. 도시재생사업, 얼마나 선정되었나요?

도시재생사업은 2014년 시범사업으로 13건을 선정한 이후 점차 증가하면서 2021년 11월 기준 전국적으로 총 501개소가 선정되었다. 2019년과 2020년에는 전체 지정 수의 약 47%에 해당하는 233건이 도시재생사업을 위한 대상지가 되었다. 그러나 2021년에는 2020년도에 절반에 미치지 못하는 55건이 선정되었다.

지역별로는 광역도에서 345건이 선정되어 특·광역시(156건)에 비해 2배 이상 많은 도시재생사업이 선정된 것을 볼 수 있다. 광역도 단위의 경우에는 경기(56), 경남(48), 전남(45), 경북(44) 순으로 많이 선정되었으며, 특·광역시 중에는 부산(31), 서울(28), 대구(22), 인천(22) 순으로 많이 선정이 되었다.

도시재생사업이 선정된 지역을 지도에서 보면 어느 정도 공간적으로 균형있게 선정된 것을 확인할 수 있다. 즉, 지역별 균등배분을 감안하여 지역 내에서 경쟁하여 선정하는 방식을 통해 최종 도시재생사업 대상지가 결정된 것으로 보여진다.

▼ 전국 도시재생사업 선정 현황

구분	2014	2016	2017	2018	2019	2020	2021	총 사업수
서울	1	3	0	7	10	7	0	28
부산	1	4	4	7	7	7	1	31
대구	1	2	3	7	3	4	2	22
인천	0	2	5	5	5	3	2	22
광주	1	2	3	5	4	3	1	19
대전	0	1	4	3	2	4	2	16
울산	0	3	3	4	2	1	0	13
세종	0	0	1	2	2	0	0	5
경기	0	4	8	9	17	14	4	56
강원	1	1	4	7	8	4	7	32
충북	1	2	4	4	8	8	5	32
충남	2	1	4	6	9	10	6	38
전북	1	2	6	7	9	13	3	41
전남	2	2	5	8	9	14	5	45
경북	1	2	6	8	10	10	7	44
경남	1	1	6	8	10	13	9	48
제주	0	1	2	2	1	2	1	9
총 사업수	13	33	68	99	116	117	55	501

자료 : 도시재생종합정보체계 참고, 저자 작성

2021년 11월 기준 선정현황(55곳)

(범례1) 선정방식별

▩ 중앙 : 지자체 신청, 중앙 선정 　▩ 시도 : 지자체 신청, 사·도 선정 　■ 신재생제도

(범례2) 사업유형별

▣ 경제기반형 　◆ 중심시가지형 　● 일반근린형 　★ 주거지지원형 　▲ 우리동네살리기

▼ 혁신지구 　☗ 총괄사업관리자 　● 인정사업

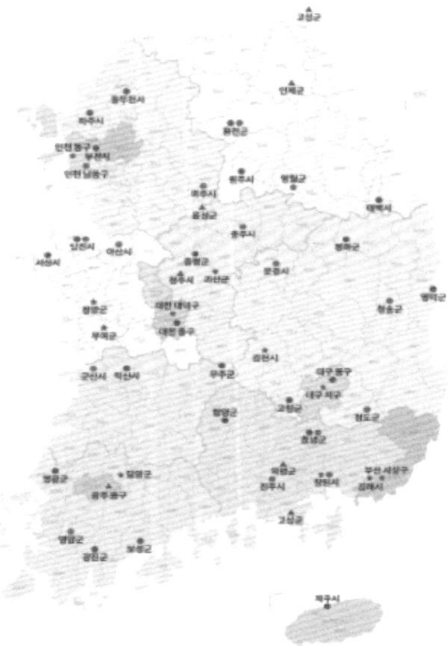

• 시도(39) / 신재생제도(16)

사·도	대상지역
부산(1)	☗ 사상구
인천(2)	● 남동구 ★ 동구
광주(1)	▲ 동구
대구(2)	● 동구 ★ 서구
대전(2)	★ 대덕구 ● 중구
제주(1)	● 제주시
경기(4)	● 동두천시 ● 부천시 ● 여주시 ● 파주시
강원(7)	▲ 고성군 ☗ 영월군 ▲ 인제군 ● 원주시 ● 태백시 ●● 홍천군
충북(5)	★ 괴산군 ▲ 음성군 ● 증평군 ▲ 청주시 ● 충주시
충남(6)	●● 당진시 ★ 부여군 ● 서산시 ● 아산시 ★ 청양군
전북(3)	● 군산시 ● 무주군 ● 익산시
전남(5)	● 강진군 ★ 담양군 ● 보성군 ● 영광군 ● 영암군
경북(7)	● 고령군 ★ 김천시 ● 문경시 ● 봉화군 ● 영덕군 ● 청도군 ● 청송군
경남(9)	● 고성군 ★ 김해시 ▲ 의령군 ● 진주시 ●● 창녕군 ★● 창원시 ● 함양군

▲ 2021년 유형별 도시재생사업 선정현황

2020년 선정현황(117곳)

(범례1) 선정방식별

중앙 : 지자체 신청, 중앙 선정 / 시도 : 지자체 신청, 시·도 선정 / 신재생제도

(범례2) 사업유형별

경제기반형 / 중심시가지형 / 일반근린형 / 주거지지원형 / 우리동네살리기 / 혁신지구 / 총괄사업관리자 / 인정사업

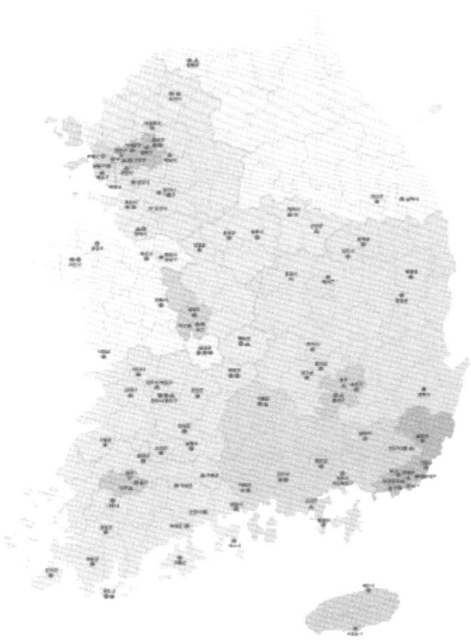

• 중앙(2) / 시·도(47) / 신재생제도(68)

시·도	대상지역
서울(7)	구로구 성북구 양천구 중랑구 서대문구
부산(7)	기장군 남구 동구 부산진구 북구 연제구 해운대구
인천(3)	남동구 부평구 연수구
광주(3)	남구 동구 북구
대구(4)	달서구 수성구 중구
대전(4)	대덕구 동구 서구
울산(1)	울주군
제주(2)	서귀포시 제주시
경기(14)	광명시 군포시 과천시 오산시 용인시 기흥구 의정부시 평택시 포천시 하남시 화성시
강원(4)	삼척시 정선군 철원군
충북(8)	단양군 영동군 음성군 제천시 진천군 충주시
충남(10)	공주시 금산군 당진시 서산시 서천군 아산시 천안시 동남구
전북(13)	고창군 김제시 남원시 무주군 순창군 익산시 임실군 전주시 덕진구 전주시 완산구 진안군
전남(14)	고흥군 곡성군 광양시 구례군 나주시 담양군 보성군 순천시 여수시 영암군 완도군 진도군 해남군
경북(10)	경주시 구미시 문경시 봉화군 성주군 영양군 영주시 예천군 청송군 칠곡군
경남(13)	거창군 고성군 밀양시 양산시 진주시 창원시 마산회원구 통영시 하동군 함안군

▲ 2020년 유형별 도시재생사업 선정현황

2019년 도시재생사업선정현황 (116곳)

(범례1) 선정방식별

▩ 중앙 : 지자체 신청, 중앙 선정 ▩ 공공 : 공공기관 제안, 중앙 선정 ▩ 시도 : 지자체 신청, 시·도 선정 ■ 신재생제도

(범례2) 사업유형별

▣ 경제기반형 ◈ 중심시가지형 ● 일반근린형 ★ 주거지지원형 ▲ 우리동네살리기
▼ 혁신지구 ☗ 총괄사업관리자 ⬢ 인정사업

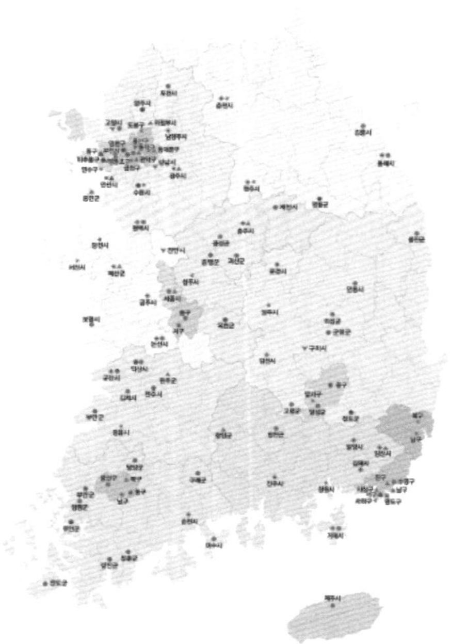

• 중앙(17) / 공공(19) / 시·도(62) / 신재생제도(18)

시·도	대상지역
서울(8)	●▲ 동작구 ★ 도봉구 ● 양천구 ▣▲ 동대문구 ▲ 관악구 ◈ 금천구 ▼ 용산구 ⬢ 영등포구
부산(7)	▲ 진구 ● 수영구 ▲ 남구 ▲ 사상구 ★ 사하구 ▣ 영도구 ☗ 서구
인천(4)	●▲ 미추홀구 ★ 연수구 ▲ 옹진군 ☗ 동구
광주(4)	● 광산구 ▲ 북구 ◈ 남구 ◈ 동구
대구(3)	★ 달서구 ● 달성군 ⬢ 중구
대전(2)	● 중구 ● 서구
세종(1)	●▲ 세종시
울산(2)	★ 북구 ★ 남구
제주(1)	● 제주시
경기(11)	★▲ 광주시 ● 포천시 ● 양주시 ●★ 수원시 ●▼ 고양시 ★▲ 안산시 ▲ 의정부시 ◈● 평택시 ◈ 남양주시 ●⬢ 부천시 ⬢ 성남시
강원(5)	◈★ 춘천시 ● 강릉시 ◈● 동해시 ● 영월군 ◈★ 원주시
충북(7)	◈▲ 충주시 ★ 청주시 ● 음성군 ● 괴산군 ● 옥천군 ⬢ 제천시 ⬢ 증평군
충남(7)	◈● 논산시 ★ 당진시 ★ 서산시 ★▲ 예산군 ◈ 공주시 ● 보령시 ▼ 천안시
전북(7)	⬢ 전주시 ●● 익산시 ◈⬢ 군산시 ▲ 완주군 ● 김제시 ★ 정읍시 ⬢ 부안군
전남(7)	● 담양군 ● 구례군 ● 함평군 ● 무안군 ◈ 순천시 ● 장흥군 ● 여수시 ⬢ 강진군 ⬢ 진도군
경북(10)	● 울진군 ◈ 문경시 ● 안동시 ★ 상주시 ● 의성군 ◈ 김천시 ● 고령군 ● 청도군 ⬢ 군위군 ▼ 구미시
경남(8)	◈▲ 양산시 ▲ 함양군 ● 합천군 ◈● 거제시 ◈ 밀양시 ◈ 김해시 ◈ 진주시 ★ 창원시

▲ 2019년 유형별 도시재생사업 선정현황

2018년 (99곳) 선정현황

(범례1) 선정방식별

▩ 중앙 : 지자체 신청, 중앙 선정　▩ 공공 : 공공기관 제안, 중앙 선정　▩ 시도 : 지자체 신청, 시·도 선정

(범례2) 사업유형별

▣ 경제기반형　◈ 중심시가지형　● 일반근린형　★ 주거지지원형　▲ 우리동네살리기

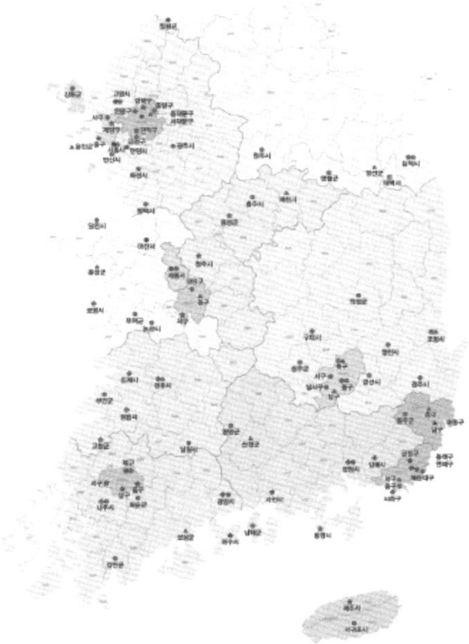

• 중앙(16) / 공공(15) / 시·도(68)

시·도	대상지역
서울(7)	★ 강북구 ★ 은평구 ● 중랑구 ▲ 동대문구 ● 서대문구 ★ 관악구 ▲ 금천구
부산(7)	★ 금정구 ◈ 동래구 ★ 연제구 ● 해운대구 ▲ 서구 ★ 중구 ● 사하구
인천(4)	★ 강화군 ◈ 서구 ★ 계양구 ★ 중구 ▲ 옹진군
광주(4)	▣◈ 북구 ★ 서구 ★ 동구 ★ 남구
대구(5)	◈▲ 북구 ★ 서구 ◈● 중구 ▲ 남구 ● 달서구
대전(3)	● 대덕구 ▲ 동구 ★ 서구
세종(1)	●● 세종시
울산(4)	● 울주군 ▲ 중구 ▲ 남구 ● 동구
제주(2)	★ 제주시 ● 서귀포시
경기(7)	●★ 고양시 ● 광주시 ●▲ 시흥시 ● 안산시 ★ 안양시 ★ 화성시 ● 평택시
강원(6)	★ 철원군 ● 원주시 ★ 영월군 ▲ 정선군 ▣ 태백시 ◈● 삼척시
충북(4)	▲ 제천시 ● 충주시 ★ 음성군 ★ 청주시
충남(6)	● 당진시 ● 아산시 ◈ 보령시 ● 논산시 ▲ 홍성군 ★ 부여군
전북(6)	◈ 김제시 ◈▲ 전주시 ● 부안군 ◈ 정읍시 ★ 고창군 ● 남원시
전남(6)	◈● 나주시 ● 화순군 ◈★ 광양시 ● 강진군 ▲ 보성군 ★ 여수시
경북(6)	● 의성군 ◈ 구미시 ▣▲ 포항시 ● 성주군 ● 영천시 ● 경산시 ◈ 경주시
경남(7)	● 함양군 ▲ 산청군 ★ 사천시 ◈● 창원시 ◈ 김해시 ★ 통영시 ◈ 남해군

▲ 2018년 유형별 도시재생사업 선정현황

2017년 도시재생사업선정현황 (68곳)

(범례1) 선정방식별

▩ 재생-중앙 선정 ▩ 재생-공공기관 제안 ▩ 재생-광역지자체 선정

(범례2) 사업유형별

▣ 경제기반형 ◈ 중심시가지형 ● 일반근린형 ★ 주거지지원형 ▲ 우리동네살리기

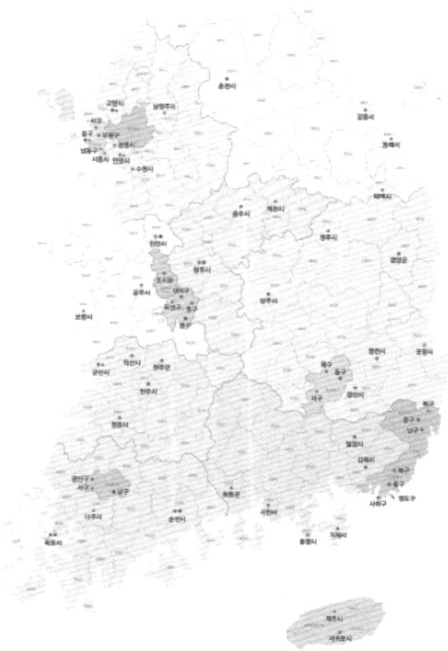

• 중앙(15) / 공공(9) / 시·도(44)

시·도	대상지역
부산(4)	◈ 북구 ● 동구 ★ 사하구 ▲ 영도구
인천(4)	★ 서구 ●▲ 동구 ◈ 부평구 ▲ 남동구
광주(3)	★ 광산구 ▲ 서구 ● 남구
대구(3)	★ 북구 ● 동구 ▲ 서구
대전(4)	◈ 대덕구 ▲ 유성구 ★ 동구 ● 중구
세종(1)	◈ 조치원
울산(3)	▲ 북구 ● 중구 ★ 남구
제주(2)	▲ 제주시 ★ 서귀포시
경기(6)	●▲ 고양시 ◈ 남양주시 ★ 광명시 ◈ 시흥시 ★▲ 안양시 ◈ 수원시
강원(4)	● 춘천시 ◈ 강릉시 ▲ 동해시 ★ 태백시
충북(3)	▲ 제천시 ★ 충주시 ◈● 청주시
충남(3)	◈● 천안시 ★ 공주시 ▲ 보령시
전북(5)	● 전주시 ◈▲ 군산시 ◈ 익산시 ★ 완주군 ◈ 정읍시
전남(3)	◈★ 목포시 ▲ 나주시 ◈● 순천시
경북(6)	▲ 영주시 ● 영양군 ● 상주시 ◈ 영천시 ◈ 포항시 ★ 경산시
경남(6)	● 밀양시 ◈ 김해시 ▲ 하동군 ◈ 사천시 ▣ 통영시 ★ 거제시

▲ 2017년 유형별 도시재생사업 선정현황

2014년 (13곳), 2016년 (33곳) 선정현황

(범례1) 선정방식별

■ `14 선도지역　■ `16 일반지역

(범례2) 사업유형별

▣ 경제기반형　◆ 중심시가지형　● 일반근린형

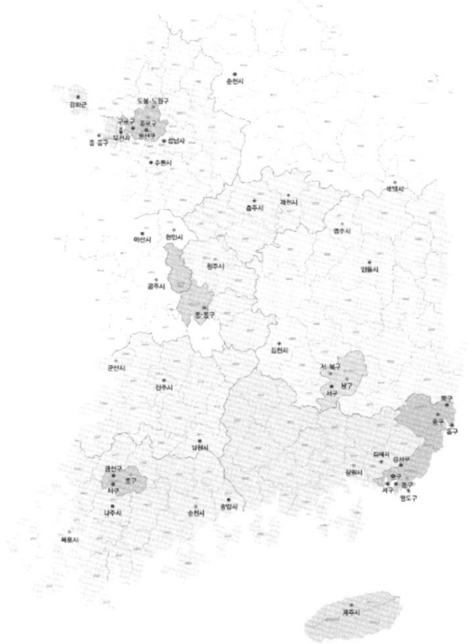

• 선도(13) / 일반(33)

시·도	대상지역
서울(4)	▣ 도봉·노원구 ● 구로구 ◆ 종로구 ● 용산구
부산(5)	● 강서구 ● 중구 ▣ 동구 ● 서구 ◆ 영도구
인천(2)	● 강화군 ▣ 중·동구
광주(3)	● 광산구 ● 서구 ◆ 동구
대구(3)	▣ 서·북구 ● 서구 ● 남구
대전(1)	▣ 중·동구
울산(3)	● 북구 ◆ 중구 ● 동구
제주(1)	◆ 제주시
경기(3)	▣ ● 부천시 ● 성남시 ● 수원시
강원(2)	● 춘천시 ● 태백시
충북(3)	◆ 제천시 ◆ 충주시 ▣ 청주시
충남(3)	● 천안시 ● 공주시 ● 아산시
전북(3)	◆ 군산시 ◆ 전주시 ● 남원시
전남(4)	◆ 목포시 ● 나주시 ● 순천시 ● 광양시
경북(3)	◆ 영주시 ◆ 안동시 ◆ 김천시
경남(2)	◆ 김해시 ◆ 창원시

▲ 2014년 유형별 도시재생사업 선정현황

2. 도시재생기금, 얼마나 지원되었나요?

2016년 기금 지원이 시작된 이래 2022년 6월까지 총 622건의 사업에 대한 기금이 지원 중인 것으로 파악되었다. 지역별로는 서울(213건), 경기(111건), 인천(42건), 대구(41건) 순으로 지원을 많이 받는 것을 알 수 있다. 광역도 내 지원 현황을 살펴보면 경기(111건), 전남(34건), 강원(33건), 전북(22건) 순으로 많은 것으로 조사되었다.

사업유형별로 살펴보면 비교적 대규모 사업에 출자 및 융자 등을 지원하는 도시재생지원사업의 경우, 경기(6건), 충남(4건), 서울(3건) 등의 순으로 지원을 받은 것으로 조사되었다. 총 19건으로 전체 사업 수 대비 비중은 크지 않지만 사업비 규모는 큰 편이다.

중·소규모의 도시기능증진지원사업은 사업유형에 따라 서울을 제외하고는 지역적 차이가 있음을 볼 수 있다. 사업 유형별로는 소규모주택사업이 307건(49.4%), 도시재생씨앗사업이 290건(46.6%), 산업단지재생사업이 6건(1%)의 기금을 지원받고 있다.

먼저, 소규모주택정비사업 중에는 가로주택정비사업(218건)에 대한 지원이 자율주택정비사업(89건)보다 많은 것으로 나타났다. 특히, 경기와 강원은 해당 지역의 총 지원건수 대비 소규모 주택정비의 비율이 각각 약 75%(83건) 및 약 42%(14건)으로 타 광역도 대비 높은 것으로 나타났다. 도시재생씨앗사업 중에는 공동협업공간조성(122건), 임대상가조성(112건), 창업시설조성(33건) 순으로 기금이 지원되었다. 도시재생씨앗융자는 서울(80건), 전남(34건), 인천 및 전북(각 20건), 광주 및 경기(각 19건)의 순으로 기금을 많이 지원받았다.

산업단지재생과 관련해서는 복합개발자금융자가 5건, 리모델링 관련해서는 1건만이 진행 중인데, 경기, 인천, 대구에서만 지원받은 것으로 조사되었다.

▼ 전국 도시재생기금 상품별 지원 현황(광역시·도)

구분	총계		도시재생지원				
	개	%	출자	융자	공간지원 리츠출자	소계	
						계	%
총 사업수	622	100	6	12	1	19	3.1
서울	213	34.2	1	1	1	3	15.8
부산	27	4.3	0	0	0	0	0
대구	41	6.6	1	1	0	2	10.5
인천	42	6.8	0	0	0	0	0
광주	23	3.7	0	0	0	0	0
대전	18	2.9	0	0	0	0	0
울산	3	0.5	0	0	0	0	0
세종	4	0.6	0	0	0	0	0
경기	111	17.8	1	5	0	6	31.6
강원	33	5.3	0	1	0	1	5.3
충북	12	1.9	1	0	0	1	5.3
충남	5	0.8	2	2	0	4	21.1
전북	22	3.5	0	1	0	1	5.3
전남	34	5.5	0	0	0	0	0
경북	14	2.3	0	1	0	1	5.3
경남	10	1.6	0	0	0	0	0
제주	10	1.6	0	0	0	0	0

자료 : 도시재생종합정보체계 및 도시재생기금지도 참고, 저자 작성

구분	소규모주택 정비사업							
	자율주택 정비사업			가로주택 정비사업			소계	
	초기 사업비	본 사업비	소계	초기 사업비	본 사업비	소계	계	%
총 사업수	29	60	89	156	62	218	307	49.4
서울	18	32	50	51	29	80	130	42.3
부산	1	5	6	5	1	6	12	3.9
대구	0	0	0	16	7	23	23	7.5
인천	1	0	1	13	6	19	20	6.5
광주	0	0	0	3	1	4	4	1.3
대전	0	10	10	2	0	2	12	3.9
울산	0	0	0	2	1	3	3	1
세종	0	0	0	0	0	0	0	0
경기	2	6	8	59	16	75	83	27
강원	7	7	14	0	0	0	14	4.6
충북	0	0	0	1	1	2	2	0.7
충남	0	0	0	1	0	1	1	0.3
전북	0	0	0	1	0	1	1	0.3
전남	0	0	0	0	0	0	0	0
경북	0	0	0	2	0	2	2	0.7
경남	0	0	0	0	0	0	0	0
제주	0	0	0	0	0	0	0	0

자료 : 도시재생종합정보체계 및 도시재생기금지도 참고, 저자 작성

구분	도시재생씨앗융자						
	공동협업 공간 조성	상가 리모델링	생활SOC 조성	창업시설 조성	임대상가 조성	소계	
						계	%
총 사업수	122	19	4	33	112	290	46.6
서울	40	1	0	5	34	80	27.6
부산	7	0	0	1	7	15	5.2
대구	7	0	1	2	5	15	5.2
인천	8	3	0	3	6	20	76.9
광주	8	2	0	0	9	19	6.6
대전	2	1	0	1	2	6	2.1
울산	0	0	0	0	0	0	0
세종	1	2	0	0	1	4	1.4
경기	4	1	0	1	13	19	6.6
강원	6	3	0	4	5	18	6.2
충북	6	1	1	0	1	9	3.1
충남	0	0	0	0	0	0	0
전북	12	0	0	1	7	20	6.9
전남	12	2	0	14	6	34	11.7
경북	3	0	0	0	8	11	3.8
경남	2	1	2	0	5	10	3.4
제주	4	2	0	1	3	10	3.4

자료 : 도시재생종합정보체계 및 도시재생기금지도 참고, 저자 작성

구분	산업단지재생사업			
	노후산업단지 복합개발자금 융자	노후산업단지 리모델링	소계	
			계	%
총 사업수	5	1	6	1
대구	1	0	1	16.7
인천	2	0	2	33.3
경기	2	1	3	50

자료 : 도시재생종합정보체계 및 도시재생기금지도 참고, 저자 작성

3. 도시재생사업 수 대비 지원 비율은?

2016년에 도시재생기금 지원이 시작된 것을 고려하여 2016년부터 2021년까지 6년간 선정된 도시재생사업 수 대비 도시재생기금 지원 건수를 광역 시·도별로 비교해 보았다.

각 시도별 도시재생사업 수 대비 기금지원 건수 비율을 살펴보면 경기도를 제외하고는 대체로 도 단위보다는 특·광역시에서 기금을 많이 지원받은 것을 볼 수 있다. 특·광역시의 경우, 부산, 세종, 울산을 제외하고는 총 사업 수 대비 기금 지원건수 비율이 모두 100%를 상회하는 것을 볼 수 있다. 반면, 도 단위에서는 경기, 강원, 제주를 제외하고는 모두 100% 미만의 비율을 보여, 기금 지원이 상대적으로 많이 이루어지지 못한 것을 볼 수 있다.

특히, 서울, 경기, 인천 등 수도권 지역은 기금지원 건수가 많은 것으로 나타났다. 서울의 경우, 사업 수 대비 기금지원 건수 비율이 약 8배(788.9%)에 달하고, 인천(190.9%)과 경기(180.4%)는 약 2배에 이르는 것을 확인할 수 있다. 비수도권 지역에서 이에 비견할 만한 비율을 보이는 곳은 대구(195.2%)였고, 광주는 127.8%로, 전국 평균인 123.6%을 겨우 넘어서는 수준이었다. 다음으로 전국 평균보다는 못 미치지만, 총 사업 수 대비 기금지원 건수가 100%이거나 상회한 지역은 대전(112.5%), 제주(111.1%), 강원(100%)으로 나타났다. 즉, 대체로 수도권 및 인근 지역과 광역시를 제외한 지방에서는 기금을 지원받은 실적이 저조한데, 인데, 이는 수도권 및 인근 지역과 광역시가 광역도 지역 보다는 기금에 대한 정보 접근성과 이해도가 높아서 사업 신청을 많이 한 것으로 유추된다.

▼ 도시재생사업 수 대비 기금지원 건수 비율

구분	총 사업수*	기금지원 건수	총 사업수 대비 기금지원 건수 비율**
서울	27	213	788.9%
부산	30	27	90.0%
대구	21	41	195.2%
인천	22	42	190.9%
광주	18	23	127.8%
대전	16	18	112.5%
울산	13	3	23.1%
세종	5	4	80.0%
경기	56	101	180.4%
강원	31	31	100.0%
충북	31	12	38.7%
충남	36	3	8.3%
전북	40	21	52.5%
전남	43	32	74.4%
경북	43	10	23.3%
경남	47	9	19.1%
제주	9	10	111.1%
총계	488	600	123.6%

주 : * 총사업 수는 법 제정이전에 선정된 2014년 사업 수는 제외
** 총사업 수 대비 기금지원 건수 비율은 기준연도의 불일치로 인해 달라질 수 있음.
자료 : 도시재생종합정보체계 및 도시재생기금지도 참고, 저자 작성

4. 도시재생씨앗융자의 정책 변화[1]

4.1. 기본조건 및 금리우대 변화

2018년 이후 도시재생씨앗융자의 지원이 본격적으로 진행되면서 초기 계획으로 제시했던 공동협업공간의 운영 유무에 대한 모니터링 부재, 사업주의 거주공간으로 활용 등의 문제가 제기되기 시작했다.[2]

2021년 6월 기금의 공공성 제고를 위해 공동협업공간을 확보하는 대신 단일금리(1.5%)로 운영하던 초기 모델에서 사업시행자가 개인·일반법인인 경우 1.9%로, 공공/사회적경제주체는 1.5%로 기본금리를 조정하는 방향으로 개선되었다. 또한 금리우대요건을 신설하여 공공성, 상품유형특화, 정부정책 연계에 따라 기본금리에서 HUG에서 제시한 완화조건을 충족하는 경우 0.2%p~0.4%p까지 단계적으로 금리 인하 조건이 추가되었다.

4.2. 투기방지 방안 마련

또한 도시재생기금의 부동산 투기 활용을 방지하기 위해 투기과열지구 내/외 최근 6개월 평균 지가변동률에 따른 한도제한요건 신설되

---

1 국토교통부 보도자료. 2021.06.30. 주택도시기금 '도시재생씨앗융자' 이렇게 바뀝니다.

2 MBC 뉴스(2020.12.02.) 눈 먼 돈으로 건물주? ...엉터리 '도시재생사업
(https://imnews.imbc.com/replay/2020/nwdesk/article/6006147_32524.html)

었다. 이에 따라 지가변동률이 1.5%p 이상인 투기과열지구에서는 개인·일반법인의 융자한도를 제한하고, 지가변동률이 1.0%p 이상은 1.9% 단일금리가 적용되게 되었다.

▼ **도시재생씨앗융자 제도개선 (요약)**

현행

구분	내용
융자 기본 조건	단일금리 1.5% / 한도 70%(최대 80%)
(금리 우대 요건)	<신 설>
한도 우대 요건	•임대료 인상률 연 4% 이하 한도 +5%p •임대료 인상률 연3% 이하 또는 국토교통형 예비사회적기업 한도 +10%p
필수 요건	① 최초 임대료 주변시세 대비 100% 이하 ② 임대료 인상률 5% 이하 (임대상가는 2.5%) ③ 차주거주 및 주거업 등 금지 ④ 상품 특성별 시설 면적 (공동협업공간 20% 이상, 생활SOC 50% 이상 등)

개선

구분	세부	내용
융자 기본 조건		(개인·법인) 금리 1.2~1.9% / 한도 70%(최대 80%)
		(공공·사회적경제주체) 금리 1.2~1.5% / 한도 70%(최대 80%)
금리 우대 요건	공공성 최대 0.3%p 우대	• 사회적 경제주체에 의한 운영·관리(0.1%p) • 노인·장애인고용 (0.1%p) • 지역주민을 위한 프로그램·행사(0.1%p)
	유형특화 최대 0.4%p 우대	• 공동협업공간, 생활SOC, 창업시설 등 각 상품유형의 특성을 살린 사업 추진 (0.1~0.4%p)
	정부정책연계 최대 0.2%p 우대	• 그린뉴딜연계 (0.05~0.1%p) • 착한임대인 (0.1~0.2%p) * '21년 한시적용
한도 제한 요건	(아래 표)	
한도 우대 요건		<기존과 동일> 단, 투기우려지역은 미적용
필수 요건		<기존과 동일>

한도 제한 요건:

지가변동률		투기과열 지구 내	투기과열 지구 외
최근 6개월 평균 지가변동률 대비	1.5%p 이상	융자 제한	금리 1.9% / 한도 50%
	1%p 이상	금리 1.9% / 한도 40%	금리 1.9% / 한도 60%
	이외	금리 1.9% / 한도 40%	투기우려 지역x

자료 : 국토교통부 보도자료. 2021.6.30. 주택도시기금 '도시재생씨앗융자' 이렇게 바뀝니다.

제3장

도시재생씨앗융자 이해하기

신우진·신우화

1. 도시재생씨앗융자란?
2. 얼마나 지원받았나요?
3. 누가, 어떻게 지원받나요?

쉬어가는 페이지 : 도시재생씨앗융자, 필요할까요?

인터뷰 1 __ 김재경

인터뷰 2 __ 박철훈

1. 도시재생씨앗융자란?

1.1. 도입 배경

전국의 노후·쇠퇴 지역 중 도시재생뉴딜사업 대상지로 선정되면 마중물이라 불리는 공적 자금이 투입된다. 이러한 공적자금은 주로 공공의 성격을 가지는 거점시설(주민 커뮤니티센터, 문화공간 등)에 투입되기에 사업 완료가 가까워지는 시점에는 결과물이 나오기 마련이다. 물론 거점시설 부지 매입 등의 현장의 여건이 사업 속도에 영향을 미치기는 하지만 사업 완료 시 완성된 신규 건축물을 대상지에서 볼 수 있다. 그런데, 주변의 재생을 위해 투입된 마중물은 펌프질이 되지 못한 채 우물에 머무르기만 하는 것이 전국의 재생사업지에서 나타나기 시작했다. 즉, 재생사업이 공공의 사업으로 그치고 주민, 상인 등 개인의 투자는 이루어지지 않음으로 인해 노후 주거 및 상가 등은 노후한 모습 그대로 남아 있는 것이었다. 이렇게 사업대상지 전체로 재생 효과가 파급되지 않아 결국 물리적 환경개선은 이루어지지 않는 상황이 지속되고 있었다.

이에, 근린지역 재생사업의 지속성과 활성화를 위해 민간참여를 끌어낼 필요성이 요구되면서 민간의 재정투자를 유도하기 위한 촉매 역할을 위한 융자상품이 설계·도입되기에 이르렀다.

1.2. 유형

도시재생씨앗융자는 도시재생기금의 한 유형으로 상가, 주택, 산업단지 등 도시기능증진을 지원하기 위해 구성된 융자 자금 중 하나이다. 도시기능증진을 위한 융자자금 중 특히 노후상권 활성화에 초점을 두고 있다. 도시재생씨앗융자는 공동협업공간 조성자금, 상가리모델링, 창업시설, 임대상가 조성, 도시기반시설(구, 생활SOC)조성 등 5가지 유형의 융자자금으로 구성된다.

각 유형은 자금의 성격에 따라 융자 목적, 용도, 기간, 주요 대상 등이 다르며, 자금의 목적을 달성하기 위해 금리 우대 조건 및 융자 조건에 일부 차이를 두고 있다.

5개 유형에 공통적으로 적용되는 사항은 융자조건 위반 시 조치사항과 융자를 받고자하는 사업장이 속한 행정구역의 지가변동률에 따른 융자한도 감액에 관한 사항이다. 만약 사업주가 융자 조건 위반으로 인해 기한이익을 상실할 경우 중도상환수수료(3.0%)를 징수해야하며, 투기과열지구 내·외 입지에 따른 융자한도 감액기준은 아래 표와 같다.

▼ 융자한도 감액 기준

해당산업장 행정구역 지가변동률		2010년대	2015년대~2020년대
최근 6개월간 전국 평균 지가변동률 대비2)	1.5%p이상 지가상승	융자금지	금리 1.9% / 한도 50%
	1.0%p이상~1.5%p 미만	금리 1.9% / 한도 40%	금리 1.9% / 한도 60%
	1.0%p미만		한도 70%

* 주 : 1) 주택법 제63조에 따라 국토교통부 장관 또는 시·도지사가 지정 공고하는 지역(국토부 홈페이지 "국토교통부 공고" 확인)
2) 융자사업장 관할 행정구역(시군구)의 최근 6개월 지가변동률이 전국 평균 지가변동률 보다 높은 경우

** 자료 : 기금도시재생포털 (https://enhuf.molit.go.kr/fur/pp/ps/POPPS004M01.jsp) 재인용

▼ 도시재생기금 상품안내서

<table>
<tr><th colspan="3">종류</th><th>비고</th></tr>
<tr><td colspan="4">도시재생지원</td></tr>
<tr><td></td><td colspan="2">도시재생지원(출자)</td><td>■ (대상) 도시재생리츠, 도시재생 PFV 및 SPC
■ (방식) 누적적·참가적 우선주 출자</td></tr>
<tr><td></td><td colspan="2">도시재생지원(융자)</td><td>■ (융자대상) 도시재생사업 시행자
■ (융자용도) 도시재생사업 사업비 지원</td></tr>
<tr><td></td><td colspan="2">【보증】 도시재생 PF 보증</td><td>■ (보증대상) 도시재생 사업시행자
■ (보증료율) 연 0.25%∼0.57%</td></tr>
<tr><td></td><td colspan="2">【보증】 공간지원리츠 회사채보증</td><td>■ (보증대상) 도시재생리츠(공간지원리츠)
■ (보증료율) 연 0.035%</td></tr>
<tr><td colspan="4">도시기능증진지원</td></tr>
<tr><td rowspan="5"></td><td rowspan="5">도시재생 씨앗융자 (수요자 중심형)</td><td>공동협업공간 조성자금</td><td>■ (융자대상) 공동협업공간을 조성하는 개인, 지자체 등
■ (융자용도) 건설, 매입, 리모델링 자금 등</td></tr>
<tr><td>상가리모델링 자금</td><td>■ (융자대상) 상가소유자, 상가신축을 추진하는 토지 소유자
■ (융자용도) 상가 리모델링·신축</td></tr>
<tr><td>창업시설 조성자금</td><td>■ (융자대상) 신규 창업하는 청년창업자, 사회적기업
■ (융자용도) 건설, 매입, 리모델링 자금 등</td></tr>
<tr><td>임대상가 조성자금</td><td>■ (융자대상) 임대상가를 조성하는 지자체, 지방공기업
■ (융자용도) 건설, 매입, 리모델링 자금</td></tr>
<tr><td>도시재생 기반시설 조성자금</td><td>■ (융자대상) 도시재생기반시설을 조성하는 지자체, 공공기관 등 법인 또는 개인사업자
■ (융자용도) 건설, 매입, 리모델링 자금 등</td></tr>
<tr><td rowspan="2"></td><td rowspan="2">소규모 주택 정비 사업 (융자)</td><td>가로주택정비사업 및 자율주택정비사업</td><td>■ (융자대상) 사업을 시행하는 정비사업조합, 토지등 소유자, 공공기관, 지방공기업 등
■ (융자용도) 용역비, 건설비, 운영비 등 사업비</td></tr>
<tr><td>【보증】 소규모주택 정비사업자금 대출보증</td><td>■ (보증대상) 가로주택정비사업, 자율주택정비사업 시행자(조합, 토지등소유자 등)
■ (보증료율) - 가로주택정비사업: 연 0.45%∼0.90%
- 자율주택정비사업: 연 0.30%∼0.71%</td></tr>
<tr><td rowspan="3"></td><td rowspan="3">산업 단지 재생 사업 (융자)</td><td>산업단지 복합개발자금</td><td>■ (융자대상) 산업단지 재생사업지구 내 산업·업무·연구·주거시설 등을 복합적으로 개발하는 사업시행자
■ (융자용도) 토지매입자금, 건설자금 등</td></tr>
<tr><td>산업단지 기반시설 조성자금</td><td>■ (융자대상) 산업단지 재생사업지구 내 기반시설의 설치 및 개보수를 추진하는 사업시행자
■ (융자용도) 토지매입자금, 건설자금 등</td></tr>
<tr><td>산업단지 리모델링자금</td><td>■ (융자대상) 산업단지 재생사업지구 내 공장의 리모델링
■ (융자용도) 리모델링, 토지매입비, 공장건설비</td></tr>
</table>

자료 : '22년 도시재생사업 신청 가이드라인(2022. 9. 8.) 국토교통부

A. 공동협업공간 조성자금

■ 목적 및 용도

○ 목적 : 도시재생활성화지역 내 공동으로 활용할 수 있는 공동협업공간*과 「건축법」 제2조제2항에 따른 시설 중 업무, 문화집회, 교육연구, 판매, 숙박, 근린생활시설, 주택 등이 동일건축물 내 복합활용 목적으로 함께 운영되는 시설 조성

* 공동협업공간 : 공동작업실 또는 공유오피스로서 이와 부대되는 교육공간, 회의실, 라운지, 전시·판매공간 등 공동으로 이용되는 시설 포함

○ 용도 : 신규 매입, 건설, 리모델링 자금

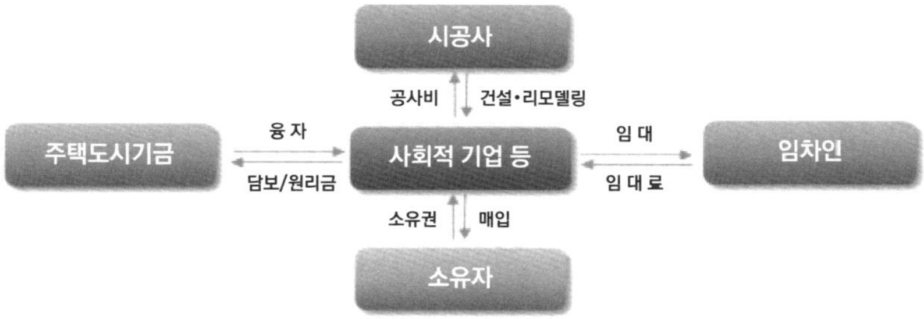

※ 자료 : 도시재생 금융지원 상품안내 (HUG주택도시보증공사 도시재생기획처)

▲ 공동협업공간 조성자금 상품 구조도

■ 주요 내용

○ 대상 : 개인사업자, 사회적경제주체(마을기업, 사회적기업, 협동조합, 자활기업), 지자체, 공공기관, 지방공기업 등

○ 기간 : 7~17년(최장 민간 12년, 공공 17년)

○ 융자 한도 : 총 사업비의 70~80%(임대료 인상률에 따라 차등 적용)

▼ 기본융자 한도기준

융자 한도	총 사업비의 80%	총 사업비의 75%	총 사업비의 70%
임대료 인상률	연 3% 이하	연 4% 이하	연 5% 이하

* 주 : 부동산 담보 인정가액 초과분 HUG 보증 활용
단, 임대연면적이 시설의 총연면적(차주가 융자를 받아 조성한 시설 전체의 면적)의 50%를 초과하는 경우에 한하여 위 기준에 따라 한도증액 가능

** 자료 : 기금도시재생포털 (https://enhuf.molit.go.kr/fur/pp/ps/POPPS004M01.jsp) 재인용

○ 이율 : 변동금리 기준으로 연 1.5%(공공/사회적경제주체)~1.9%(개인/일반법인). 단, 우대사항 충족 시 최대 연 1.2%까지 금리 인하 가능

▼ 금리 우대사항 및 인하수준

우대사항	인하수준
사회적 경제주체 운영·관리 면적 ≥ 연면적*50%	0.1%p
사회적약자 고용	0.1%p
지역주민을 위한 프로그램 등 운영	0.1%p
건축물에너지효율 1등급 이상 인증	0.05%p
제로에너지건축물 인증	0.05%p
착한임대인 (실제 수취한 임대료 ≤ 계약상 임대료*85%)	0.1%p~0.2%p
공동협업공간 총연면적 ≥ 총 연면적*25%	0.1%p~0.2%p

* 자료 : 기금도시재생포털재인용 (https://enhuf.molit.go.kr/fur/pp/ps/POPPS004M01.jsp)

▌융자조건

○ 금액 : 신청금액 50억원 미만(차주가 지방자치단체, 공공기관, 지방공기업인 경우에는 100억원)

○ 면적 : 시설 총 연면적 1만㎡ 미만이며, 공동협업공간이 지상면적 기준으로 건축 연면적의 20% 이상 포함할 것(해당 공간 제3자 임대 불가)

○ 임대조건 :제3자 임대(공동협업공간을 제외한 공간에 한함)

- 「상가건물 임대차보호법」등 법정 기간까지 계약갱신 보장
- 융자기간 중 임대료 인상률 5% 이내(또는 상생협약 등 체결시 그에 따름) 등 융자약정 준수

○ 매각 : 융자기간 내 제3자에게 매각할 수 없음

B. 상가 리모델링 자금

▌목적 및 용도

○ 목적 : 도시재생활성화지역 내 상가 신축·리모델링에 필요한 자금 융자

○ 용도 : 건설, 리모델링 자금

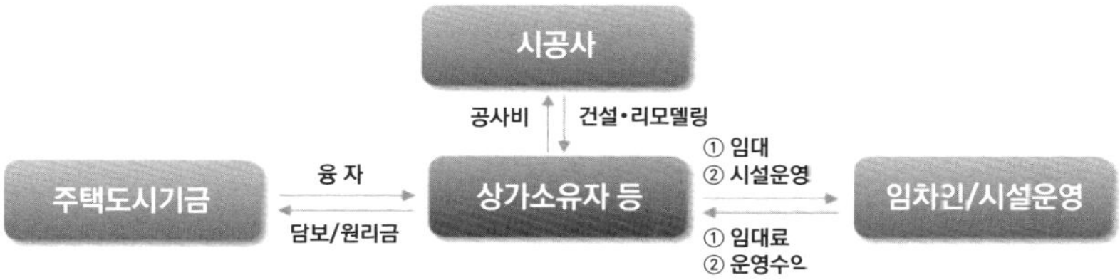

※ 자료 : 도시재생 금융지원 상품안내(HUG주택도시보증공사 도시재생기획처)

▲ 상가 리모델링 자금 상품 구조도

▌주요 내용

○ 대상 : 토지 혹은 상가소유 법인 또는 개인사업자

○ 기간 : 7년 (최장 12년)

○ 융자 한도 : 총 사업비의 70~80% (임대료 인상률에 따라 차등 적용)

▼ 기본융자 한도기준

융자 한도	총 사업비의 80%	총 사업비의 75%	총 사업비의 70%
임대료 인상률	연 3% 이하	연 4% 이하	연 5% 이하

* 주 : 부동산 담보 인정가액 초과분 HUG 보증 활용
단, 임대연면적이 시설의 총연면적(차주가 융자를 받아 조성한 시설 전체의 면적)의 50%를 초과하는 경우에 한하여 위 기준에 따라 한도증액 가능

**자료 : 기금도시재생포털 (https://enhuf.molit.go.kr/fur/pp/ps/POPPS004M01.jsp) 재인용

○ 이율 : 변동금리 기준으로 연 1.5%(공공/사회적경제주체)~1.9%(개인/일반법인). 단, 우대사항 충족 시 최대 연 1.2%까지 금리 인하 가능

▼ 금리 우대사항 및 인하수준

우대사항	인하수준
사회적 경제주체 운영·관리 면적 ≥ 연면적*50%	0.1%p
사회적약자 고용	0.1%p
지역주민을 위한 프로그램 등 운영	0.1%p
건축물에너지효율 1등급 이상 인증	0.05%p
제로에너지건축물 인증	0.05%p
착한임대인 (실제 수취한 임대료 ≤ 계약상 임대료*85%)	0.1%p~0.2%p

* 자료 : 기금도시재생포털재인용 (https://enhuf.molit.go.kr/fur/pp/ps/POPPS004M01.jsp)

■ 융자조건

○ 금액 : 신청금액 50억원 미만

○ 면적 : 시설 총 연면적 1만㎡ 미만

○ 임대조건 : 제3자 임대

- 「상가건물 임대차보호법」등 법정 기간까지 계약갱신 보장
- 융자기간 중 임대료 인상률 5% 이내(또는 상생협약 등 체결시 그에 따름) 등 융자 약정 준수

○ 매각 : 융자기간 내 제3자에게 매각할 수 없음

C. 창업시설 조성자금

▌목적 및 용도

○ 목적 : 도시재생활성화지역 내 쇠퇴 도심 일자리 창출을 위하여 신규로 창업시설을 조성하는 창업자에게 필요한 자금을 융자

○ 용도 : 신규 매입, 건설, 리모델링 자금

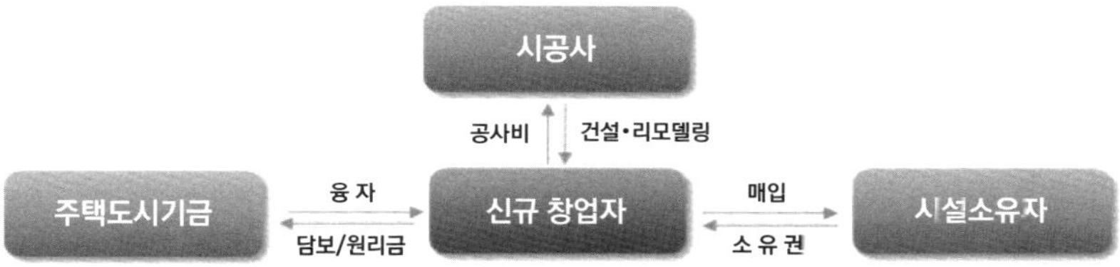

※ 자료 : 도시재생 금융지원 상품안내(HUG주택도시보증공사 도시재생기획처)

▲ 창업시설 조성자금 상품 구조도

▌주요 내용

○ 대상 : 개인사업자, 청년창업*가, 사회적경제주체(마을기업, 사회적기업, 협동조합, 자활기업) 등

* 창업기준 : 중소기업창업지원법, 제2조에 따라 새로 설립하거나 창업하여 사업을 게시한 날로부터 7년 이내인 중소기업

○ 기간 : 7년(최장 12년)

○ 융자 한도 : 총 사업비의 최대 70% (부동산 담보인정가액 초과분 HUG 보증 활용)

○ 이율 : 변동금리 기준 연 1.5%(공공/사회적경제주체)~1.9%(개인/일반법인). 단, 우대사항 충족 시 최대 연 1.2%까지 금리 인하 가능

▼ 금리 우대사항 및 인하수준

우대사항	인하수준
사회적 경제주체 운영·관리 면적 ≥ 연면적*50%	0.1%p
사회적약자 고용	0.1%p
지역주민을 위한 프로그램 등 운영	0.1%p
건축물에너지효율 1등급 이상 인증	0.05%p
제로에너지건축물 인증	0.05%p
만 39세 이하의 청년창업자	0.1%p
「벤처기업육성에 관한 특별조치법」에 따른 벤처기업 확인을 받은 기업	0.2%p

* 자료 : 기금도시재생포털재인용 (https://enhuf.molit.go.kr/fur/pp/ps/POPPS004M01.jsp)

○ 상환방법 : 만기일시상환 또는 원리금(원금)균등분할상환
 - 중도상환시 중도상환수수료(3.0%) 부과

융자조건

○ 금액 : 신청금액 50억원 미만

○ 면적 : 시설 총 연면적 1만㎡ 미만

○ 임대조건 : 제3자 임대목적 융자 불가

○ 매각 : 융자기간 내 제3자에게 매각할 수 없음

D. 임대상가 조성자금

▌목적 및 용도

- ㅇ 목적 : 도시재생활성화지역 내 안정적인 임대상가 공급을 통한 둥지내몰림 없는 임대상가 조성에 필요한 자금을 융자
- ㅇ 용도 : 토지·건물매입비, 건설비(리모델링 포함) 등 사업비

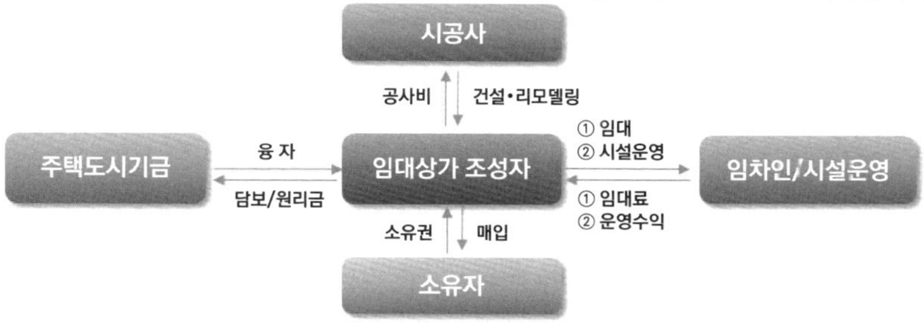

※ 자료 : 도시재생 금융지원 상품안내(HUG주택도시보증공사 도시자생기획처)

▲ 임대상가 조성자금 상품 구조도

▌주요 내용

- ㅇ 대상 : 개인사업자, 사회적경제주체(마을기업, 사회적기업, 협동조합, 자활기업), 지자체, 공공기관, 지방공기업 등
- ㅇ 기간 : 7~17년(최장 민간 12년, 공공 17년)
- ㅇ 융자 한도 : 총 사업비의 80% 이내(부동산 담보인정가액 초과분 HUG 보증 활용)
- ㅇ 이율 : 변동금리 기준으로 연 1.5%(공공/사회적경제주체)~1.9%(개인/일반법인). 단, 우대사항 충족 시 최대 연 1.2%까지 금리 인하 가능

▼ 금리 우대사항 및 인하수준

우대사항	인하수준
사회적 경제주체 운영·관리 면적 ≥ 연면적*50%	0.1%p
사회적약자 고용	0.1%p
지역주민을 위한 프로그램 등 운영	0.1%p
건축물에너지효율 1등급 이상 인증	0.05%p
제로에너지건축물 인증	0.05%p
착한임대인 (실제 수취한 임대료 ≤ 계약상 임대료*85%)	0.1%p~0.2%p

* 자료 : 기금도시재생포털 (https://enhuf.molit.go.kr/fur/pp/ps/POPPS004M01.jsp) 재인용

○ 상환방법 : 만기일시상환 또는 원리금(원금)균등분할상환
- 중도상환시 중도상환수수료(3.0%) 부과

융자조건

○ 금액 : 신청금액 50억원 미만(차주가 지방자치단체, 공공기관, 지방공기업인 경우에는 100억원)

○ 면적 : 시설 총 연면적 1만㎡ 미만

○ 임대료 인상률 제한 : 연 2.5% 이내

○ 임대조건 : 제3자 임대상가 공급 의무(시설 총 연면적의 50% 이상)
- 단, 공공차주인 경우 제3자 임대상가 공급의무 면제

○ 매각 : 융자기간 내 제3자에게 매각할 수 없음

E. 생활SOC 조성자금

▌목적 및 용도

○ 목적 : 도시재생활성화지역 내 생활밀착형 사회기반시설(생활 SOC) 조성에 필요한 자금을 융자

○ 용도 : 신규 토지·건물매입비, 건설비(리모델링 포함) 등 사업비

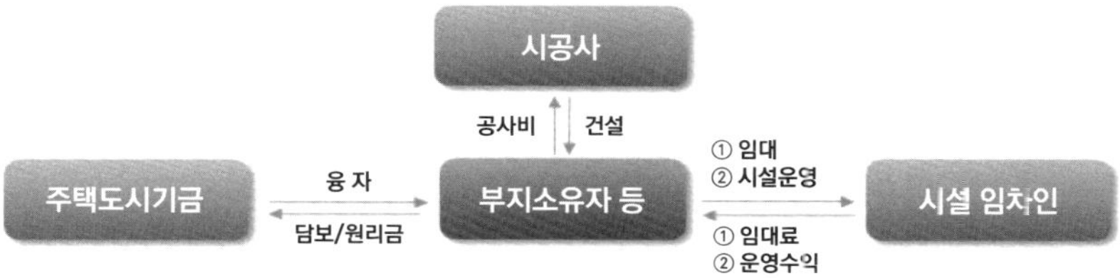

▲ 생활SOC 조성자금 상품 구조도

▌주요 내용

○ 대상 : 지자체, 공공기관, 지방공기업, 사회적경제주체(마을기업, 사회적기업, 협동조합) 등 법인 또는 개인사업자

○ 기간 : 7~17년(최장 민간 12년, 공공 17년)

○ 융자 한도 : 총 사업비의 70~80%(임대료 인상률에 따라 차등 적용)

▼ 기본융자 한도기준

융자 한도	총 사업비의 80%	총 사업비의 75%	총 사업비의 70%
임대료 인상률	연 3% 이하	연 4% 이하	연 5% 이하

* 주 : 부동산 담보 인정가액 초과분 HUG 보증 활용
단, 임대연면적이 시설의 총연면적(차주가 융자를 받아 조성한 시설 전체의 면적)의 50%를 초과하는 경우에 한하여 위 기준에 따라 한도증액 가능

** 자료 : 기금도시재생포털 (https://enhuf.molit.go.kr/fur/pp/ps/POPPS004M01.jsp) 재인용

○ 이율 : 변동금리 기준, 연 1.5%. 단, 우대사항 충족 시 최대 연 1.2%

▼ 금리 우대사항 및 인하수준

우대사항	인하수준
사회적 경제주체 운영·관리 면적 ≥ 연면적*50%	0.1%p
사회적약자 고용	0.1%p
지역주민을 위한 프로그램 등 운영	0.1%p
건축물에너지효율 1등급 이상 인증	0.05%p
제로에너지건축물 인증	0.05%p
착한임대인 (실제 수취한 임대료 ≤ 계약상 임대료*85%)	0.1%p~0.2%p

* 자료 : 기금도시재생포털 (https://enhuf.molit.go.kr/fur/pp/ps/POPPS004M01.jsp) 재인용

○ 상환방법 : 만기일시상환 또는 원리금(원금)균등분할상환

- 중도상환시 중도상환수수료(3.0%) 부과

융자조건

○ 생활 SOC의 연면적 : 시설 총연면적(차주가 융자를 받아 조성한 시설 전체의 면적)의 50퍼센트를 초과하여야 함

○ 금액 : 신청금액 50억 원 미만(차주가 지방자치단체, 공공기관, 지방공기업인 경우에는 100억 원)

○ 면적 : 시설 총 연면적 1만㎡ 미만

○ 임대조건 : 제3자 임대

― 「상가건물 임대차보호법」등 법정 기간까지 계약갱신 보장

― 융자기간 중 임대료 인상률 5% 이내(또는 상생협약 등 체결시 그에 따름) 등 융자 약정 준수

○ 매각 : 융자기간 내 제 3자에게 매각할 수 없음

2. 얼마나 지원받았나요?[1]

2.1. 지역별 현황

도시재생기금지도를 보면, 2022년 6월까지 총 622건의 사업에 대해 지원 중인 것을 알 수 있으며, 이 중 도시재생씨앗융자 지원건수는 총 290건으로 전체 지원 중 약 47%에 해당한다. 도시재생기금 총 지원건수가 서울(213건), 경기(111건), 인천(42건) 순으로 대체로 수도권에서 지원 사례가 많은데 비해 도시재생씨앗융자의 경우는 서울(80건), 전남(34건), 인천(20건), 전북(20건) 순으로 전체 기금 지원건수와는 다른 양상을 보이고 있다. 도시재생씨앗융자 지원건수를 시·군 단위로 살펴보면, 목포(23건, 전남), 전주(13건, 전북), 수원(12건, 경기), 춘천(11건, 강원) 순으로 지역적 쏠림 현상을 확인할 수 있었다.

2.2. 유형별 현황

5가지 유형 중 먼저, 공동협업공간조성자금은 전주(11건), 목포(10건), 청주(5건), 춘천(4건) 순이며, 16개 시·군이 지원을 경험하였다. 다음으로 상가리모델링 자금은 수원(10건), 목포/춘천(각 2건), 평택/

1 신우화 (2022) 경상북도 도시재생활성화 방안 : 도시재생씨앗융자를 중심으로, 대구경북연구원 재구성

강릉/충주/창원(각 1건)으로 총 7개 시군이 지원을 받았으며, 임대상가 조성 자금은 포항(7건), 순천/군산/익산(3건), 평택/강릉/춘천/김해/창원/여수(각 2건), 고양/원주/충주/안동/거제/목포/전주(각 1건)으로 총 17개 시군이 지원을 받은 것을 알 수 있다. 마지막으로 창업시설조성 자금은 목포(10건), 춘천/순천(3건), 여수(2건), 평택/강릉/창원/합천/순천/전주(각 1건)으로 총 10개 시·군이 지원을 받았다.

2.3. 사업주체별 현황은?

비교적 소규모 건물단위로 접근 가능한 도시재생씨앗(융자)의 사업주체별 지원현황을 살펴보면, 개인이 83건으로 압도적으로 많은 것을 볼 수 있다. 다음으로 법인이 34건이며, 공공성을 보유한 사회적경제조직(마을기업·협동조합·사회적기업 등)은 전체 133개 중 11%인 14곳에 불과한 것을 알 수 있었다.

▼ 도시재생씨앗융자 지원 현황 (2017~2019)

<table>
<tr><th colspan="2">구분</th><th colspan="2">빈도</th><th>비율(%)</th></tr>
<tr><td colspan="2">개인</td><td colspan="2">83</td><td>62.4</td></tr>
<tr><td rowspan="4">사회적경제</td><td>마을기업</td><td>1</td><td rowspan="4">14</td><td>0.8</td></tr>
<tr><td>협동조합</td><td>3</td><td>2.3</td></tr>
<tr><td>사회적기업</td><td>9</td><td>6.8</td></tr>
<tr><td>예비사회적기업</td><td>1</td><td>0.8</td></tr>
<tr><td rowspan="2">법인</td><td>리츠</td><td>1</td><td rowspan="2">34</td><td></td></tr>
<tr><td>법인</td><td>33</td><td></td></tr>
<tr><td colspan="2">공공기관</td><td colspan="2">2</td><td>1.5</td></tr>
<tr><td colspan="2">합계</td><td colspan="2">133</td><td>100.0</td></tr>
</table>

자료 : 박소영 외(2021.4.26.) 지역주도형 도시재생을 위한 기금 지원체계 개선방안, 국토정책 Brief 재인용

▼ 도시재생씨앗융자 상품별 지원 현황(시·군)

구분		공동협업 공간조성	상가 리모델링	생활 SOC 조성	창업시설 조성	임대상가 조성	소계
경기	고양						
	부천	1					1
	수원	2	10				12
	안양	1					1
	평택		1	2	1		4
	소계	4	11	3	1	0	19
강원	강릉	2	1	2	1		6
	원주			1			1
	춘천	4	2	2	3		11
	소계	6	3	5	4	0	18
충북	청주	5					5
	충주	1	1	1		1	4
	소계	6	1	1		1	9
경북	구미	2					2
	안동	1		1			2
	포항			7			7
	소계	3	0	8	0	0	11
경남	거제			1			1
	김해	1		2			3
	진주	1					1
	창원		1	2	1		4
	합천				1		1
	소계	2	1	5	2	0	10
전남	목포	10	2	1	10		23
	순천	1		3	1		5
	여수			2	3		5
	화순	1					1
	소계	12	2	6	14		34
전북	군산			3			3
	익산	1		3			4
	전주	11		1	1		13
	정읍						0
	소계	12	0	7	1	0	20

자료 : 도시재생종합정보체계 및 도시재생기금지도 참고, 저자 작성

3. 누가, 어떻게 지원 받나요?

3.1. 누가 받을 수 있나요?

도시재생씨앗융자를 지원받을 수 있는 차주는 개인/법인사업자, 토지/상가 소유 사업자(또는 법인), 사회적경제주체(마을기업, 사회적기업, 협동조합, 자활기업), 지자체, 공공기관, 지방공기업 등으로 다양하다. 상가건물을 이미 소유하고 있거나 혹은 매입할 계획이 있어도 된다. 다만, 융자를 받을 건물 혹은 시설의 총 연면적이 1만m^2 미만이어야 한다.

도시재생씨앗융자를 지원받기에 가장 좋은 상황은 융자에 대한 사업 내용이 도시재생사업 선정 시 세부사업으로 포함되어 있는 것이다. 하지만 세부사업에 포함되어 있지 않아도 융자 대상 건물이 도시재생활성화지역 내에 위치하고 지자체장이 도시재생을 위하여 필요하다고 인정하는 경우 융자를 받을 수 있다.

융자 신청을 하기 위해서는 기금도시재생포털을 활용하면 좋다(https://enhuf.molit.go.kr). 홈페이지 오른쪽 상단에 위치하는 도시재생기금지도, 도시재생마법사 등을 클릭하면 쉽고 편하게 도시재생기금을 지원받은 사례와 절차를 확인할 수 있다.

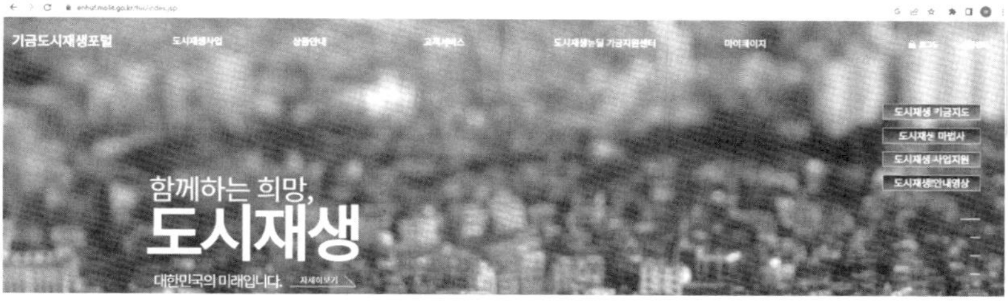

▲ 기금도시재생포털 메인 화면

▲ 도시재생기금지도

3.2. 사전검토는 어떻게 하나요?

주택도시보증공사에서는 융자를 신청하는 사업에 대해 공공성, 사업성, 실현가능성을 심사한 후에 지원 가능 여부를 결정한다. 융자를 받고자 하는 신청자는 주택도시보증공사에 직접 방문하기 전에 상품별 융자 마법사를 이용하여 기금 지원 가능 여부, 사업조건에 따른 융자금액, 이율, 용도별 융자한도 등을 미리 검토할 수 있다.

▲ 상품별 융자마법사 단계별 구성

※ 지금부터 직접 예상대출금액을 산출해보도록 하자!

여기에서는 도시재생씨앗융자사업 중 상가리모델링자금의 예상대출금액 산출과정을 융자마법사의 단계에 맞춰서 예시를 들어보았다.

1단계: 대출신청 자격확인(상가리모델링자금 지원 예시)

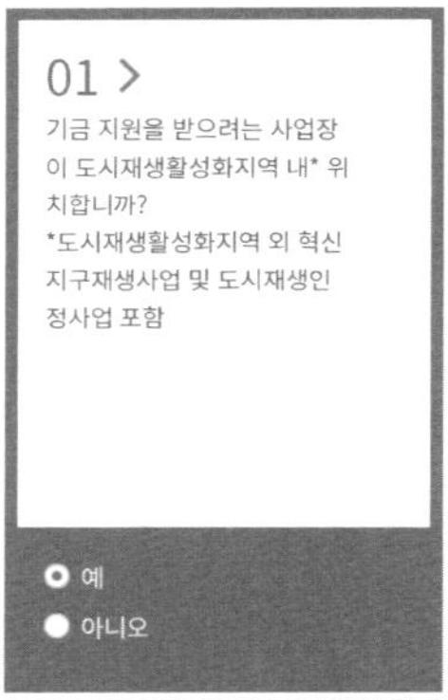

- 해당 사업(조성할 시설)의 사업장 위치가 도시재생활성화지역 내에 위치하는가를 묻는 질문이다.
- 수요자중심형융자에 해당하는 상가리모델링자금은 도시재생활성화지역 내 위치한 사업장에 대하여만 지원이 가능하기 때문이다.
- "예"로 응답되어야만 다음 질문으로 넘어간다.

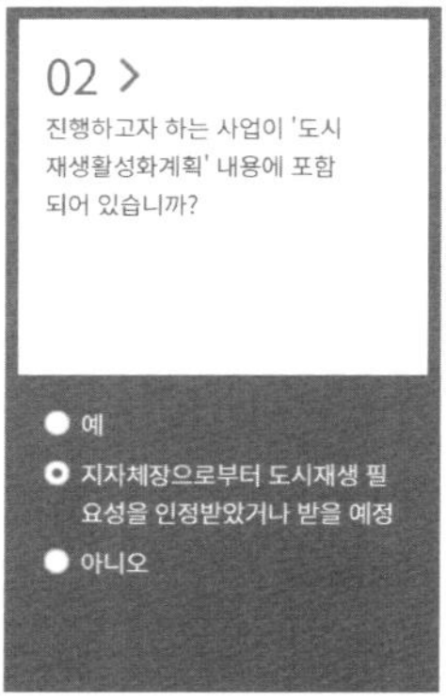

- 해당 사업이 도시재생활성화계획 내용에 포함되어 있는지 여부를 묻는 질문이다.
- 수요자중심형융자에 해당하는 상가리모델링자금은 '도시재생활성화계획'에 따른 도시재생사업이거나, 관할 지자체장으로부터 도시재생을 위한 필요성을 인정받은 건축물에 대해 지원이 가능하기 때문이다.
- "예", 또는 "지자체장으로부터 도시재생 필요성을 인정받았거나 받을 예정"으로 응답되어야만 다음 질문으로 넘어간다.

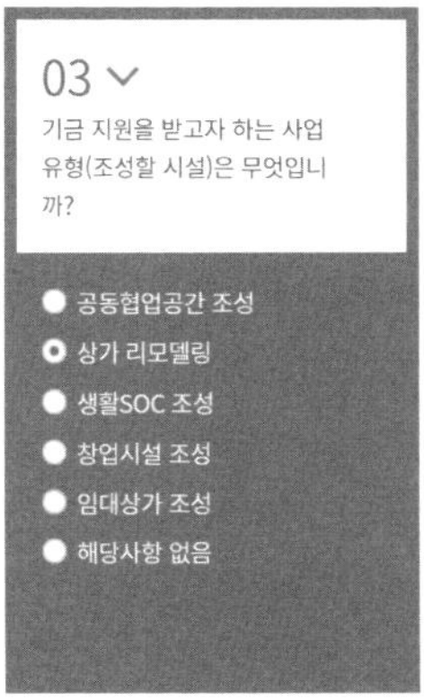

- 해당 사업이 도시재생씨앗융자사업에 해당하는지 묻는 질문이다.
- 수요자중심형융자에 해당하는 도시재생씨앗융자금은 "공동협업공간조성", "상가리모델링", "생활SOC조성", "창업시설조성", "임대상가조성" 등 다섯 개 사업에 대해서만 기금 지원이 가능하기 때문이다.
- 해당 사업유형을 표시하면 다음 질문으로 넘어간다.

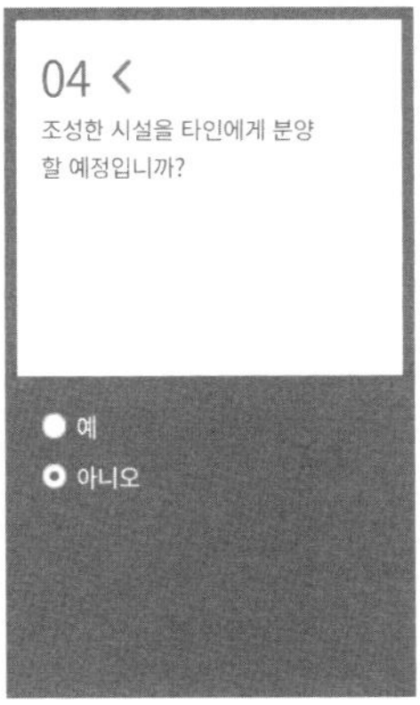

- 조성한 시설을 타인에게 분양할 예정인지 묻는 질문이다.
- 수요자중심형융자 지원을 받아 조성한 시설은 타인에게 분양할 수 없기 때문이다.
- "아니오"로 응답 되어야만 다음 질문으로 넘어간다.

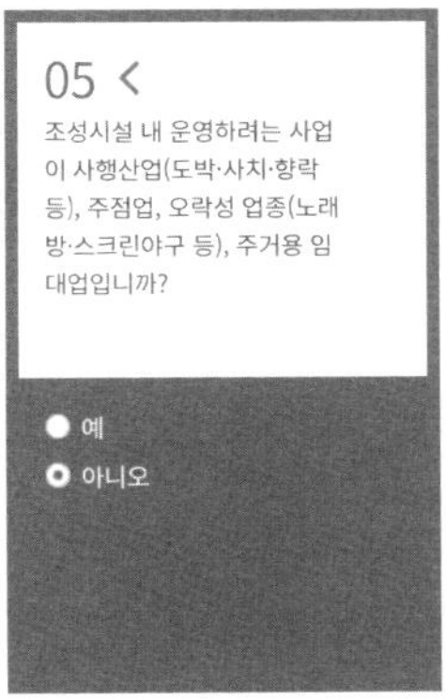

- 조성시설 내 운영하려는 사업이 사행산업, 주점업, 오락성 업종, 주거용 임대업에 해당하는지 묻는 질문이다.
- 수요자중심형융자는 사행산업(도박 · 사치 · 향락 등), 주점업, 오락성 업종, 주거용 임대업 등 금지업종에 해당하는 사업의 경우 지원받을 수 없기 때문이다.
- "아니오"로 응답 되어야만 다음 질문으로 넘어간다.

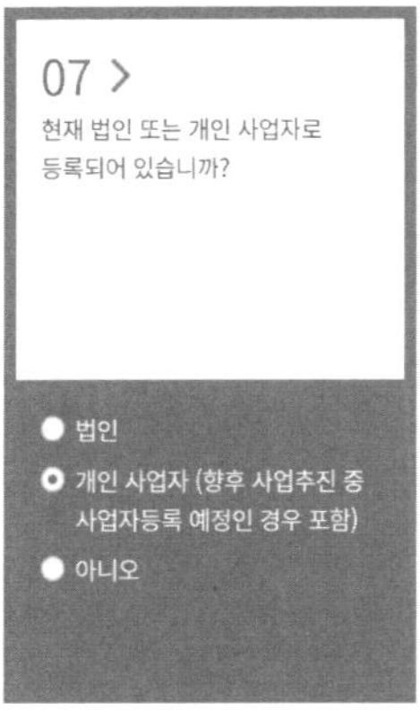

- 본 융자 외에 해당사업의 ①토지 등 부동산 매입, ②리모델링, ③건설의 용도로 국가나 지자체가 설치한 기금 지원을 이미 받았거나 받을 예정(단, 상환의무가 없는 지자체보조금 지원은 제외)인지 여부를 묻는 질문이다.
- 국가나 지자체가 설치한 기금을 통해 지원을 받거나 받을 예정인 경우에는 도시재생씨앗융자사업과 중복되어 지원받을 수 없기 때문이다. "아니오"로 응답 되어야만 다음 질문으로 넘어간다.

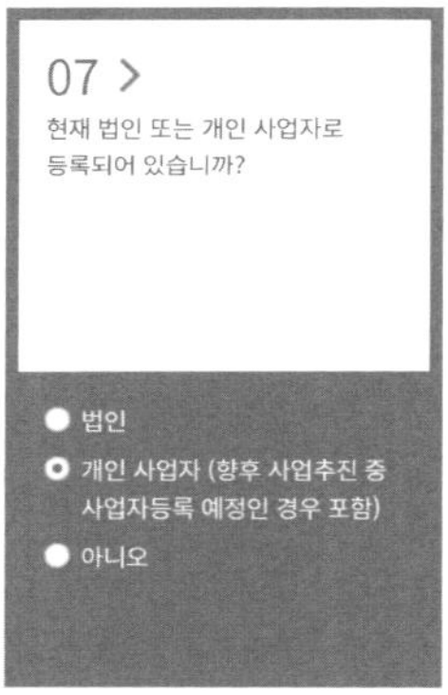

- 융자의 차주(빌리는 자)가 법인 또는 개인 사업자로 등록되어있는지 묻는 질문이다.
- 수요자중심형 융자의 차주는 법인 또는 사업자 등록이 되어 있어야 하기 때문이다.
- "법인", "개인 사업자(향후 사업추진 중 사업자등록 예정인 경우 포함)"으로 응답 되어야만 다음 질문으로 넘어간다.

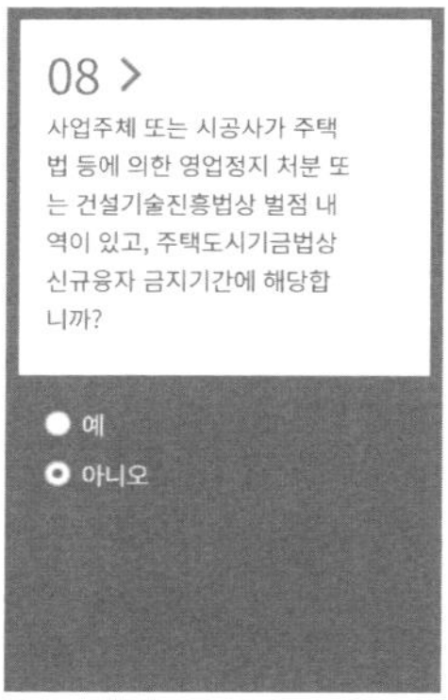

- 사업주체 또는 시공사가 주택법 등에 의한 영업정지 처분 또는 건설기술진흥법상 벌점 내역이 있고, 주택도시기금법 상 신규융자 금지기간에 해당하는지 묻는 질문이다.
- 이에 해당하는 경우에는 수요자중심형 융자를 지원받을 수 없기 때문이다.
- "아니오"로 응답 되어야만 다음 질문으로 넘어간다.

09 ∨

대출 신청일자 기준으로, 국세 또는 지방세 체납 등 신용정보상 결격사유가 있습니까?

- 예
- 아니오

- 대출 신청일자 기준으로, 국세 또는 지방세 체납 등 신용정보상 결격사유가 있는지 여부를 묻는 질문이다.
- 이에 해당하는 경우에는 수요자중심형 융자를 지원받을 수 없기 때문이다.
- "아니오"로 응답 되어야만 다음 질문으로 넘어간다.

10 >

융자신청인이 아래중 어느 하나에 해당합니까?
· 지방자치단체, 공공기관, 지방공기업
· 마을기업,사회적기업(예비사회적기업 포함), 협동조합, 자활기업

- 예
- 아니오

- 융자신청인이 지방자치단체, 공공기관, 지방공기업, 마을기업, 사회적기업(예비사회적기업 포함), 협동조합, 자활기업 중 하나에 해당하는지 여부를 묻는 질문이다.
- "예"를 응답한 경우에는 바로 2단계(대출신청정보입력)로 넘어가고, "아니오"를 응답하면 다음 11번 문항까지 응답한 후에 2단계로 넘어가게 된다.

11

사업대상지의 관할 행정구역(시군구)이 ①투기과열지구* 내에 속하며, ②최근 6개월 용도지역 평균 지가변동률**이 전국 용도지역 평균 지가변동률보다 1.5%p 이상 높습니까?

- 예 (①,② 모두 해당되는 경우)
- 아니오

*국토교통부 홈페이지 공고 확인
**한국부동산원 지가변동률계산기

- 사업대상지의 관할 행정구역(시군구)이 ①투기과열지구* 내에 속하며, ②최근 6개월 용도지역 평균 지가변동률이 전국 용도지역 평균 지가변동률보다 1.5%p 이상 높은 지역인지 묻는 질문이다.
- 이에 해당할 경우 부동산 투기우려지역으로, 도시재생씨앗융자 이용이 불가하기 때문이다.
- "아니오"를 응답하고 홈페이지 하단의 "다음단계"버튼을 누르면 2단계(대출신청정보입력)로 넘어가게 된다.

2단계: 대출신청 정보입력(상가리모델링자금 지원 예시)

총 사업비	총사업비는 얼마입니까?	200, 000, 000 원
사업유형	기금 지원을 받고자 하는 사업유형은 무엇입니까? ○ 공동협업공간 조성 ◉ 상가 리모델링 ○ 생활SOC 조성 ○ 창업시설 조성 ○ 임대상가 조성	
면적기준	공동협업공간은 지상에 위치하여야 하며, 해당 면적은 전체 건축연면적(지하층 포함)의 20% 이상을 포함해야 합니다. ○ 확인하였습니다.	
융자신청인 유형	융자신청인의 유형은 무엇입니까? ○ 지방자치단체, 공공기관, 지방공기업 ○ 사회적기업(예비사회적기업 포함), 마을기업, 협동조합, 자활기업 ◉ 그 외(개인, 일반법인)	

- 총사업비는 해당사업에 소요되는 전체 비용을 의미한다.
- 사업유형은 기금 지원을 받기 위한 사업을 선택하면 된다. 상가리모델링사업의 경우에는 상가소유자 또는 토지소유자가 지원자격이 된다. 융자한도는 총사업비의 최대 80%이고, 융자기간은 7년(최장 12년)이다.
- 면적기준은 앞서 사업유형에서 "공동협업공간조성"을 선택한 경우에만 "확인하였습니다"가 활성화된다. 여기에서는 상가리모델링사업을 예시로 하였기에 비활성화 상태로 보이고 있다.
- 융자신청인의 유형이 지방자치단체, 공공기관, 지방공기업, 사회적기업(예비사회적기업 포함), 마을기업, 협동조합, 자활기업의 경우에는 금리 연 1.5%를 적용받을 수 있고, 다음 페이지에서 설명하는 '한도감액우대금리미적용'을 적용받지 않는다. 즉, 투기과열지구 내에 위치하는 것과 지가상승분의 영향을 받지 않는다. 한편, 개인, 일반법인의 경우에는 금리 연 1.9%를 적용받게 된다.

한도감액우대금리 미적용1	사업대상지의 관할 행정구역(시군구)이 투기과열지구 내에 속합니까? ○ 예 ◉ 아니요
한도감액우대금리 미적용2	사업대상지의 관할 행정구역(시군구)이 투기과열지구 내에 속합니까? ○ 1.5%p ○ 1.0%p 이상~ 1.5%p 미만 ◉ 1.0%p 미만

- 한도감액우대금리 미적용 관련 질문은 두 문항으로 구성되는데, 하나는 사업대상지의 관할 행정구역이 투기과열지구 내에 속하는지 여부를 확인하고 있고, 다음으로 최근 6개월간 전국 평균 지가변동률 대비 지가상승분을 묻고 있다. 현재 웹사이트 상에는 두 번째 질문이 투기과열지구를 묻는 질문으로 잘못 표기되어 있다. 그러나 세부 선택항목은 맞게 되어있다.

- 앞에서 설명한 바와 같이, 융자신청인 유형이 공공 또는 사회적경제주체인 경우에는 한도감액우대금리 미적용의 영향을 받지 않는다. 즉, 이는 융자신청인이 개인 또는 일반법인인 경우에 한한다.

- 먼저 투기과열지구 내에 위치하는 경우에는 1.5%p 이상 지가상승한 경우에는 융자를 받지 못하고, 1.5%p 미만으로 지가가 상승한 경우에는 금리 1.9%, 융자한도는 총사업비의 최대 40%까지 지원받을 수 있다. 투기과열지구 외에 위치하는 경우에는 지가변동률에 따라 차등 적용되게 된다. 1.5%p 이상 지가상승한 경우에는 금리 1.9%, 융자한도는 총사업비의 최대 50%까지 지원받을 수 있다. 1.0%p 이상~1.5%p 미만으로 지가가 상승한 경우에는 금리 1.9%, 융자한도는 총사업비의 최대 60%까지 지원받을 수 있다. 1.0%p 미만으로 지가가 상승한 경우에는 융자한도가 총사업비의 최대 70%까지 가능해진다.

한도우대1	기금지원을 받아 조성한 건축물의 임대면적이 총 면적의 50%를 초과합니까? ◉ 예 ○ 아니오
한도우대1-1	지역활성화를 위해 임대료 인상률은 어느 수준으로 제한할 계획입니까? ○ 연 5%이하(기금지원 필수요건) ○ 연 4%이하 ◉ 연 3%이하
한도우대2	신청인이 국토교통형 예비사회적기업에 해당합니까? ◉ 예 ○ 아니오

- 한도 우대 질문도 두 개로 구성되는데, 하나는 임대면적이 총 연면적에서 차지하는 비율과 임대료 인상률이 결합된 질문이고, 다른 하나는 신청인이 국토교통형 예비사회적기업에 해당하는지에 관한 질문이다.
- 먼저 임대면적이 시설의 총 연면적(차주가 융자를 받아 조성한 시설 전체의 면적)의 50%를 초과하는 경우에는 임대료 인상률에 따라 융자한도가 달라진다. 연 3% 이하이면 총 사업비의 최대 80%까지, 연 4% 이하~연 3% 초과이면 총 사업비의 최대 75%까지, 연 5% 이하~연 4% 초과이면 총 사업비의 최대 70%까지 융자받을 수 있다.
- 다음으로 신청인이 국토교통형 예비사회적기업에 해당하면, 사회적 경제주체가 운영 및 관리하는 면적이 총 연면적의 50% 이상일 때 받게 되는 금리 우대사항 0.1%p 인하가 추가로 적용된다.
- 여기까지 응답하고 나서 홈페이지 하단의 "다음 단계"버튼을 누르면 3단계(예상 대출금액 산정)로 넘어가게 된다.

3단계: 예상 대출금액 산출(상가리모델링자금 지원 예시)

총 사업비 입력	200, 000, 000 원
자기자금 선투입(예정)액	40, 000, 000 원 이상 * 구체적인 금액은 HUG보증 이용유무 등에 따라 변동될 수 있으며, 융자신청시점 자기자금 선투입 여부는 융자심사결과에 영향을 미치지 않습니다.
사업유형 입력	상가 리모델링
임대면적 비율	총 면적의 50% 초과
융자신청인 유형	그 외(개인, 일반법인)
투기과열지구 여부	外
지가상승률(전국대비)	1.0%p 미만
연간 임대료 인상률	연 3% 이하
국토교통형 예비사회적기업	사회적 기업

- 1~2단계 입력한 주요 내용을 보여준다. 총사업비 2억 원 중 4천만 원은 자기자본이고 대출로 1억 6천만 원이 되는 것으로 산출되고 있다. 사업유형은 상가리모델링사업이고, 임대면적은 총 연면적의 50%를 초과한다.
- 융자신청인 유형은 "그 외(개인, 일반법인)"이고, 투기과열지구가 아닌 지역에 위치한다. 지가상승률은 전국 대비 1.0%p 미만이고, 연간 임대료 인상률은 연 3% 이하로 하는 조건이며, 국토교통형 예비사회적기업으로서 사회적기업으로서의 지위를 가지는 것으로 입력되어 있다. 이에 기반하여 산출된 예상대출금액은 다음 페이지와 같다.

대출 구분	상가 리모델링 상품상세보기
대출 금액	160, 000, 000 원
대출 만기	기본 7년 / 최장 12년(1회 연장)
대출 금리	1.9% (1.2%까지 우대가능)
월 이자 납입 금액	253, 333 원 x (월)
부대 비용	○ 보증료(연 기준) - 담보초과 융자금액에 대한 HUG 보증수수료 : 차주 신용도 등 보증심사결과에 따라 0.26~3.41% ※ 심사과정에서 사업자 신용도 등에 따라 보증거절되는 경우 융자한도가 제한될 수 있습니다.

- 1~2단계 입력을 통해 산출된 예상 대출금액 등의 정보를 표시해준다. 상가리모델링 대출사업으로서 총사업비 2억원 중 1억 6천만 원을 대출받고, 대출만기는 기본 7년에 1회 연장하여 최장 12년까지 대출받을 수 있다.
- 대출금리는 1.9%이나 현행 조건이 모두 인정되면 최대 1.2%까지 우대가 가능하다. 월 이자 납임금액은 253,333원으로 예측된다. 부대비용으로 담보 초과 융자금액에 대한 HUG의 보증수수료가 부과되며, 차주의 신용도 등 보증심사결과에 따라 연 0.26~3.41%가 부과될 수 있고, 심사과정에서 보증거절로 인한 융자한도 제한 가능성도 적시되어 있다.

4단계: 사업자금 예상 대출금액 산출표(상가리모델링자금 지원 예시)

- 상가 리모델링 사업자금 예상 대출금액을 사회적경제주체와 개인/일반 법인일 때 최대 및 최소로 대출받을 수 있는 경우를 각각 도출하였다. 사회적경제주체는 어떤 조건에서도 총 사업비 2억 원 중 80%인 1억 6천관원을 대출받고 대출금리는 1.2~1.5% 수준이었다.
- 개인은 최대일 때 1억 6천을 빌릴 수 있었고, 금리는 1.9%이나 우대금리 적용 시 줄어들 여지는 있었다. 반면, 개인은 최소로 받게 되면 총사업비의 40%인 8천만 원만 대출을 받을 수 있었고 금리는 1.9% 수준으로 나타났다. 다른 도시재생씨앗융자사업을 선택해도 유사한 결과가 도출됨을 확인할 수 있다.

▼ 융자신청인 별 최대 및 최소 예상대출금액 비교표

구분	개인 일반법인		사회적 경제주체	
	최대대출	최소대출	최대대출	최소대출
임대면적비율	50% 초과	50% 이하	50% 초과	50% 이하
융자신청인	개인, 일반법인		사회적기업	
투기과열지구	X	O	X	O
지가상승률 (전국대비)	1.0%p 미만	1.5%p 미만~ 1.0%p 이상	1.0%p 미만	1.5%p 미만~ 1.0%p 이상
임대료인상률	연 3% 이하	연 5% 이하	연 3% 이하	연 5% 이하
국토교통형 예비사회적기업	일반		사회적기업	
대출만기	기본7년/최장12년(1회연장)		기본7년/최장12년(1회연장)	
부대비용	보증료 0.26~3.41%		보증료 0.26~3.41%	
총사업비	2억	2억	2억	2억
자기자금	4천	1억 2천	4천	4천
대출금액	1억 6천	8천	1억 6천	1억 6천
대출금리	1.9%(1.2%까지 우대가능)	1.9%	1.2%~1.5%	1.2%~1.5%
월 이자 납입금액	253,333원	126,667원	160,000~200,000원	160,000~200,000원

자료 : 저자 작성

3.3. 자, 지원해 봅시다. 절차와 서류는?

1) 지원 절차

도시재생씨앗융자에 지원하기 위해서는 총 7단계의 과정을 거치게 된다. 이용을 원하는 개인 또는 법인은 먼저 융자신청 서류를 작성하여 제출해야 한다. 신청 서류에 기초하여 예비심사가 이루어지고 통과 시 예비 승인이 이루어진다.

이후 공공성, 사업성, 실천가능성 등을 기반으로 융자심사가 진행되고 이를 통해 융자 승인 또는 거절 통지를 받게 된다. 융자 승인을 받았다면 융자약정서 등 제반 약정을 체결하고, 이후 근저당권 설정 또는 보증서 취득을 통해 담보를 취득하게 되면 비로소 융자금을 지급받게 된다.

- 01 융자신청: 융자신청 서류 제출 ▸
- 02 예비심사: 예비심사 통과시 예비승인 ▸
- 03 융자심사: 공공성, 사업성, 실현가능성 등 심사 ▸
- 04 심사결과통지: 융자 승인 및 통지 혹은 융자거절 ▸
- 05 융자약정: 융자약정서 등 제반약정 체결 ▸
- 06 담보취득: 근저당권 설정 또는 보증서 취득 ▸
- 07 융자실행: 융자금 지급

▲ 도시재생씨앗융자 지원절차

2) 융자신청 준비서류

도시재생씨앗융자에 지원하기 위해서 다음과 같은 13가지 서류를 준비해야 한다. 단, 적용법령, 건축물의 종류, 사업내용 및 구조, 사업 진행 현황 등에 따라 신청 서류는 가감될 수 있다. 또한 공공차주(지자체, 공공기관, 지방공기업)인 경우에는 1호, 2호, 10호만 제출해도 된다.

▼ **제출서류 목록**

[공통] 개인정보제공동의서(개인), 또는 법인등기부등본 및 정관(발급일로부터 3개월 내) (법인)

1. 융자신청서, 사업계획서
2. 지자체의 확인서 등(지자체 협약등 또는 도시재생활성화 계획 포함 사업은이 확인되면 생략가능)
3. 마을기업 인증서, 사회적기업 인증서, 중소기업 확인서, 협동조합 신고확인증 등
4. 등기부등본, 토지조서, 매매계약서, 매매대금납부영수증 및 토지사용승낙서(인감증명서 포함) 등
5. 감정평가법인의 감정평가서(감정평가일로부터 6개월 이내): 일정 요건 충족 시 공사가 감정평가 의뢰
6. 임대차열람내역서, 임대차계약서 사본(건물이 있는 경우에 한함)
7. 융자신청의 원인이 되는 공사도급계약서, 매매계약서 또는 임대차계약서 사본(계약이 체결된 경우)
8. 사업자등록증 사본(사업자등록증이 없는 경우에는 융자대상 시설물의 사용승인(공사완료 포함)후 30일 이내에 제출)
9. 신청인이 법인인 경우 법인등기부등본 및 정관(발급일로부터 3개월이 경과되지 아니한 것)
10. 행정처분사실확인서, 제재처분확인서, 부실벌점내역확인서
11. 차주의 자산을 확인할 수 있는 부동산 등기부등본 또는 등록증 등 유형자산 권리관계 확인서류(신청일 기준 7일 이내 발급분에 한함)
12. 그 밖에 기타 심사에 필요한 서류

■ 쉬어가는 페이지

도시재생씨앗융자, 필요할까요?

39명의 도시재생(현장)지원센터, 대구경북 지역 사회적경제지원센터, 공무원 및 건축/도시계획 분야 전문가에게 물어보았습니다.[2]

도시재생씨앗융자, 들어보신 적 있나요?

- 39명 중 총 22명(약 56%)가 도시재생씨앗융자를 들어보았지만 추진한 경험은 없고, 15명(약 39%)은 전혀 모르는 것으로 응답하였습니다.
- 미추진 이유로 가장 많은 응답은 "잘 몰라서(10명, 약 26%)"이며, 다음으로 "민간 혹은 개인사업자의 영역이므로(7명, 약 18%), "의무사항이 아니므로(6명, 약 16%)", "지자체(혹은 재생센터)에서 직접 지원하는 것보다 지원기구인 HUG에서 추진하는 것이 더 적합하므로(5명, 약 13%)" 등의 순으로 나타났습니다.

도시재생씨앗융자, 필요할까요?

응답자 39명 중 21명(약 54%)이 '매우 필요하다'라고, 13명(약 34%)은 '조금 필요하다'라고 응답하였습니다.

▼ 필요성 동의 여부

구분	빈도	퍼센트(%)
별로 필요하지 않다	1	2.6
보통이다	4	10.3
조금 필요하다	13	33.3
매우 필요하다	21	53.8
합계	39	100.0

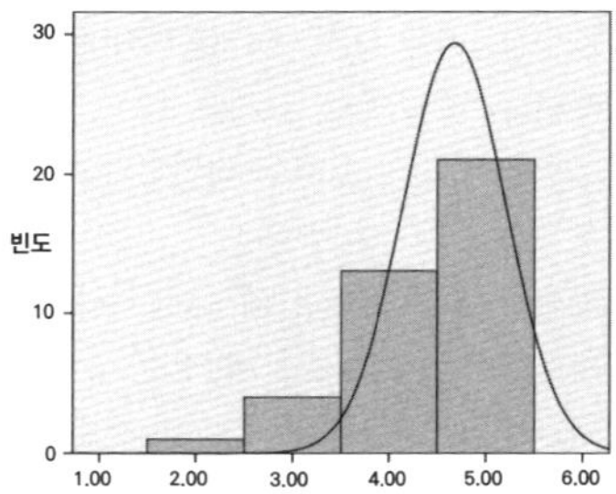

2 신우화(2022) 경상북도 도시재생활성화방안: 도시재생씨앗융자 활용을 중심으로, 재구성

■ 왜 필요할까요?

다양한 응답이 있었습니다. 크게 구분해보면, 저금리에 대한 효용성, 재원 마련의 용이성, 민간참여 유인 가능성, 노후상권에 대한 활성화 등이 주된 내용이었습니다.

공적자금의 전폭적인 지원이 아니지만, 민간의 요청에 대한 응답으로, 재원이 필요한 개인 혹은 기관이 저금리로 초기 자본을 조달할 수 있다는 측면에서 필요한 자금으로 인식하고 있었습니다.

또한 이러한 자금이 적극적 민간참여를 유도하여 노후 상권 및 지역의 활성화에 도움을 줄 수 있을 것으로 기대하였습니다. 한편, 도시재생씨앗융자의 추진에 따른 부작용 및 악용사례에 대한 검증이 반드시 필요하다는 의견이 제기되기도 하였습니다.

▼ 도시재생씨앗융자가 필요한 이유

구분	이유
저금리에 대한 효용성	다양한 주체에게 저리의 융자금을 통해 사업할 수 있도록 도와주기 때문에
	청년 상인이나 영세소상공인의 초기 및 조기 정착에 저금리 자금의 효용성이 높음
	개인 또는 법인의 부담감을 줄일 수 있으며, 활성화를 도모할 수 있기 때문
	저금리로 초기자본 조달 가능, 공공성 확보 수단
	노후 상권의 사업성 확보가 어려운 상황에서 저금리 장기간의 기금 지원은 상권 재생에 도움을 줄 수 있을 것이므로
재원 마련의 용이성	재원이 없는 기관에 재원 마련 필요
	지역활성화를 유도하려고 하는 지역민, 활동가들에게 거점이 필요하고, 청년, 여성, 조기퇴직자등 활동력과 아이템이 있으나 아이템의 사업화자금이 필요한 사람/조직들에게 긴요
	상황이나 개인의 조건에 따라 창업 또는 상가 리모델링 자금정도의 소액대출은 필요하다고 생각함
	코로나로 인해 지난 2년간 지역 경제주체들의 영업손실이 컸고 상가임대료 부담, 영업 재개와 활성화를 위한 노후 시설투자금 마련에 어려움을 겪고 있음
	상권재생에 시설관련 자금투자가 큰 부담이므로
민간참여 유인 가능성	도시재생사업지역 내 민간참여 활성화 기여함
	도시재생의 민간참여 영역을 넓힐 수 있는 사업이기 때문
	민간투자의 자발적 활성화를 이끌어낼 수 있는 사업이기 때문
	민간 참여를 유인하는 지원 필요
	주민참여율을 높이는데 주요하다고 봄
	공간 기획의 유연성 확보 및 운영 주체의 다양화
노후상권 활성화	노후상권 활성화엔 많은 자금이 필요하다고 생각하기 때문
	공동협업공간조성이나 창업시설 조성에 도움이 될 것으로 생각됨
	소수일지라도 민간의 요청이 발생할 수 있기에
	상권 활성화를 위한 시설투자에 대한 부담을 줄여줄 수 있고, 청년들이 노후 지역에서 무언가를 시도할 수 있는 기회를 만들어 줄 수 있을 것 같음
	도시재생사업 대상지 지역주민의 생활여건 개선을 위해 필요
	노후된 지역의 발전 및 고령화 마을 예방을 위해
	지역 내 창업이 지역 고령화를 막고, 활성화 시킬 수 있는 가장 좋은 방법으로 생각. 따라서, 지역을 기반으로 장기간 사업을 할 수 있는 인프라 구축 지원 측면에서, 자금 지원 필요
	재생사업의 마중물 사업 이후 지역 활성화의 지속성을 위해
기타	정책추진에 따른 부작용 및 악용사례에 대해 검증단계 필요
	지원이 아닌 융자이긴 하지만, 분명히 누군가에게는 요긴하게 활용될 제도임

인터뷰 1

김재경
대구사회적경제지원센터 센터장

- **김재경 센터장은 독일 국립 뮌스터 대학교에서 사회학박사를 받았으며, 현재 대구사회적경제지원센터장과 (사)커뮤니티와 경제 상임이사를 맡고 있다.**

질문 : 도시재생씨앗융자를 들어보신 적 있나요?

아니요. 처음입니다. 설명을 듣고 나니, 좋은 제도 인거 같네요. 미리 알았더라면 사회적경제 주체들에게 널리 알렸을 것 같습니다.

질문 : 현재 도시재생씨앗융자를 활용하는데 있어 가장 큰 걸림돌은 무엇이라 생각되시나요?

홍보가 많이 부족한 거 같아요. 지금까지 HUG도 적극적이지 않았다라는 생각이 들구요, 아무래도 HUG도 지자체나 LH와 함께 사업을 하면 큰 규모의 사업비를 쓰더라도 확실하게 신뢰할 수 있으니까 좋은데, 개인은 담보라든가 이런 걸 하기는 하는데 의구심이 있겠죠.

그렇다 하더라도, 온라인이든 오프라인이든 HUG에 노크를 해야 이 용어를 알 수 있는 건 너무 불합리한 거 같아요. 예를 들어 도시재생씨앗이란 용어를 어디선가 들어도, 지금 시스템에서는 지자체에 가도 설명할 수 있는 사람이 없고, 도시재생센터에 가도 아는 사람이 없어서, 결국에는 HUG까지 찾아가야 한다는 거잖아요? 그런데 HUG가 시중은행처럼 아무데나 쉽게 갈 수 있는데도 아니고.. 결국에는 그 곳에 도달하기까지가 너무 어려운 게 가장 문제이지 않나 생각합니다.

보통 저희 같은 경우 매년 초에 사회적경제 사업설명회를 하는데요,, 사회적기업,+마을기업+협동조합+소상공인 등 지역의 사회적경제관련 사업을 모아 목적, 지원내용, 시기 등을 알리는 사업설명회를 합니다. 이 때 사회적경제기업을 하시는 분들을 대상으로 다양한 지원사업 등에 대한 개략적 설명이 진행됩니다. 이 자리에서 도시재생씨앗자금의 목적, 내용, 유용성 등 대한 설명도 같이 겸하면 좋을 듯하고요.

질문: 도시재생씨앗융자 사업의 전달체계는 어디가 좋을까요? 도시재생지원센터를 활용할 수 있을까요?

도시재생지원센터는 주로 도시재생대상지 내 주민을 교육하고 효율적으로 운영하는데 있다고 생각합니다. 사업할 사람들을 모아서 씨앗융자를 받도록 하는 것은 맞지 않은 것 같아요.

하지만, 도시재생지원센터는 도시재생 대상 공간을 잘 아는 데 강점이 있잖아요. 노후 상권 내 비어있는 상가를 파악해서 리스트업 해두고 도시재생씨앗융자를 원하는 사업자와 매칭해주는 시스템을 만들면 어떨까 생각합니다.

질문: 도시재생씨앗융자가 사회적경제주체의 도시재생 참여에 어떤 역할을 할 수 있을까요?

도시재생씨앗융자를 활용하는 데 공동협업공간 조성이 있던데요. 도시재생은 마중물을 통해서 주변을 변화시키는 것이 가장 중요한 목적으로 알고 있습니다. 그런데, 도시재생사업이 진행 중인 곳들을 가보면 거점시설은 잘 지어지고 있는데, 주변에는 크게 달라지는 게 없어 보여요.

사회적경제 주체들은 공공가치 실현 관점에서 충분히 커뮤니티와 소통하는 공간을 제공할 수 있을 거라 생각합니다. 그런데, 자세히 살펴보니 사회적경제 주체들의 참여는 너무너무 저조한 거 같아 많이 아쉽습니다.

질문: 도시재생씨앗융자를 받은 사업장에 '착한가게'처럼 인증을 주는 방안에 대해서는 어떻게 생각하세요?

장·단점이 있는 거 같아요. 먼저 단점을 말씀드리자면, 좀 좋지 않은 사례인데, 외부에 그런 표식은 어떻게 보면, 주변에서는 정부 돈을 받아서 했다는 것이 드러나잖아요. 그러면 좋지 않은 의도를 가진 사람들이 타겟으로 삼거나 시기를 해서 실수하는 것을 꼬투리로 잡으려는 경우가 더러 있어요. 인증을 원하지 않는 사업장에 대해 다른 방식을 고민해 볼 필요가 있다고 보고요.

대신 지원받은 사업장에 대한 모니터링 관리는 필요하다고 생각해요. 부정적인 사례들이 발생하는 것을 보니까 지금처럼 HUG가 모니터링을 하되, 강화할 필요는 있는 거 같아요. 특히 공동협업공간이 처음 사업계획처럼 활용되지 않고 있는 경우가 있던데, 이에 대한 조치 방안은 강구할 필요가 있는 것 같습니다.

질문: 도시재생씨앗융자 이용 활성화를 위해 무엇을 해야 할까요?

아직 기업운영은 하시지 않지만, 사회적경제기업에 대한 뜻이 있거나 지역사회에 유용한 좋은 아이템이 있는데 거점이나 기반이 없어 못하시는 분들도 계십니다. 이분들을 염두에 두고, 사회적기업육성사업이나 사회적기업성장지원센터 교육, 예비마을기업 교육, (사회적)협동조합 교육시 도시재생씨앗기금에 대한 정보를 접할 수 있도록 간략한 리플렛이나 정보지 등을 배치하고 안내하는 것도 필요해 보입니다.

HUG든 도새재생센터든 어디서든 주관해 사회적경제중간지원조직(사회적경제지원센터, 사회적기업지원센터, 마을기업지원센터, 협동조합지원센터, 소상공인아카데미) 에게 본 사업에 대해 정보를 주는 것도 선결되어야 할 것 같습니다.

인터뷰 2

박철훈
소셜캠퍼스온 경북 센터장 / (사) 지역과 소셜비즈 이사

- **박철훈 이사는 부산대학교 경제학과 박사 과정을 수료하고, 현재 경상북도 사회적경제 중간지원기관을 운영하고 있다.**
- **대표 저서로는 『쉽게 읽는 사회적경제 교제 'We Learn SE (2022, 지역과 소셜비즈)』, 『사회적기업 인증 매뉴얼』(2015, 공저, 고용노동부), 『사회적기업 육성 매뉴얼 제공 시스템(제10-1764891)』 (특허, 지역과소셜비즈, 특허청)이 있다.**

질문 : 도시재생씨앗융자를 들어보신 적 있으신가요?

아니요. 없습니다. 제도나 좋은 사업이 있어도 전달체계가 미비하면 몰라서 못할 수밖에 없어요. 만약 제가 이 제도를 미리 알았더라면 한 도시마다 하나씩 다른 모델을 시도할 정도로 매력 있어 보입니다.

질문 : 도시재생씨앗융자의 홍보에 문제가 있다고 생각되시나요?

같은 사업 혹은 제도라 해도 중간조직이 미비하면 모집도, 진행도 되지 않아요. 다시 말해 코디네이팅이 중요하죠. 저는 이게 핵심이라고 봐요. 현수막 건다고, 어느 날 TV나 신문에 광고를 낸다고 사람들이 오지는 않죠. 언어적 가치가 미비한 상태에서 사업만 있으니까 읽어서는 몰라요. 듣고 설명해줘야 합니다. 저는 하기 싫어서 안 했다기보다는 몰라서 안 하는 거라 생각합니다. 따라서 제대로 된 홍보가 저는 정말 중요하다고 생각해요.

질문: 그럼, 도시재생지원센터나 사회적경제지원센터 내 전문가들을 대상으로 융자에 대한 교육이 필요할까요?

글쎄요. 도시재생지원센터나 현장지원센터에 있는 분들이 씨앗융자에 대해 지속적으로 교육을 받는다고 해서 융자에 대한 컨설팅을 담당할 수 있을지요? 왜냐면 창업가를 발굴하는 곳이 아니잖아요. 도리어 소상공인시장진흥공단이라든가 전통시장진흥공단이라든가, 음, 주로 경제 쪽에 오리엔티드된 기관에 리플렛, 전단지 등을 배치하고, 안내해주도록 하는 게 좋겠지요. 물론 그 기관 사람들이 융자에 대해 좀 알아야지요. 그래야 돈을 벌 수 있는 사람에게 안내하고 융자받을 수 있도록 해야 할 테니까요.

대신 광역단위 도시재생지원센터나 사회적경제지원센터의 직원들을 대상으로 이런 제도가 있다는 교육은 지속적으로 필요하다고 생각합니다. 저는 홍보를 위해서는, 소프트웨어를 관리하는 중간지원조직이 내용을 인지해야 정보가 필요한 사람에게 잘 소개하고 연결시키는 keyman의 역할을 할 수 있을 겁니다. 이게 안 되면 사업을 확산할 가능성은 낮아지게 되는 거죠.

질문: 도시재생씨앗융자사업의 장점은 무엇이라고 생각하세요?

예를 들어, 대구 서구 노후 지역에 마을 주민들이 공동의 협동조합을 만들고 낡은 모텔 등을 리모델링이든 신축이든 해서 마을기업을 할 수 있다면 얼마나 멋지겠어요? 마을기업이나 사회적기업을 시작해도 건물이 없으니까 다들 월세로 들어가고, 리모델링했는데 얼마 후에 쫓겨나고 이런 반복을 합니다.

저라면 해당 지자체에 가서 씨앗융자를 받아 건물을 매입해서 신축 또는 리모델링하고, 사회적경제혁신센터를 넣고, 마을기업들을 함께 육성할 수 있을 것 같아요. 현재 경북도 시·군에 사회적경제혁신센타를 만들고 있습니다. 사업모델만 잘 구성하면, 조금 크게 만들어서 소셜캠퍼스온(사회적기업 성장지원센터)을 같이 입주시키는 것도 가능하겠죠. 지금은 월 2천씩 주고 운영하는 경우도 많은데, 향후 자생할 수 있는 길이 열리지 않을까 싶어요.

저는 도시재생씨앗융자의 가장 큰 장점이 '건물 매입에도 자금을 쓸 수 있게 열어주는 것!' 이라고 생각합니다.

질문: 도시재생사업은 현 정부에서는 줄어들고 있는 것 같은데요, 그래도 도시재생씨앗융자가 활성화 될 수 있을까요?

도시재생은 각자의 대상지에만 집중하고 있어요. 그러다 보니 관계가 잘 형성되지 못하는 것 같아요. 지금 도시재생사업은 앵커시설 하나 만드는 사업처럼 보이는데, 문제는 이후 운영을 못해서 문제가 되고 있어요. 그렇지만 도시재생씨앗융자사업은 너무 하드웨어사업이라서 매우 좋은 사업이지요. 도시재생활성화구역 내에 있으면 사업을 할 수 있다고 하셨죠? 그럼, 도시재생사업은 축소되더라도, 사회적경제주체가 구역 경계를 확인하고, 도시재생사업으로 완성된 거점건물 주변으로 비어있는 건물을 씨앗사업으로 연결해갈 수 있지 않을까요?

국토부와 달리 기재부는 기존 도시재생사업을 토대로 민간에서 많이 참여하는 것에 관심이 있을 거예요. 이 사업의 장점은 민간이 위치를 선택할 수 있다는 점이예요. 구도심이라도 사업성이 있는 곳이 있고, 신도심이라도 사업성이 낮은 곳이 있거든요. 사회적경제 창업자들이 이런 정보를 알고 함께 공유한다면 협력해서 서로가 윈윈할 수 있는 공유-공동체 사업을 기반으로 활발하게 융자를 활용할 거 같습니다. 일자리 창출, 청년 유인, 여성기업 창출 등으로 이어질 수 있다고 생각해요. 또한 떠나려고 했던 사람들을 안착시킬 수 있는 사업이라고 생각해요. 예를 들어 2040세대라면 같은 연령대의 사람들이 가까이 있어야 계속 있고 싶겠죠. 사회적경제에서는 관계인구, 관계기업 등이 많아졌으니까 이를 활용할 수 있을 것 같아요.

질문: 도시재생씨앗융자를 활성화하려면 어떻게 해야 할까요?

먼저, 홍보를 하되 전달체계가 잘 확보되어야 해요. 반드시 지원기관 만들어야 한다는 얘기를 하고 싶은 건 아닙니다. 일을 할 만한 사람들과 연결을 잘 해줘야 합니다. 기존의 사회적경제 지원센터, 도시재생지원센터 등이 역할을 해야겠지요.

두 번째로, 비즈니스 모델이 없는 게 문제인 것 같아요. 아마도 비즈니스 모델에 기초하여 평가하기보다는, 신청이 들어오는 사업에 대한 융자 가능여부에 대한 평가를 위주로 하신 거 같습니다. 저는 비즈니스 모델이 강한 사업장에 지원한다면 성공사례가 늘어나면서 자연스럽게 활성화 될 거라고 생각해요.

마지막으로, 창업지원사업과 연계가 되면 좋겠습니다. 지금 정부에서 하는 창업지원사업은 적은 돈을 그냥 주니까 성공 가능성이 낮다고 생각합니다. 시장 경쟁체제 하에 살아남을 아이템을 발굴하지 못하고, 안 갚아도 되니까 부담도 없고 그렇죠. 사실 창업을 아무 지원없이 한다고 생각해보세요. 우리는 성공 못하면 죽는다는 생각으로 임할 겁니다. 그런데 몇 백, 천 만원 수준으로 그냥 준다는 게 문제예요. 왜냐하면 백인백색 비즈니스아이템이 마음껏 나오는데 성공하겠냐는 겁니다. 괜히 취업한 아이들을 창업하도록 만들면 안되구요, 적극적인 창업을 하겠다는 사람에게 지원해주면 좋죠. 10억에서 50억이면 5층 건물 정도 되지요. 그러면 사회적 가치와 청년창업의 결합이 가능해지고, 도시재생씨앗융자사업도 창업도 성공 가능성이 커질 거라고 생각합니다.

제4장

도시재생씨앗융자 알아보기 (광역시)

신우화·문창용

1. 광주광역시

1.1. 도시재생활성화지역 지정 현황은?

광주광역시는 2016년, 광주형 도시재생의 비전 및 목표 등이 포함된 '2025 광주광역시 도시재생전략계획'을 수립하였다. 그러나 2017년, 문재인 정부의 도시재생 뉴딜사업 공모 방식의 전환, 도시재생 패러다임 변화에 대한 유연한 대응 등을 위해 2019년 9월 도시재생전략계획을 변경했다.

따라서 2016년에는 17개소였던 광주광역시 도시재생활성화지역은 2019년 도시재생전략계획 변경에 따라 확대 개편을 거쳤다. 그 결과, 동구 15개소, 서구 10개소, 남구 9개소, 북구 15개소, 광산구 11개소로 총 60개소로 도시재생활성화지역이 지정되었다.[1]

자료 : 광주광역시도시재생공동체센터 내부자료

▲ 광주광역시 도시재생활성화지역 지정현황

[1] 광주광역시. 2019. 광주광역시 도시재생전략계획(변경) 요약보고서, p.47.

▼ 광주광역시 도시재생활성화지역 개요

구분	활성화 지역번호	활성화 지역명	활성화 지역번호	활성화 지역명
동구 (15)	동구1	조선대학교 일원	동구 9	남광주시장 일원
	동구2	인쇄의 거리 일원	동구10	산수2동 일원
	동구3	금남로·충장로·지하상가 일원	동구11	경양마을 일원
	동구4	산수시장 일원	동구12	학동삼거리 일원
	동구5	동부소방서 일원	동구13	충장로 4·5가 일원
	동구6	계림1동 일원	동구14	나무전거리 일원
	동구7	대인시장 일원	동구15	국립아시아문화전당 일원
	동구8	동구문화센터 일원		
서구 (10)	서구1	농성광장 일원	서구 6	운천저수지 일원
	서구2	광주상공회의소 일원	서구 7	서부시장 일원
	서구3	염주사거리 일원	서구 8	오천마을 일원
	서구4	화정3동 주민센터 일원	서구 9	농성1동 일원
	서구5	염주초등학교 일원	서구10	아시아창작스튜디오 일원
남구 (9)	남구1	송암산단 일원	남구 6	방림1동 삼일아파트 일원
	남구2	무등시장 일원	남구 7	역사문화마을 일원
	남구3	수피아여고 일원	남구 8	사직공원 일원
	남구4	시립 사직도서관 일원	남구 9	백운광장 일원
	남구5	방림2동 주민센터 일원		
북구 (15)	북구1	대한적십자사 일원	북구 9	문화초등학교 일원
	북구2	본촌산단 일원	북구10	두암동성당 일원
	북구3	대원시장 일원	북구11	도동고개 주변
	북구4	말바우시장 일원	북구12	중흥2동 행정복지센터 일원
	북구5	두암시장 일원	북구13	북광주우체국 일원
	북구6	일신방직 일원	북구14	전남대학교 일원
	북구7	운암시장 일원	북구15	광주역 일원
	북구8	동부시장 일원		
광산구 (11)	광산구1	월곡 고려인마을 일원	광산구 7	본량동 주민센터 일원
	광산구2	우산동 임계마을 일원	광산구 8	평동 주민센터 일원
	광산구3	송정1동 주민센터 일원	광산구 9	임곡동 주민센터 일원
	광산구4	소촌 일반산업단지 일원	광산구10	원도심마을 일원
	광산구5	광주 송정역 일대	광산구11	광주 송정역 주변
	광산구6	일곡공원 일원		

자료 : 광주광역시. 2019. 광주광역시 도시재생전략계획(변경) 요약보고서, pp.47-48.

1.2. 도시재생사업 선정과 도시재생씨앗융자 지원현황은?

도시재생사업, 얼마나 선정되었나?

광주광역시는 2014년 1개소(선도사업), 2016년 2개소(일반지역사업), 2017년부터 2022년까지(도시재생 뉴딜사업) 17개소로 2014년부터 2022년까지 총 20개 도시재생활성화지역이 국비공모사업으로 선정되었다. 그중 도시재생 뉴딜사업(2017년~2022년) 17개소는 5개유형 사업[2]이 14개소, 인정사업이 2개소, 혁신지구사업이 1개소로 사업이 추진 중에 있다.

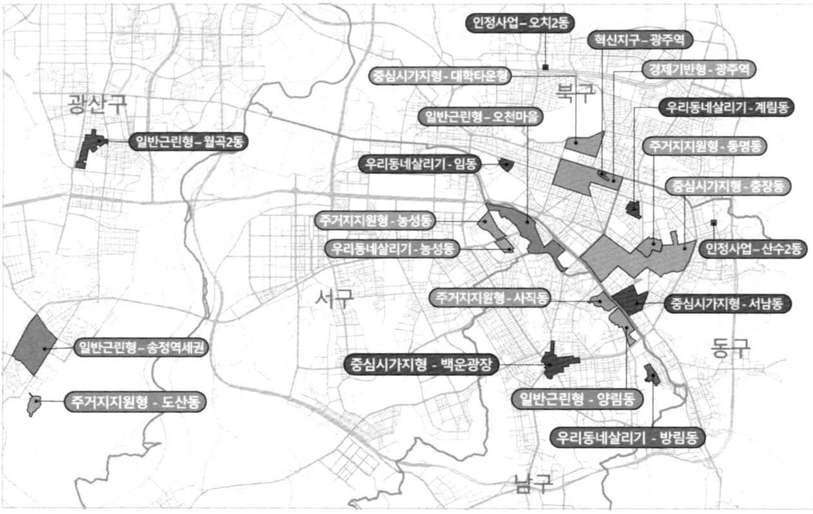

자료 : 광주광역시도시재생공동체센터 내부자료

▲ 광주광역시 도시재생사업 (2014년~2022년)

---

2 경제기반형, 중심시가지형, 일반근린형, 주거지지원형, 우리동네살리기

2014년 선정된 선도지역사업은 광주 원도심일대(동명동, 산수동, 충장동)로 현재 사업이 완료 되었으며, 2016년 일반지역사업은 서구 오천마을(농성동·양동), 광산구 송정역 일대에 선정되어 사업완료를 앞두고 있다.

2017년부터 2021년까지 선정된 도시재생뉴딜 5개유형사업은 총 10개소이며, 세부적으로는 경제기반형사업 1개소, 중심시가지형사업 3개소, 일반근린형사업 2개소, 주거지지원형사업 4개소가 선정되었다.

▼ 광주광역시 도시재생(국비)사업 선정 현황

구분	선도, 일반	도시재생 뉴딜 5개유형					그외		합계
		경제	중심	일반	주거	우동살	인정	혁신	
2014	충장동	-	-	-	-	-	-	-	1
2016	오천마을, 송정역	-	-	-	-	-	-	-	2
2017	-	-	-	양림동	도산동	농성동	-	-	3
2018	-	광주역	대학타운형	-	동명동, 농성동, 사직동	-	-	-	5
2019	-	-	백운광장, 서남동	월곡2동	-	임동	-	-	4
2020	-	-	-	-	-	방림등	산수동	광주역	3
2021	-	-	-	-	-	계림동	오치동	-	2
합계	3	1	3	2	4	4	2	1	20

자료 : 광주광역시도시재생공동체센터 내부자료

경제기반형사업(1개소)은 북구 신안동·중흥동(2018년)이 선정되었고, 중심시가지형사업(3개소)은 북구 전남대학교 일원(2018년), 남구 백운광장 일대(2019년), 동구 서남동(2019년)이 선정되었다. 일반근린형사업(2개소)은 남구 양림동(2017년), 광산구 월곡2동(2019년)이 선정되었다. 주거지지원형사업(4개소)은 광산구 도산동(2017년), 동구 동명동(2018년), 서구 농성동(2018년), 남구 사직동(2018년)이 선정되었고, 우리동네살리기사업(4개소)은 서구 농성동(2017년), 북구 임동(2019년), 남구 방림동(2020년), 동구 계림동(2021년)이 선정되었다. 그 외 인정사업(2개소)은 동구 산수동(2020년)과 북구 오치동(2021년), 혁신지구(1개소)는 북구 광주역 일대(2020년)가 선정되었다.

도시재생씨앗융자는 얼마나 지원되었나?

광주광역시는 2022년 기준 총 20개소의 도시재생씨앗융자 상품을 이용한 것으로 조사되었다. 이용상품별로 정리해 보면, 공동협업공간조성자금 8개소, 상가리모델링자금 2개소, 임대상가조성자금 10개소로 파악된다. 지자체별로 살펴보면, 동구 11건, 북구 8건, 남구 4건, 서구 1건으로 나타났으며, 대부분 융자를 지원받은 사업장이 위치한 지역은 충장동, 동명동, 산수동, 지산동, 궁동, 금동, 양림동 일대로 광주 원도심지역에 주로 분포된 것으로 파악된다.

▼ 광주광역시 도시재생씨앗융자 지원 개요

이용상품	개소	사업장위치 (개소)
공동협업공간조성자금	8	금동(2), 궁동(2), 양림동(2), 지산동(1), 신안동(1)
상가리모델링자금	2	양림동(1), 지산동(1)
임대상가조성자금	10	양림동(1) 대의동(2), 신안동(2), 산수동(1) 운암동(1), 농성동(1), 동명동(1), 충장로 1가(1)

자료 : 도시재생기금지도 홈페이지(https://enhuf.molit.go.kr/fur/pp/pm/POPPM009M01.jsp). 2022.

도시재생활성화지역별 도시재생씨앗융자 지원 현황은?

도시재생씨앗융자는 도시재생활성화지역에 입지한 사업장에 지원하는 상품이다. 광주광역시에서 도시재생씨앗융자를 지원받고 있는 사업장(20개소)이 위치한 도시재생활성화지역은 11개소이며, 이중 국비사업이 추진되고 있는 지역은 5개소이다.

광주광역시 도시재생씨앗융자를 지원받은 사업장이 위치한 도시재생활성화지역 11개소 중 국비사업이 선정된 도시재생활성화지역 5개소이다. 이 5개소 국비사업 도시재생활성화지역에는 융자를 지원받은 15개 사업장이 분포하고 있다. 따라서, 도시재생씨앗융자를 지원받은 사업장이 위치한 지역특징을 국비사업이 선정된 도시재생활성화지역을 중심으로 정리하면 다음과 같다.

먼저 동구의 11개 사업장은 광주광역시 원도심에 해당한 지역적 특성이 있으며, 쇠퇴한 원도심을 활성화하기 위한 2014년 선도지역사업(충장동, 동명동, 산수동, 궁동, 대의동 등)과 2019년에 선정된 중심시가지형사업(서남동, 금동)이 선정된 지역이다. 2014년 도시재생선도지역은 도시재생활성화지역이 도시재생전략계획을 통해 지정되기 전, 사업을 추진하기 위해 선도적으로 지정한 지역이며, 그간 원도심의 자원들이 축적된 지역이기도 하다. 2019년에 선정된 중심시가지형 도시재생사업지역인 서남동은 인쇄업체가 밀집된 지역으로, 과거 광주광역시청이 입지한 곳으로 도심기능을 하던 곳이다.

남구의 2개 사업장은 2017년 일반근린형 뉴딜사업(양림동)이 선정된 지역에 분포하고 있다. 양림동은 옛 선교사들이 거주했던 지역으로 광주 근대 역사문화자원이 풍부한 지역이다. 도시재생씨앗융자를 지원받은 사업장이 동구와 남구의 국비사업 도시재생활성화지역과 그 주변에 입지한 이유는 광주광역시 원도심의 다양한 지역자원들이 풍부하게 축적되어 이를 활용한 비즈니스가 가능한 지역이기 때문일 것으로 추측된다.

북구의 2개 사업장은 2018년 경제기반형 뉴딜사업(신안동, 중흥동 등), 2018년 중심시가지형 뉴딜사업(대학타운형)이 선정된 지역에 각각 1개 사업장이 융자를 받은 것으로 조사되었다. 이 지역은 KTX 기능이 송정역으로 이전되면서 쇠퇴한 광주역 부지를 활성화하기 위한 다양한 재생사업(혁신지구, 경제기반형 사업)이 추진된 지역이며, 대학자원을 활용하여 청년창업을 통한 배후지역의 활성화를 견인 하고자 하는 대학타운형 사업이 추진 중인 지역이다.

▼ **광주광역시 도시재생활성화지역별 도시재생씨앗융자 지원 현황**

구분	도시재생 활성화지역	국비선정사업	융자상품	지원현황 (개소)	합계
동구 (11)	동구-15	2014년 선정 선도사업지역 (충장동, 산수동, 동명동, 지산동 일대)	공동협업공간 조성자금	궁동(2)	7
			상가리모델링 자금	지산동(1)	
			임대상가 조성자금	대의동(2) 동명동(1) 산수동(1)	
	동구-02	2019년 선정 중심시가지형 (서남동 일대)	공동협업공간 조성자금	금동(2)	2
	※2019년 도시재생전략계획 (변경)이전 활성화지역	-	공동협업공간 조성자금	지산동(1)	1
	동구-13	-	임대상가 조성자금	충장동(1)	1
서구 (1)	서구-01	-	임대상가 조성자금	농성동(1)	1
남구 (4)	남구-07	2017년 선정 일반근린형 (양림동 일대)	상가리모델링 자금	양림동(1)	2
			임대상가 조성자금	양림동(1)	
	남구-04	-	공동협업공간 조성자금	양림등(2)	2
북구 (4)	북구-14	2018년 선정 중심시가지형 (대학타운형)	임대상가 조성자금	신안동(1)	1
	북구-15	2018년 선정 경제기반형 (신안동 일대)	공동협업공간 조성자금	신안동(1)	1
	북구-13	-	임대상가 조성자금	신안동(1)	1
	북구-07	-	임대상가 조성자금	운암동(1)	1

자료 : 저자 작성

1.3. 동구

1) 동구의 도시재생

광주광역시 동구의 도새재생활성화지역은 총 15개소이다. 이중 국비지원사업이 추진되는 도시재생활성화지역은 3개소이며, 2014년에 선정된 도시재생 선도지역사업, 2019년에 선정된 서남동 중심시가지형사업, 2018년에 선정된 동명동 주거지지원형사업이다.

국비지원을 받아 추진되는 도시재생활성화지역(3개소) 중 도시재생씨앗융자를 지원받은 사업장이 위치한 활성화지역은 2개소로, 충장동 일대의 선도지역사업(2014년)과 인쇄업체가 밀집한 서남동 중심시가지형사업(2019년)이다. 각 도시재생사업의 주요 내용은 아래와 같다.

동구 도시재생 선도지역사업(2014)[3]

동구의 도시재생 선도지역사업은 2014년 선정되어 2020년까지 추진, 사업비 약 200억원이 투입된 사업으로 전라남도청과 광주광역시청의 이전, 상무신도심 형성 등 대외 여건에 따라 쇠퇴된 원도심의 침체와 도심공동화 현상 완화를 목표로 추진되었다. 따라서 동구 충장동과 동명동, 산수1동과 지산1동 일원이 사업대상지로 면적은 966,551m^{2}에 달한다.

사업유형은 근린재생형으로 '푸른공동체와 함께하는 문화도심 재생'을 비전으로 삼았다. 주요 사업으로는 푸른공동체마을 만들기 사업,

3 광주광역시도시재생공동체센터. 2019. 2019년 광주 도시재생백서, pp.32-35.

예술활용 재생사업, 문화산업 활성화사업, 안전한 거리 조성사업, 주민주도 재생 및 주민역량 강화사업, 주민제안 문화도시 재생사업 등이 있다. 푸른마을공동체센터, 미로센터, 충장22센터와 같은 핵심지점에 거점시설 및 테마거리 조성과 같은 하드웨어 사업이 주를 이루고 도시재생대학, 주민제안 공모사업 등의 소프트웨어 사업은 주민역량 강화를 위해 추진되었다.

2014년 5월에 도시재생 선도지역으로 지정이 되었으며 같은 해 12월에 활성화계획 승인을 받았다. 핵심 거점시설로 주거지역 주민공동체 및 공동체 문화 활성화를 위해 조성된 푸른마을공동체센터가 2017년 준공되어 운영 중이며 예술의 거리 활성화를 목표로 하는 미로센터는 2019년 11월에 개관, 운영 중이다. 침체된 충장로의 상권 활성화를 목표로 하는 충장22센터 역시 2020년 준공되어 운영 중이다.

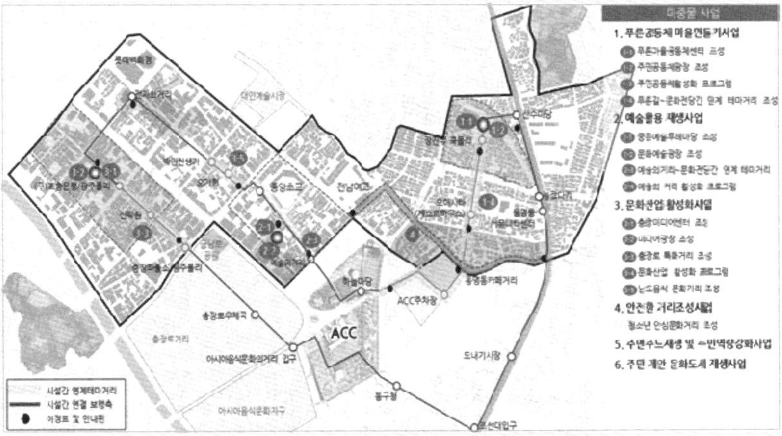

자료 : 도시재생종합정보체계 홈페이지(https://www.city.go.kr/map/index.do)

▲ 동구 선도지역사업 도시재생사업 계획도

동구 도시재생 선도지역사업은 주요 거점시설의 준공과 운영, 특화 거리 및 테마거리 조성, 다양한 주민역량 강화사업을 통해 해당 지역의 사회, 문화적 환경의 범위 확대 및 외연 확산에 기여했으며 예술의 거리 및 충장로 활성화를 통해 지역 예술문화 및 상권 활성화를 이끌어냈다.

서남동 중심시가지형(2019) : 함께하는 새 도약! 서남동 인쇄문화마을 조성[4]

동구의 도시재생 뉴딜사업 일환인 서남동 중심시가지형 사업은 2019년 선정, 2024년까지 추진되는 사업으로 약 1,713억 원의 사업비가 책정되어 있다. 서남동은 광주의 대표적 인쇄의 거리로 사업대상지는 인쇄의 거리 중심인 동구 금동 102-6번지 일원이며 면적은 193,387m^{2}이다. 서남동 인쇄의 거리는 전라남도청의 이전으로 인한 공공 인쇄 물량의 감소, 도시환경정비예정구역 해제 등 인쇄 상권 쇠퇴와 더불어 기반시설 및 편의시설 부족, 건물 노후화 심화와 같은 쇠퇴 현상이 급격히 진행된 지역이었다. 따라서 서남동 중심시가지형은 쇠퇴된 상권을 활성화 시키고 정주 환경의 개선과 더불어 인쇄의 거리 공동체성 회복을 목표로 '광주 동구 인쇄의 거리 상권 회복 프로젝트, 함께하는 새 도약! 서남동 인쇄문화마을 조성'을 비전으로 삼고 사업을 진행하고 있다.

주요 사업으로는 상권 경쟁력 회복을 위한 인쇄아카지엄 조성, 아시아 음식 플랫폼 조성, 코워킹 스페이스 공간지원, 문화거리 및 인쇄

---

4 광주광역시도시재생공동체센터. 2021. 2021년 광주 도시재생백서, pp.140-149.

테마거리 조성, 인쇄 도시재생기업 스타트업 지원 등이 있다. 기반시설 정비를 위한 소방도로 개설 및 공영 주차장 설치, 포켓파크 조성 및 골목길 정비 등의 하드웨어 사업과 더불어 거버넌스 구축을 위한 현장지원센터 운영, 주민역량 강화사업, ACC협업 프로그램 운영 등의 소프트웨어 사업도 함께 추진되고 있다.

2019년 10월 사업 선정 이후 2020년 2월 활성화계획을 승인 받고 3월에 공영주차장, 인쇄 아카지엄, 아시아 음식 플랫폼과 같은 주요 거점시설 부지 매입을 완료했다. 같은 해 10월에 현장지원센터를 개소한 후 도시재생대학, 마을리더 육성 워크숍 등 주민역량 강화사업 또한 활발히 진행하고 있다. 이를 통해 향후 서남동 중심시가지형 사업은 인쇄 상품의 문화 관광자원화 추진을 통한 상권 경쟁력 회복, 기반시설 정비를 통한 상권 환경 및 편의시설 개선, 주민 커뮤니티 향상 및 역량강화를 통한 거버넌스 구축 등의 효과를 창출할 것이다.

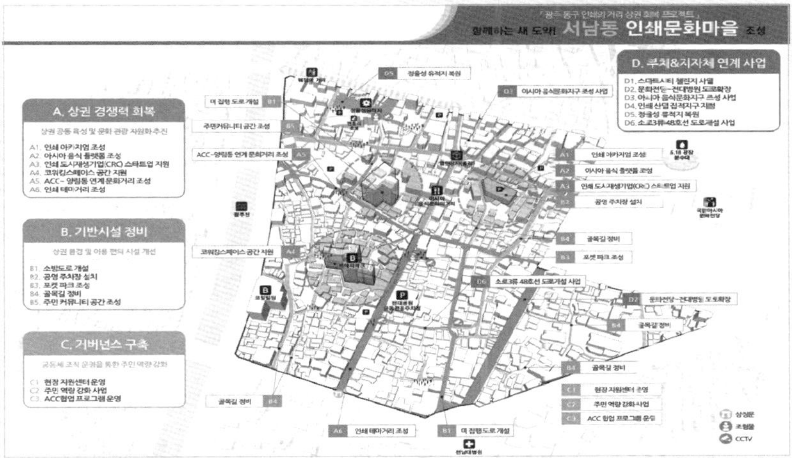

자료 : 도시재생종합정보체계 홈페이지(https://www.city.go.kr/map/index.do)

▲ 동구 중심시가지형 도시재생사업 계획도

2) 동구의 도시재생씨앗융자 활용

동구에서는 11개 사업장이 도시재생씨앗융자를 활용하고 있다. 사업장의 위치를 도시재생활성화지역별로 살펴보면, 2014년 도시재생 선도지역에 7개소(63%), 2017년 중심시가지형 뉴딜사업지역에 2개소(18%)가 입지하는 것이 특징이다.

▼ 동구 도시재생활성화지역별 도시재생씨앗융자 지원 현황

국비사업선정지역 (도시재생 활성화지역)	도시재생씨앗융자상품	지원현황(개소)	합계
2014년 선정 선도사업지역 (충장동, 산수동, 동명동, 지산동 일대)	공동협업공간조성자금	궁동(2)	7
	상가리모델링자금	지산동(1)	
	임대상가조성자금	대의동(2) 동명동(1) 산수동(1)	
2019년 선정 중심시가지형 (서남동 일대)	공동협업공간조성자금	금동(2)	2
2019년 전략계획변경 전 활성화지역	공동협업공간조성자금	지산동(1)	1
동구-13	임대상가조성자금	충장동(1)	1

자료 : 저자 작성

2014년 선정된 선도사업지역 내 궁동(2)과 대의동(2)의 지역적 특징을 살펴보면, 지역예술품을 판매하는 화랑, 갤러리, 문화공간, 예술여행센터, 카페 등이 밀접한 예술의 거리 일원이다. 이 지역은 예술의 거리 활성화를 위해 추진된 도시재생 선도사업지역으로 지역문화예술사업 추진 거점인 미로센터가 위치한 지역이다. 또한, 동명동(1), 산수동(1), 지산동(1)은 광주 푸른길에 면하여 있는 지역으로 푸른길 선형

공원을 통해 형성되는 공동체 활동을 장려하는 마을공동체사업(2014년 선도사업)이 추진되는 지역이다. 푸른길 공원은 시민들의 노력으로 옛 철도 폐선부지를 선형공원화한 장소성이 있다.

2019년에 선정된 중심시가지형 뉴딜사업지역 내 금동(2)의 지역적 특성은 옛 광주시청이 입지한 곳으로 이와 연관된 인쇄·출판·디자인 업체가 밀집한 지역이다. 광주광역시청은 상무지구 신도심으로 이전하였지만, 관련업체들은 현재까지 남아 도심산업을 유지하고 지역이기도 하다. 지면을 활용한 인쇄·출판산업이 웹기반의 산업으로 전환되면서 쇠퇴하게 되어 이를 활성화하기 위한 뉴딜사업이 선정된 지역이다. 그 외 도시재생씨앗융자(충장동)를 활용하고 있는 지역은 충장로를 중심으로, 한 광주의 가장 오래된 원도심 상권이 형성된 지역이다.

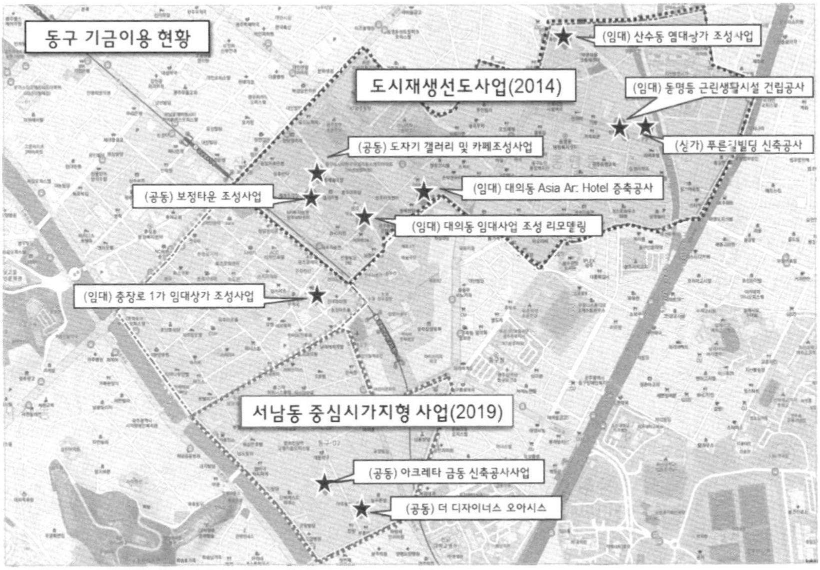

▲ 동구 도시재생씨앗융자 이용현황 (자료 : 저자 작성)

광주광역시 동구 도시재생씨앗융자 이용 세부현황을 살펴보면, 크게 공동협업공간조성(5)을 위한 자금과 상가조성을 위한 자금(6)으로 나눌 수 있다.

공동협업공간조성을 위한 융자는 아크레타 금동 신축공사(7,773m^2)를 제외하고 평균 총사업비는 약 7.57억 원이며, 평균 융자금액은 약 5.52억 원이다. 평균적으로 융자금액은 총 사업비의 72%로 나타났으며, 평균 임대료 인상률은 연 3~5% 이내로 조사되었다. 융자대상은 개인 4건, 법인 1건으로 개인이 다수를 차지하고 있으며, 법인 1건은 사회적기업에 융자한 것으로 사업장은 “더 디자이너스 오아시스”이다. 인쇄업체 밀접지역에 위치한 이 시설은 1층에 북카페와 코워킹 스페이스를 함께 운영 중이다.

상가조성에 관련된 자금융자는 대규모 사업인 대의동 Asia Art Hotel 증축공사(7,13 m^2)를 제외하고 평균적으로 총사업비 약 21억원, 평균 융자금액은 약 13.78억 원이다. 평균적으로 총사업비의 약 65.6%를 융자금액으로 이용하는 것으로 파악되며, 평균 임대료 인상률은 연 2.5%이내로 조사되었다. 융자대상은 법인이 2건, 개인이 4건을 차지하고 있다. 법인(2)이 융자한 곳으로는 “대의동 Asia Art Hotel 증축공사”와 “동명동 근린생활시설 건립공사” 사업장으로 파악되었다.

▼ 동구 도시재생씨앗융자 지원 세부현황

융자	사업장명	주소	총사업비 (억원)	융자금액 (억원)	임대료 인상률	대지면적 (m^2)	연면적 (m^2)
공동 협업 공간 조성 자금 (5)	더 디자이너스 오아시스(The Designers Oasis)	금동 187-1	6.1	4.3	연 5% 이내	390.4	231.4
	보정타운 조성사업	궁동 61-2	10.1	7.1	연 5% 이내	278	689
	아크레타 금동 신축공사 사업	금동 153 외 8필지	136	27	-	3,653.36	7,773.59
	도자기 갤러리 및 카페 조성 사업(무안요)	궁동 55-8	5.6	3.9	연 5% 이내	104	245
	지산동 장미하우스 코워킹커뮤니티 시설 조성 사업	지산동 220-8	8.5	6.8	연 3% 이내	193	340
상가 리모델링 조성 자금 (1)	푸른길빌딩 신축 공사	지산동 654-7	21	11	-	358	993.2
임대 상가 조성 자금 (5)	동명동 근린생활시설 건립공사	동명동 168-5, 168-25, 171-15	20.4	16.3	연 2.5% 이내	465	860.8
	대의동 임대사업 조성 리모델링	대의동 79-3	14.5	10.7	연 2.5% 이내	283	635
	대의동 Asia Art Hotel 증축공사	대의동 33, 33-1, 35-1	156.1	99.4	연 2.5% 이내	1090	7131
	산수동 임대상가 조성사업	산수동 367-9 외 1	23.3	11.9	연 2.5% 이내	457	733.61
	충장로1가 임대상가 조성사업	충장로 97-2 (충장로1가)	26	19	-	208.9	832.9

자료 : 도시재생기금지도 홈페이지 (https://enhuf.molit.go.kr/fur/pp/pm/POPPM009M01.jsp). 2022.

동구 내 도시재생씨앗융자를 지원받은 사업장의 사업 전후 현장모습은 다음 표와 같다.

구분	사업장명	사업 전	사업 후
공동협업 공간조성 자금	보정 타운 조성 사업		
	도자기 갤러리 및 카페 조성 사업 (무안요)		
상가 리모델링 조성자금	푸른길 빌딩 신축 공사		

자료 : 네이버지도 사진 활용 및 일부 저자 직접 촬영

▲ 2014년 선정 선도사업지역 내 도시재생씨앗융자 활용 전과 후

구분	사업장명	사업 전	사업 후
임대상가 조성자금	대의동 Asia Art Hotel 증축공사		
	동명동 근린생활시설 건립공사		
	산수동 임대상가 조성사업		
	대의동 임대사업 조성 리모델링		

자료 : 네이버지도 사진 활용 및 일부 저자 직접 촬영

▲ 2014년 선정 선도사업지역 내 도시재생씨앗융자 활용 전과 후

구분	사업장명	사업 전	사업 후
공동협업 공간조성 자금	더 디자이너스 오아시스 (The Designers Oasis)		
	아크레타 금동 신축공사 사업		
	지산동 장미하우스 코워킹 커뮤니티 시설 조성 사업		
임대상가 조성자금	충장로 1가 임대상가 조성사업		

자료 : 네이버지도 사진 활용 및 일부 저자 직접 촬영

▲ **서남동 중심시가지형 뉴딜사업지역 내 도시재생씨앗융자 활용 전과 후**

1.4. 서구

1) 서구의 도시재생

광주광역시 서구의 도시재생활성화지역은 총 10개소이다. 이 중 국비지원을 받아 사업이 추진되는 도시재생활성화지역은 3개소이며, 2016년 일반지역으로 선정된 도시재생사업(양동 등), 2017년에 선정된 농성동 우리동네살리기, 2018년에 선정된 농성동 주거지지원형사업이다.

서구의 경우 도시재생씨앗융자를 지원받은 사업장 1개소가 위치한 활성화지역은 농성1동 농성광장 일원의 도시재생활성화지역(서구-01)이며, 주요내용은 아래와 같다.

서구-01 도시재생활성화지역 주요내용[5]

광주광역시 도시재생전략계획에 따르면 서구-01 도시재생활성화지역으로 일반근린형 유형으로 분류되어 있다. 이 지역은 농성1동 농성광장 일원에 위치하고 있으며, 규모는 177천m²이며, 서구청과 농성역, 농성광장 등의 지역자원이 다수 분포하고 있으며, 지역주민들이 마을공동체사업을 통한 공동체 활성화가 특징인 지역이다.

전략계획 상 비전은 지역 커뮤니티 활성화를 통한 문화재생 사업 강화이며, 그 추진전략으로는 복지문화 프로그램 등과 연계한 문화재생 사업 추진, 지역 커뮤니티 중심인 농성광장과 서구청 골목 활성화를 통한 자립적 마을재생, 사회적 경제 활성화가 핵심 전략으로 분석된다.

5 광주광역시. 2019. 광주광역시 도시재생전략계획(변경) 요약보고서, p.67.

2) 서구의 도시재생씨앗융자 활용

서구에서 도시재생씨앗융자를 활용하고 있는 사업장 위치는 국비사업이 선정된 활성화지역 3개소 내에는 사례가 없으며, 1개 사업장이 서구-01 도시재생활성화지역에 위치하고 있다. 도시재생씨앗융자 상품으로 임대상가조성자금을 지원받은 것으로 조사되었다.

▼ 서구 도시재생활성화지역별 도시재생씨앗융자 지원 현황

국비사업선정지역 (도시재생 활성화지역)	도시재생씨앗융자상품	지원현황(개소)	합계
서구-01	임대상가조성자금	농성동(1)	1

자료 : 저자 작성

이 지역의 지역적 특징은 서구청, 한국전기 안전공사 광주전남지역본부, 아시아창작스튜디오, 광주전남 디자인설계 혁신센터 등 관광장소가 밀집된 지역의 배후지역으로 골목상권이 형성된 지역이다. 또한 농성광장을 중심으로 주민공동체 활동이 활발한 지역으로 조사되었다.

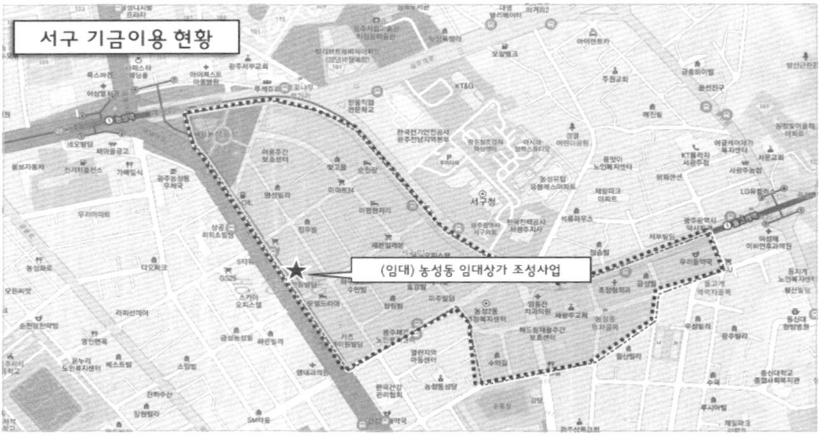

▲ 서구 도시재생씨앗융자 이용현황 (자료 : 저자 작성)

서구 도시재생씨앗융자 이용 세부현황을 살펴보면, 임대상가 조성자금(1)으로 총 사업비 약 11억원이며, 융자금액은 약 6억원이다. 총 사업비의 54%를 융자한 것으로 대지면적은 441.1 m^2, 시설의 연면적은 429.7 m^2이다.

▼ 서구 도시재생씨앗융자 지원 세부현황

사업장명	주소	총사업비 (억원)	융자금액 (억원)	임대료 인상률	대지면적 (m^2)	연면적 (m^2)
서구 644-39 외 1필지 임대상가 조성자금	대남대로 454(농성동)	11	6	-	441.4	429.75

자료: 도시재생기금지도 홈페이지 (https://enhuf.molit.go.kr/fur/pp/pm/POPPM009M01.jsp). 2022.

서구 내 도시재생씨앗융자를 지원받은 사업장의 사업 전후 현장모습은 다음 표와 같다.

사업장명	사업 전	사업 후
서구 644-39 외 1필지 임대상가 조성자금		

자료: 네이버지도 사진 활용 및 일부 저자 직접 촬영

▲ 서구-01 도시재생활성화지역 내 도시재생씨앗융자 활용 전과 후 모습

1.5. 남구

광주광역시 남구의 도시재생활성화지역은 총 9개소이다. 이중 국비지원사업이 추진되는 도시재생활성화지역은 4개소이며, 2017년 양림동 일반근린형사업, 2018년 사직동 주거지지원형사업, 2019년 백운광장 중심시가지형사업, 2020년 방림동 우리동네살리기사업이다.

국비지원을 받아 추진되는 도시재생활성화지역(4개소) 중 도시재생씨앗융자를 지원받은 사업장이 위치한 활성화지역은 1개소로 2017년 선정된 양림동 일반근린형 재생사업이며 주요내용은 아래와 같다.

양림동 일반근린형(2017) : 근대역사문화의 보고, 살고 싶은 양림[6]

남구의 도시재생 뉴딜사업 일환인 양림동 일반근린형 사업은 2017년 선정, 2023년까지 추진되는 사업으로 사업비는 약 679.3억원이다. 양림동은 100년 이상의 근대역사문화자원과 같은 도시자산이 다수 밀집되어 있는 광주의 대표적 역사문화지이다. 사업대상지는 남구 양림동 17-5번지 일원으로 면적은 148,590m^{2}에 해당 된다. 역사문화자원이 풍부한 양림동이지만 도시기반산업이나 신규 성장 동력이 부재한 상태이며, 공동주택계획(주거환경개선사업)으로 8년간 규제상태에 있었기 때문에 주거지 재생과 생활환경 개선사업이 시급한 지역이기도 하다. 이에 양림동 일반근린형 사업은 역사문화자산을 보존하고 노후 저층주거밀집 지역의 문제점을 개선하여 도시의 활력

[6] 광주광역시도시재생공동체센터. 2021. 2021년 광주 도시재생백서, pp.50-61.

을 회복하는 것을 목표로 '근대역사문화의 보고, 살고 싶은 양림마을 만들기'이란 비전을 통해 사업을 추진하고 있다.

주요 사업으로는 주거복지 실현을 위한 터새로이 사업, 안전도시 조성, 소공원 및 시민예술텃밭 조성, 주차장 정비 등이 있으며, 도시 경쟁력 향상을 위해 거점시설인 양림문화교류센터, 양림청년창작소, 양림주민어울림센터를 조성하는 등의 하드웨어 사업을 추진하고 있다. 주민통합, 사회통합을 위한 소프트웨어 사업으로는 청년창작소 운영, 시민예술학교, 마을리더 및 공동체 활성화, 문화교류 프로그램 등을 운영 중이다.

2017년 12월 사업 선정 이후 2018년 8월에 활성화계획을 고시했다. 2019년 주요 거점시설에 대한 실시설계가 추진되었으며, 같은 해 1월 도시재생현장지원센터가 개소하며 집수리 지원사업, 도시재생 아카데미, 마을소식지 발간과 같은 주민통합 사업이 다양하게 추진되었다. 2022년 말경, 양림 주민어울림센터와 양림 청년창작소, 공영주차장이 준공되는 등 순조롭게 사업을 진행 중이다. 특히 주민 주도의 지속가능한 거점시설 운영을 위해 2021년 9월 <양림동 마을관리 사회적협동조합> 창립총회를 열고 설립인가를 신청, 2022년 1월에 광주에서는 최초로 국토교통부 마을관리 사회적협동조합 인가를 받았다. 향후에도 100년의 역사를 자랑하는 근대역사문화자원과 광주 최초의 마을관리 사회적협동조합과 같은 주민 자조조직을 기반으로 양림동만의 지역 정체성을 유지한 도시재생 사업을 펼쳐나갈 예정이다.

자료 : 도시재생종합정보체계 홈페이지(https://www.city.go.kr/map/index.do)

▲ 남구 일반근린형 도시재생사업 계획도

남구-04 도시재생활성화지역 주요내용[7]

양림동 시립사직도서관 일원의 도시재생활성화지역은 유형이 주거지 지원형이며, 규모는 110천m^2이다. 근대역사문화자원이 다수 분포된 지역으로 양림동 문화역사마을, 이장우 가옥, 우일선 선교사 사택, 오웬기념각 등이 입지한 지역이다. 재생방향의 비전은 지역자생력 강화를 위한 문화도시재생 클러스터 연계로 설정되어 있다. 전략으로는 양림동 지역 활동가 양성을 통한 지역역량을 강화하여 지속가능한 도시재생을 추진하며, 문화자원과 연계한 문화거점 프로그램이 마련이 주된 추진전략이다.

---

7 광주광역시. 2019. 광주광역시 도시재생전략계획(변경) 요약보고서, p.81.

2) 남구의 도시재생씨앗융자 활용

남구 도시재생씨앗융자를 활용하고 있는 사업장은 4개소이다. 사업장이 위치한 도시재생활성화지역을 정리하면, 2017년 양림등 일반근린형 사업지역에 2개소(50%), 광주광역시 도시재생전략계획상 도시재생활성화지역인 시립사직도서관 일원(남구-04)에 2개소(50%)가 입지한 것으로 조사되었다.

▼ 남구 도시재생활성화지역별 도시재생씨앗융자 지원 현황

국비사업선정지역 (도시재생 활성화지역)	도시재생씨앗융자상품	지원현황(개소)	합계
2017년 선정 일반근린형 (양림동 일대)	상가리모델링자금	양림동(1)	2
	임대상가조성자금	양림동(1)	
남구-04	공동협업공간조성자금	양림동(2)	2

자료 : 저자 작성

2017년 양림동 도시재생뉴딜사업지역은 타 지역에서 많은 관광객들이 방문하는 펭귄마을에 인접하고 있으며, 광주천이 인접한 것이 지리적 특성이다. 이 지역에 상가조성에 관련된 시설(2)이 기금을 활용하여 시설을 조성한 것으로 파악된다.

사직도서관 일원지역은 국비사업을 통한 사업이 추진되고 있지는 않지만, 다양한 부처를 통한 문화·예술·창업사업들이 연계되어 추진되는 특징을 가지고 있는 지역이다. 이러한 이유로 공동협업공간조성자금(2)을 활용한 문화예술복합시설이 조성된 것으로 분석된다.

▲ 남구 도시재생씨앗융자 이용현황 (자료 : 저자 작성)

광주광역시 남구 도시재생씨앗융자 이용 세부현황을 살펴보면, 공동협업공간 조성자금(2), 상가조성관련 자금(2)으로 나눌 수 있다. 공동협업공간 조성자금(2)은 평균 총사업비가 약 32.4억 원이며, 평균 융자금액은 약 23.8억 원이다. 평균적으로 융자금액은 총 사업비의 약 70%로 나타났으며, 평균 임대료 인상률은 연 3% 이내로 조사되었다. 융자대상은 개인 1건, 법인 1건으로 나타났으며, 법인형태로 시설이 운영되는 사업장은 '양림쌀롱마켓 조성 운영사업'이며, 개인형태의 운영 사업장은 '코워킹 문화공간(이이남스튜디오) 조성 운영사업'으로 조사되었다.

양림쌀롱은 기존 유치원 건물을 리모델링하여 1층에 창작상품 유통공간과 카페 및 라운지를 운영하고 있으며, 2층은 코워킹 스페이스를 운영 중이다. 코워킹 문화공간은 작가 업무공간, 코워킹공간, 갤러리, 작품전시공간 등 다양한 문화공간들로도 운영되고 있다.

상가조성에 관련된 자금융자(2)는 평균적으로 총사업비 약 12.6억 원, 평균 융자금액은 약 7.8억 원이다. 평균적으로 총사업비의 약 61%를 융자금액으로 이용하는 것으로 파악되며, 평균 임대료 인상률은 연 2.5%이내로 조사되었다. 융자대상은 모두 개인이며, 사업장은 "양림동 근린생활시설 신축공사(2)"이다. 특징적으로 임대상가조성자금을 융자한 사업장은 펭귄마을과 카페거리 인근 방문객들의 이동이 활발한 점을 활용하여 임대상가 조성 후 임차를 통한 수익을 창출한다는 비즈니스모델을 가지고 있다.

▼ 남구 도시재생씨앗융자 지원 세부현황

융자	사업장명	주소	총사업비 (억원)	융자금액 (억원)	임대료 인상률	대지면적 (m^2)	연면적 (m^2)
공동협업 공간조성 자금 (2)	코워킹 문화공간 조성 및 운영	양림동 228-11	36.8	25.3	-	2,122.	1,980.8
	양림쌀롱마켓 및 컴퍼니라운지 조성 운영 사업	양촌길1 (양림동)	28.0	22.4	연 3% 이내	732	499
상가 리모델링 자금 (1)	양림동 근린생활시설 신축공사	양림동 202-44	11	7	-	282	546.34
임대상가 조성자금 (1)	양림동 근린생활시설 신축공사	양림동 24-3, 24-171	14.3	8.7	연 2.5% 이내	335	550.36

자료 : 도시재생기금지도 홈페이지
(https://enhuf.molit.go.kr/fur/pp/pm/POPPM009M01.jsp). 2022.

남구 내 도시재생씨앗융자를 지원받은 사업장의 사업 전후 현장모습은 다음 표와 같다.

구분	사업장명	사업 전	사업 후
상가 리모델링 자금	양림동 근린생활시설 신축공사		
임대상가 조성자금	양림동 근린생활시설 신축공사		

자료 : 네이버지도 사진 활용 및 일부 저자 직접 촬영

▲ 양림동 일반근린형 사업지역 내 도시재생씨앗융자 활용 전과 후

구분	사업장명	사업 전	사업 후
공동협업 공간 조성자금	코워킹 문화공간 조성 및 운영		
	양림쌀롱마켓 및 컴퍼니라운지 조성 운영 사업		

자료 : 네이버지도 사진 활용 및 일부 저자 직접 촬영

▲ 남구-04 도시재생활성화지역 내 도시재생씨앗융자 활용 전과 후

1.6. 북구

1) 북구의 도시재생 사업

광주광역시 북구의 도시재생활성화지역은 총 15개소이다. 국비사업이 추진되는 도시재생활성화지역은 3개소이며, 2018년에 선정된 중심시가지형사업(대학타운형, 전남대학교 용봉캠퍼스 일원)과 광주역 경제기반형사업, 2019년에 선정된 임동 우리동네살리기사업이다.

이중 도시재생씨앗융자를 지원받는 사업장이 위치한 도시재생활성화지역은 2018년에 선정된 광주역 경제기반형사업과 대학타운형사업이며, 주요내용은 아래와 같다.

광주역 경제기반형(2018) : 광주 역전(逆轉), 창의문화산업 스타트업 밸리[8]

광주역 경제기반형 사업은 2018년 선정되어 2024년까지 사업비 약 10,156억 원으로 진행되는 광주의 대표적 도시재생 뉴딜사업이다. 북구 중흥1동과 신안동 일원 등 광주역을 중심으로 사업대상지가 설정되어 있으며 면적은 500,000m^{2}에 달한다. 광주역은 오랜 기간 광주의 업무와 교통 중심지이자 북구의 대표적 상업 중심지로 역할을 했으나 신시가지의 외연 확장과 광주송정역 KTX 정차와 같은 외부요인으로 인해 교통 기능이 축소되며 도심기능이 빠르게 쇠퇴한 지역이기도 하다. 이를 개선하기 위해 광주역 경제기반형 사업은 지

8 광주광역시도시재생공동체센터. 2021. 2021년 광주 도시재생백서, pp.72-85.

역전략산업과 연계하여 새로운 경제거점을 조성하고 지역특화상권을 활용하여 역세권 활성화를 목표로 '광주 역전(逆轉), 창의문화산업 스타트업 밸리'를 비전으로 사업을 추진 중이다. 주요 사업으로는 도심산업구조 재편을 위해 창의산업 밸리를 조성하는 것으로 창의산업 플랫폼인 빛고을창업스테이션 조성 등이 있다. 광주역 접근성을 강화하기 위해 교통기능 재생을 목표로 하는 문화마당 조성 및 교통·보행환경 개선, 푸른길 공원과 연계한 푸른이음공원과 센터 조성, 도심형 제조산업 활성화를 위한 어울림 팩토리 조성 등의 하드웨어 사업이 추진되고 있다. 또한 광주역세권 활성화를 위해 문화체육관광부, 과학기술정보통신부, LH, 광주도시공사, 코레일 등 중앙부처 및 공공기관과 협력하여 다양한 연계사업을 진행하고 있다.

2018년 사업 선정 이후 2019년 4월에 활성화계획을 최초 승인 받고 같은 해 6월에 도시재생현장지원센터를 개소했다. 2019년 주요 거점시설인 어울림 팩토리, 빛고을창업스테이션 부지를 매입하였으며 2020년 실시설계 용역에 착수, 2021년 각각 착공식을 개최했다. 또한 현장지원센터를 필두로 도시재생대학, 주민제안 공모사업, 창업 엑셀러레이션 교육(광주역 레시피)과 아이디어 클래스, 온라인 소통 워크숍, 달빛마켓 등 다양한 역량강화 소프트웨어 사업을 운영 중이다. 위와 같은 사업들을 중심으로 광주역 경제기반형 사업은 '新경제거점 조성, 역세권 활성화'를 통해 광주역을 광주의 미래형 지식서비스산업을 이끄는 원도심 문화경제권의 거점으로 탈바꿈시킬 것이다.

자료 : 도시재생종합정보체계 홈페이지(https://www.city.go.kr/map/index.do)

▲ 북구 경제기반형 도시재생사업 계획도

대학타운형 중심시가지형(2018) : 대학자산을 활용한 창업기반 조성 및 지역상권 활성화[9]

북구의 도시재생 뉴딜사업 일환인 대학타운형 중심시가지형 사업은 2018년 선정, 2024년까지 추진되는 사업으로 사업비는 약 452.5억 원이 투입된다. 사업대상지는 전남대학교와 인근 지역을 중심으로 하는 북구 중흥2동, 신안동 일원이며 면적은 1,200,000㎡이다.

이 지역은 전남대학교라는 주요 대학자산을 확보하고 있으나 대학의 배후주거지, 배후상권으로써 가속화된 기능 쇠퇴현상을 겪은 곳이다. 노후 건축물이 81.9%에 달함과 동시에 전남대학교 정문에서 후문 또는 용봉동으로 주요 상권이 이전, 이탈 현상을 보이며 상주인구가 21%나 감소하였다. 이를 해결하기 위해 대학타운형 중심시가지형 사업은 청년창업 및 지역문화 활성화와 삶의 질 향상, 공동체 회복을 목표로 '대학자산을 활용한 창업기반 조성 및 지역상권 활성화'를 슬로건으로 사업을 추진하고 있다.

주요 사업으로는 거점시설인 북구 행복어울림센터와 상생상가 조성 및 운영, 글로컬 문화거리 조성, 창업육성 프로그램인 아이디어 팩토리 운영 등이 있으며, 지역문화 활성화를 위한 역량강화 프로그램인 도시재생 아트플랫폼 및 로컬크리에이터 육성 사업 등을 추진 중이다. 삶의 질 향상과 공동체 회복을 위해 북구 공영주차장 조성, 커뮤니티케어 안심마을 만들기와 더불어 지역주민제안 공모사업과 다양한 지역역량 강화교육도 추진하고 있다.

---

9 광주광역시도시재생공동체센터. 2021. 2021년 광주 도시재생백서, pp.88-101.

자료 : 도시재생종합정보체계 홈페이지(https://www.city.go.kr/map/index.do)

▲ 북구 대학타운형 중심시가지형 도시재생사업 계획도

2018년 사업 선정 이후 2019년 10월 활성화계획을 고시하고 주요 거점시설 부지매입을 추진, 2022년 기준 북구 행복어울림센터와 상생상가, 쌈지공원 3개소 조성과 더불어 안심경로당 정비가 완료되었다. 2018년 개소한 현장지원센터를 중심으로 도시재생대학, 주민역량강화 꼼지락교육, 주민제안 공모사업인 리빙랩 프로젝트와 아이디어 리얼라이즈 프로그램 등 소프트웨어 사업도 활발히 운영되고 있다. 북구 대학타운형 중심시가지형 사업은 2024년까지 주요사업 추진을 통해 대학과 지역 간 물리적 경계를 허물고 상생을 위한 도시재생 플랫폼을 구축, 북구의 새로운 청년창업과 지역문화 발전의 중심지로 지역에 활력을 불어넣을 예정이다.

2) 북구의 도시재생씨앗융자 활용

북구는 4개의 사업장에서 도시재생씨앗융자를 이용하고 있다. 사업장의 위치를 도시재생활성화지역별로 살펴보면, 2018년 선정된 중심시가지형사업과 경제기반형사업지역에 각각 1개소씩 총 2개소(50%)가 입지하고 있으며, 나머지 2개소(50%)는 북구-13과 북구-07 도시재생활성화지역에 위치하고 있다.

▼ 북구 도시재생활성화지역별 도시재생씨앗융자 지원 현황

국비사업선정지역 (도시재생 활성화지역)	도시재생씨앗융자상품	지원현황(개소)	합계
2018년 선정 중심시가지형 (대학타운형)	임대상가조성자금	신안동(1)	1
2018년 선정 경제기반형 (신안동 일대)	공동협업공간조성자금	신안동(1)	1
북구-13	임대상가조성자금	신안동(1)	1
북구-07	임대상가조성자금	운암동(1)	1

자료 : 저자 작성

2018년에 선정된 중심시가지형(대학타운형)사업이 추진되고 있는 신안동에 임대상가조성을 위해 융자가 1개소 활용되었으며, 2018년에 선정된 경제기반형 사업지역에는 공동협업공간 조성을 위해 1개소에 융자가 활용되었다.

그 외 도시재생활성화지역인 중앙동 북광주우체국일원(북구-13)과 운암동(1)에서도 융자가 활용된 것으로 파악되었다. 중앙동 북광주우체국(북구-13) 도시재생활성화지역[10]은 중심시가지형으로 1,291천m^2

10 광주광역시. 2019. 광주광역시 도시재생전략계획(변경) 요약보고서, p.100.

규모에 해당한다. 북광주우체국 주변 구도심 낙후지역으로서 상권쇠퇴와 주거환경 노후화로 쇠퇴진단을 받았으며, 광주역, 북광주우체국 등 공공편의시설이 분포하고 있는 특징이 있다. 광주 역전 청춘창의시장 만들기 사업의 일환으로 행복주택, 공동체센터, 가로환경정비, 친환경 생태골목길, 청년창의 지식시장 등과 연계한 도시재생 전략이다.

운암2동 운암시장일원(북구-07) 도시재생활성화지역[11]은 일반근린형으로 141천m^2 규모이다. 운암시장 주변으로 상권침체 및 노후주거 분포, 공공·복지·편의시설이 부족함에 따라 쇠퇴가 진단되었다. 잠재력으로는 전통시장인 운암시장 활성화가 가능한 지역이며, 주변 아파트와 운암시장의 유동인구가 많은 것이 특징이다. 운암시장을 지역 커뮤니티 구심정으로 육성하고 노선형 시장에서 거점형 시장으로 전환하고 청년 상인을 육성하는 것이 추진전략이다.

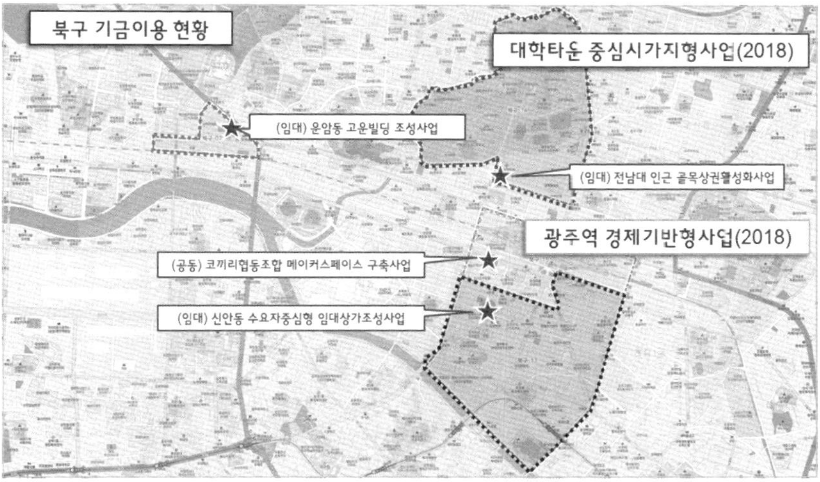

▲ 북구도시재생씨앗융자 이용현황 (자료 : 저자 작성)

11 광주광역시. 2019. 광주광역시 도시재생전략계획(변경) 요약보고서, p.94.

광주광역시 북구 도시재생씨앗융자 이용 세부현황을 보면, 공동협업공간조성(1), 임대상가조성자금(3) 등을 위해 도시재생씨앗융자가 활용되었다. 공동협업공간 조성자금(1)은 총 사업비는 약 17.5억원이며, 평균 융자금액은 약 14억원이다. 평균적으로 융자금액은 총 사업비의 약 80%로 나타났으며, 평균 임대료 인상률은 연 3%이내로 조사되었다. 융자대상은 법인이며, 시설이 운영되는 사업장은 코끼리협동조합 메이커스페이스 구축사업(여그)이다. 이 사업장은 청년기업이 입주하여 메이커스페이스 등을 통한 사회혁신 공간을 운영 중이다.

임대상가조성(3)은 평균적으로 총사업비 약 18.2억원, 평균 융자금액은 약 11.3억원이다. 평균적으로 총사업비의 약 62%를 융자금액으

▼ 북구 도시재생씨앗융자 지원 세부현황

융자	사업장명	주소	총사업비 (억원)	융자금액 (억원)	임대료 인상률	대지면적 (m^2)	연면적 (m^2)
공동협업공간조성자금(1)	코끼리협동조합 메이커스페이스 구축 사업	신안동 133-6, 133-19	17.5	14.0	연 3% 이내	522	995
임대상가조성자금(3)	전남대 인근 골목상권 활성화 사업	신안동 210-26	6.6	4.1	연 2.5% 이내	153	430
	신안동 수요자중심형 임대상가 조성사업	신안동 149-3번지	27	19	-	1,087.6	1,897.38
	운암동 고운빌딩 조성사업	운암동 96-52번지	21	11	-	358	993.2

자료 : 도시재생기금지도 홈페이지
(https://enhuf.molit.go.kr/fur/pp/pm/POPPM009M01.jsp). 2022.

로 이용하는 것으로 파악되며, 평균 임대료 인상률은 연 2.5%이내로 조사되었다. 융자대상은 모두 개인이며, 사업장은 “전남대 인근 골목상권 활성화사업”, “신안동 수요자중심형 임대상가조성사업”, “운암동 고운빌딩 조성사업”이다.

북구 내 도시재생씨앗융자를 지원받은 사업장의 사업 전후 현장모습은 다음 표와 같다.

구분	사업장명	사업 전	사업 후
임대 상가 조성 자금	전남대 인근 골목상권 활성화 사업		
공동 협업 공간 조성 자금	코끼리 협동조합 메이커 스페이스 구축 사업		

자료 : 네이버지도 사진 활용 및 일부 저자 직접 촬영

▲ **북구 경제기반형, 중심시가지형 사업구역 내 도시재생씨앗융자 활용 전과 후**

<table>
<tr><th>구분</th><th>사업장명</th><th>사업 전</th><th>사업 후</th></tr>
<tr><td rowspan="2">임대
상가
조성
자금</td><td>신안동
수요자
중심형
임대상가
조성사업</td><td></td><td></td></tr>
<tr><td>운암동
고운빌딜
조성사업</td><td></td><td></td></tr>
</table>

자료 : 네이버지도 사진 활용 및 일부 저자 직접 촬영

▲ 북구-07, 북구-13 도시재생활성화지역 내 도시재생씨앗융자 활용 전과 후

인터뷰 3

김● ●
공동협업공간조성자금 활용, 협동조합 이사장

- 2019년 도시재생씨앗융자의 공동협업공간 조성자금을 활용하여 협동조합의 메이커 스페이스를 구축하였다.
- 입주 협동조합, 기업이 개별로 구입하기 어려운 고가의 장비들을 <메이커 스페이스>란 공간을 통해 쉐어하고 이러한 장비들을 통해 새로운 상품을 개발하는 등 입주 협동조합과 기업의 BM까지 강화하는 사업을 펼쳐나가고 있다.

질문: 도시재생씨앗융자를 접하게 된 계기 또는 동기가 있으실까요?

HUG에서 주최한 설명회, 그리고 청년 네트워크 등 여러 루트를 통해 도시재생씨앗융자를 접하게 되었습니다. 본래 협동조합을 위한 거점공간을 확보하기 위해 여러 금융상품, 그리고 여러 조건을 고려한 물건(부동산)을 리스트업 해놓은 상태였어요. 그러던 와중에 도시재생씨앗융자를 접하게 된 것이지요. 특히 공동협업공간 조성자금은 '협동조합'으로상품을 신청하기에 용이했고 무엇보다도 우리 협동조합이 추구하는 목적과 도시재생씨앗융자 상품이 추구하는 방향이 부합하는 등 일반 금융상품 보다 도시재생기금을 활용하는 것이 유리한, 뚜렷한 장점이 있었습니다. 협동조합 명의로 부동산을 매입해야 했기 때문에 조합원들의 의결을 거치기도 했지요. 결과적으로 도시재생씨앗융자를 활용하여 건물을 매입, 메이커 스페이스를 조성하게 되었습니다.

질문: 도시재생씨앗융자를 활용한 사업의 수익모델(BM)이 있으셨을 것 같은데, 소개해주시겠어요?

지금 이 공동협업공간, 부동산이란 자원을 운용, 활용하는 것이 본 사업의 주된 수익모델입니다. 제 생각에는 이 도시재생씨앗융자 상품을 사용한 수익모델이라면 더욱 '공간'이라는 대상을 중심에 두어야 한다고 봐요. 그래야 도시재생씨앗융자의 사업 취지나 목표에 맞지 않을까요? 저희는 처음부터 이런 시각으로 수익모델에 접근했습니다.

우리 수익모델을 좀 더 자세히 설명 드리자면 협업을 하고자 하는 청년들, 창업가들, 사회적 경제주체 등을 '메이커 스페이스'인 이 공간에 입주하게 하고 저희가 그 임대수익을 받는 구조입니다. 청년들, 창업가들이 이 공간에 모이는 정주인구가 되고 경제적 성과를 창출해 낼 때, 공동협업공간조성자금이라는 이 씨앗융자의 사업목표와 의미를 잘 구현하는 것이라고 생각합니다.

질문: 초기 수익모델(BM)과 현재 수익모델(BM)이 달라진 점이 있다면, 무엇일까요?

초기와 비교했을 때 크게 달라진 점은 없습니다. 대신 민간기업과 저희 공동협업공간의 임대 비즈니스모델과의 차이점을 알려드릴게요. 저희는 일단 입주하고자 하는 기업(조합)을 인터뷰를 통해 선발합니다. 또 새로 입주할 주체들이 현재 이 공간을 쉐어하고 있는 입주기업(조합)들과 얼마나 협업할 수 있는지? 그리고 어떤 사회적 목표나 기여를 제공 할 수 있는지를 중점적으로 봅니다. 지금은 COVID-19로 인해 중단 되었지만, 그 전까지는 매월 '반상회'라는 입주기업(조합) 네트워크를 운영하면서 우리들만의 거버넌스를 구축하고 공간 운영에 대한 개선점이나 보완사항 등을 확인하기도 했습니다.

질문: 민간투자 유도, 지역활성화 등 기금 활용 및 운영 시, 장점과 개선되어야 할 점이 있다면 어떤게 있을까요?

본 융자상품의 가장 큰 장점은 '10년 거치 만기일시상환'에 있다고 생각합니다. 10년이라는 장기적인 기간, 그리고 원금과 이자를 동시에 상환하는 것이 아닌, 이자만 부담하다 만기에 원금을 일시 상환할 수 있다는 점이 큰 매력으로 다가

왔습니다. 특히 자금조달에 어려움이 있고 장기적 계획 속에서 움직여야 하는 청년창업가나 협동조합들에게는 꼭 필요한 요소라고 생각합니다. 다만, 일정 부분 자본금 부담이 필요한데, 이 자본금도 마련하기 힘든 청년창업가나 사회적 기업, 협동조합들이 꽤 많습니다. 이를 HUG나 관련 정부기관에서 공동 출자하는 보증사업이 필요하다고 생각합니다.

도시재생씨앗융자를 통해 청년이나 우리 협동조합 같은 사회적경제 주체들이 부동산이라는 공간을 소유하고 운영하는 경험을 쌓을 기회가 생긴다는 것은 그 자체로 굉장히 큰 사회적 효과를 지닌다고 생각합니다. 이 경험치를 누적해 새로운 수익모델을 만들거나, 민간자본의 투자를 받을 수도 있겠지요. 단순 지표로는 측정할 수 없는, 눈에 보이지 않는 복합적 효과가 있다고 봐요. 관계부처의 꾸준한 관심과 지원을 기대합니다.

인터뷰 4

이●●

공동협업공간조성자금 활용, 문화기획법인 차장

- **2019년 도시재생씨앗융자의 공동협업공간 조성자금을 활용, 창작상품 유통공간과 코워킹 커뮤니티 공간을 조성하였다.**
- **광주광역시의 로컬자원을 활용한 로컬상품 판매공간과 카페 운영을 통해 수익을 창출하며, 강의실·회의실(스튜디오)의 무료 대관을 통해 지역 코워킹 커뮤니티 기능을 수행하고 있다.**

질문: 도시재생씨앗융자를 접하게 된 계기나 동기가 있으실까요?

문화기획과 관련된 네트워크를 통해 도시재생 사업대상지(활성화지역)에서 저금리에 공간을 매입, 운영할 수 있는 금융상품이 있다는 소식을 접했습니다. 이런 과정 속에서 도시재생씨앗융자 상품을 통해 주변에 실제로 좋은 공간들이 속속 조성되는 것을 보고, 도전해 볼만 하다는 생각에 도시재생씨앗융자를 신청하게 되었습니다. 특히 '공동협업공간조성자금' 상품 자체가 당시의 우리 법인의 목표나 조건 등에 가장 적합한 상품이었기 때문에 공동협업공간 조성자금을 통해 이 공간을 마련하게 되었습니다.

질문: 도시재생씨앗융자를 활용한 사업의 수익모델(BM)이 있으셨을 것 같은데, 소개해주시겠어요?

수익모델은 일부 상업시설(카페, 로컬상품 판매공간) 운영과 대관, 그리고 복합문화공간 운영을 통해 수익을 내는 것을 중심으로 하고 있습니다.

실제 이 도시재생씨앗융자를 신청할 때, 이러한 공간을 활용한 수익모델 보다는 우리 법인(문화기획사)이 그동안 이 지역에서 추진해 왔던 활동이 도시재생과 지역사회에 기여했던 것들을 중점적으로 어필했어요.

질문: 초기 수익모델(BM)과 현재 수익모델(BM)이 달라진 점이 있다면, 무엇일까요?

초기와 비교하자면, 대관사업에 좀 더 집중하는 방향으로 수익모델이 변화했다고 볼 수 있겠네요. 초기에는 카페에서 식음료를 팔거나 로컬상품 판매를 통해 수익을 창출하는 것으로 수익모델을 세웠는데 현재는 카페나 스튜디오 대관사업에 중점을 두고 있고 마케팅도 더 적극적으로 펼치고 있어요. 이 시설의 모든 공간은 우리 법인의 직접 운영을 원칙으로 합니다. 그래서 말씀드린 대관사업은 장기적 대관사업을 의미하진 않구요. 단발성 행사에 한정된 것이라고 이해하시면 됩니다. 그래서 대관 장소 역시 1층인 카페나 2층 스튜디오 일부에 한정됩니다.

실은 지금 이 공간을 활용해 창출되는 순수익만으로는 도시재생씨앗융자의 이자 상환에는 어려움이 있습니다. 이 공간에 입주한 우리 법인의 문화기획사업이라는 본업을 통해 이자 등을 충당하고 있습니다. 좀 아이러니한 상황이지요. 공간을 통해 순수익을 창출할 수 있고 운영이 가능한 비즈니스모델을 기획하기 위해서는 시간과 인적자원의 추가적 투자가 절대적으로 필요하다고 생각해요. 추후 도시재생씨앗융자 등 기금을 사용하실 분들은 이런 부분들까지 고려하시고 비즈니스모델을 마련하시면 좋겠습니다.

질문: 민간투자 유도, 지역활성화 등을 위해 씨앗융자를 활용하고 운영하신 경험을 토대로, 씨앗융자가 지닌 장점과 개선되어야 할 점이 있다면 어떤 것일까요?

본 융자상품을 통해 저희 같은 문화기획 법인이 부동산이라는 자산을 운영하고 또 투자해 보는 경험을 쌓을 수 있는 것이 가장 큰 장점이라고 생각합니다. 도시재생씨앗융자가 없었다면 이렇게 큰 공간을 매입할 수 없었을 거예요. 이 씨앗융자를 통해 공간을 확보함으로써 공간을 대상으로 하는 기획력과 수익모델을 고민하는 경험과 능력이 생긴 것이죠.

우리처럼 적당한 공익적 마인드를 가진 법인이나 기업이 적당한 수익모델을 통해 지역의 활성화에 기여 할 수 있게끔 만든다는 점에서 도시재생을 위한 '도시재생씨앗융자'의 본 취지가 잘 실현되는 것 같습니다.

개선되어야 할 점을 말씀 드리자면, 융자상품을 활용할 때 보증보험을 위한 비용이 생각보다 많이 든다는 점이예요. 사업비를 마련하기에도 빠듯한데, 보증보험 비용까지 마련해야 해서 힘들었습니다. 보증보험 비용을 줄일 수 있는 방안이 생기면 좋겠습니다.

2. 대구광역시

2.1. 도시재생활성화지역 지정 현황은?

2017년 1월, 대구시에서는 향후 10년간의 도시재생 방향을 담은 '도시재생전략계획'을 수립하였다. 그러나 2017년 4월 문재인 정부 출범과 함께 도시재생 뉴딜사업이 추진되면서 도시재생활성화지역의 유형과 면적, 국가공모 신청조건 등이 변경되어 계획을 수정하고, 이 과정에서 '도시재생활성화지역'의 개수는 총 28개에서 54개로 변경되었다.

자료 : 대구광역시 도시재생사업 홈페이지
(https://www.daegu.go.kr/build/index.do?menu_id=00935914)

▲ 대구광역시 도시재생활성화지역 총괄도

▼ 대구광역시 도시재생활성화지역 개요

구분	활성화 지역번호	활성화 지역명	활성화 지역번호	활성화 지역명
중구 (7)	4	도심역사문화지구	29	포정동 일원
	5	교통시장 일원	33	동인동 일원
	10	성내2동 일원	39	대구향교 일원
	11	남산1/2/3동 일원		
동구 (4)	1	동대구역세권		
	6	동촌유원지 일원		
	12	효목2동 일원		
	13	불로봉무동/도평동 일원		
서구 (8)	2	노후산업단지재생 (서구 및 북구)	30	내당1동 일원
	14	비산1동 일원	34	평리1/비산6동 일원
	15	비산2·3동 일원	40	비산동 일원
	16	내당2·3동 일원	52	원대동 일원
남구 (7)	17	대명문화지구	41	봉덕 2동 일원
	18	대명 1동 일원	42	대명3,4동 일원
	19	이천동/대명2동 일원	53	이천동 일원
	20	봉덕3동 일원		
북구 (12)	3	경북도청 이전적지 일원	43	침산2동 일원
	7	칠성시장 일원	44	침산3동 일원
	21	대현동 일원	45	침산동 일원
	31	고성동 일원	46	관음동 일원
	32	경북대혁신타운	47	매천동 일원
	35	산격2동 일원	54	복현1동 일원
수성구 (3)	22	상동/두산동 일원		
	23	만촌2동/범어2동 일원		
	24	지산1동 일원		
달서구 (3)	8	두류정수장 일원	37	본동 일원
	25	송현1동 일원	38	상인2동 일원
	26	송현2동 일원	48	상인3동 일원
	36	죽전동 일원		
달성군 (6)	9	대구교도소 일원	49	간경리 일원
	27	화원읍 설화리 일원	50	본리리 일원
	28	현풍읍 일원	51	교향리/신담리 일원

자료 : 대구광역시 도시재생사업 홈페이지
(https://www.daegu.go.kr/build/index.do?menu_id=00935914)

2.2. 도시재생사업 선정과 도시재생씨앗융자 지원현황은?

도시재생사업, 얼마나 선정되었나?

대구광역시는 2014년 선도사업을 시작으로 2021년까지 총 24개 사업지역이 국비사업으로 선정되었다. 이 중 2014년 도시재생선도사업으로 1곳(남구 대명행복문화마을)이 선정 되었으며 2016년 일반사업으로 경제기반형 1곳(북서구 서대구 재창조)과 일반근린형 1곳(서구 원고개 날뫼마을)이 선정되었다. 2017년부터 2021년까지는 도시재생뉴딜사업(5개 유형)으로 16곳이 선정되었으며, 기타 유형으로 인정사업이 5곳 선정되었다.

연도별로 선정된 도시재생뉴딜사업(5개 유형) 현황을 살펴보면, 2017년에 3곳, 2018년에 7곳, 2019년에 2곳, 2020년에 2곳, 그리고 2021년에 2곳으로 나타난다. 유형별로는 중심시가지형이 2곳, 일반근린형이 5곳, 주거지지원형이 4곳, 우리동네살리기형이 5곳이 선정되었다. 인증사업을 포함할 경우, 입지별로는 중구 4, 동구 2곳, 서구 5곳, 남구 2곳, 북구 3곳, 수성구 2곳, 달서구 5곳, 달성군 1곳으로, 8개 구군에서 모두 도시재생사업을 시행 중이며, 특히 서구와 달서구에 집중된 경향이 있다.

▼ 대구광역시 도시재생(국비)사업 선정 현황

구분	선도	일반		5개유형 뉴딜					그외	합계
		경제	근린	경제	중심	일반	주거	우동살	인정	
2014	남구 대명 2,3,4동			-	-	-	-	-	-	1
2016	-	서북구 노후산단	서구 비산1동	-	-	-	-	-	-	2
2017	-			-	-	동구 효목동	북구 침산동	서구 원대동	-	3
2018	-				중구 포정동/ 북구 산격동	중구 동산동/ 달서구 준전동	서구 비산 2,3동	남구 이천동/ 북구 복현동		7
2019	-					달성군 화원읍	달서구 송현동		중구 수창동	3
2020	-							중구 남산동/ 달서구 상인동	달서구 월성동/ 수성구 시지동	4
2021	-					동구 불로동	서구 평리1동		달서구 성당동/ 수성구 황금2동	4
합계	1	1	1	0	2	5	4	5	5	24

자료 : 대구광역시 도시재생사업 홈페이지 참조, 저자 작성
(https://www.daegu.go.kr/build/index.do?menu_id=00935914)

도시재생씨앗융자는 얼마나 지원되었나?

대구광역시는 2022년 기준 총 14건의 도시재생씨앗융자를 이용한 것으로 조사되었다. 융자 유형별로 정리해 보면, 공동협업공간조성자금 6개소, 임대상가조성자금 5개소, 창업시설조성자금 2개소, 생활

SOC조성자금 1개소로 파악된다. 지자체별로 살펴보면, 중구 10건, 남구 3건, 수성구 1건으로 나타났으며, 융자를 지원받은 대상지는 대구 중구 도심에 주로 분포된 것으로 파악된다.

▼ 대구광역시 도시재생씨앗융자 지원 개요

이용상품	개소	사업장위치 (개소)
공동협업공간조성자금	6	남구 대명동(3)/중구 향촌동(1), 수동(1), 종로2가(1)
임대상가조성자금	5	중구 동문동(1), 수동(1), 남일동(1), 동성로2가(1) / 수성구 상동(1)
창업시설조성자금	2	중구 서문로2가(1), 남산동(1)
생활SOC조성자금	1	중구 상서동(1)

자료 : 도시재생기금지도 홈페이지(http://nhuf.molit.go.kr/FP/FP08/FP0811/FP08110101.jsp?id15&mode=S&articleId=1087&currentPage=)

도시재생사업별 도시재생씨앗융자의 지원 현황은?

대구광역시에서 도시재생씨앗융자를 지원받은 특징을 살펴보면, 대구 전역인 8개 구·군에 도시재생 선도/일반 및 뉴딜사업으로 국비를 지원받은 대상지가 24곳 인데도 불구하고, 중구, 남구, 수성구 등 3개 지역에서만 융자를 활용한 것으로 나타난다.

국비를 지원받은 대상지의 경우, 중구 2개 사업과 남구 1개 사업 대상지에서 총 7곳을 지원받았으며, 나머지의 경우는 도시재생활성화 지역 내에서 융자를 진행하였다. 특히 대구 도심인 중구를 중심으로 다양한 유형의 융자상품이 활용된 것으로 나타났다.

▼ 대구광역시 도시재생사업별 도시재생씨앗융자 지원 현황

구분	도시재생 활성화지역	국비선정사업	융자상품	지원현황	개소
중구 (11)	29	2018년 선정 중심시가지형 (다시 뛰는 대구의 심장! 성내)	공동협업공간 조성자금	향촌동(1)	1
	10	2019년 선정 일반근린형 (동산과 계산을 잇는 골목길)	공동협업공간 조성자금	수동(1), 종로2가(1)	3
			임대상가조성자금	남일동(1)	
		국비선정 외 지역	임대상가조성자금	수동(1)	2
			생활SOC조성자금	상서동(1)	
	4	-	창업시설조성자금	서문로2가(1)	1
	5	-	임대상가조성자금	동성로2가(1), 동문동(1)	2
	11	국비선정 외 지역	창업시설조성자금	남산동(1)	1
남구 (3)	17	2014년 선정 선도사업	공동협업공간 조성자금	대명동(3)	3
수성구 (1)	22	-	임대상가조성자금	상동(1)	1

자료 : 저자 작성

2.3. 중구

1) 중구의 도시재생

대구광역시 중구에는 도시재생활성화지역이 7곳 지정되었다. 이 중 국비지원을 받아 사업이 추진되는 지역은 2018년 중심시가지형, 2019년 일반근린형, 2020년 우리동네살리기형 등 3곳이다. 사업의 주요 내용은 아래와 같다.

성내동 중심시가지형(2018) : 다시 뛰는 대구의 심장! 성내[12]

성내동은 과거에 대구의 행정과 상권의 중심이었으나, 공공기관이 이전하면서 도심의 기능을 상실한 지역이다. 「다시 뛰는 대구의 심장! 성내」 사업은 중구 성내동 일원을 대상으로 하며, 전국 최초로 시행된 건축자산 연계형 사업이다. 이 사업은 건축문화유산, 역사문화유산, 정주문화유산을 활용하여 성내동에 위치한 북성로의 부활을 꾀하는 것을 목표로 한다. 2019년부터 2023년까지 진행되며 총 110억 원이 투입된다.

특색 있는 경관으로 지역의 정체성과 차별성을 강화하는 사업이 진행되고 있다. 지역의 주요 자원인 건축물을 보존하기 위해 수리를 지원하고, 건축자산통합관리센터를 구축하여 건축물의 보존과 복원 대책을 모색한다. 또한, 근대 건축물을 청년들의 창업 공간으로 활용하여 상권 회복과 활력을 도모하고 있다.

지역의 역사문화유산을 발굴하는 사업도 진행한다. 대상지 일원의 역사, 문화, 예술을 브랜딩 하는 거점 시설들을 조성하여 지역 관광의 성장과 경쟁력을 제고 한다. 투어스테이션, 문화플랫폼 등을 통해 지역의 감성을 반영한 관광 콘텐츠를 개발한다. 활용이 미미했던 역사문화 자원들을 재조명하여 관광 산업 육성에 일조하고 있다.

마지막으로, 주민 조직과 마을공동체의 결속을 강화하는 사업을 추진한다. 공유 공간과 문화 공간을 마련하여 주민들의 참여와 활동을 독려하고, 소통과 통합을 촉진한다. 이와 함께 다양한 생활 편의

12 대구중구도시재생센터 홈페이지(https://jgursc.com/bs). 2022.

시설들을 증대하여 쾌적하고 안전한 정주 환경을 조성하는 데 힘쓰고 있다.

출처 : 도시재생뉴딜, 문화적 재생한다 (2018.11.19.) 머니투데이

▲ 중구 중심시가지형 도시재생사업 계획도

동산동 일반근린형(2019) : 동산과 계산을 잇는 골목길, 모두가 행복한 미래로 가는 길[13]

「동산과 계산을 잇는 골목길, 모두가 행복한 미래로 가는길」 사업은 중구 동산동의 한옥마을과 약령시 일원에서 진행되었다. 사업기간은 2019년부터 2022년까지 4년이며, 사업비는 총 170억 원 소요되었다. 동산동은 주거지와 골목 상권이 혼재된 것이 특징이다. 근대

13 대구중구도시재생센터 홈페이지(https://jgursc.com/bs). 2022.

한옥들이 밀집되어 있고, 마을과 상권을 연결하는 골목들이 사이사이에 존재한다. 사업의 목표는 한옥마을을 정비하여 주민의 거주 만족도를 높이고, 한옥의 보존과 골목상권의 회복을 통해 대상지의 매력을 극대화하는 것이다.

한옥마을을 활성화하기 위해 한옥 보수에 필요한 사업들을 진행하고, 노후 주거지에 필요한 기초생활시설을 마련했다. 한옥마을의 정비로 동산동과 주변 일대는 쾌적해지고, 근대 문화의 정취를 자아내는 장소가 되었다. 또한, 옛 약령시의 위상을 회복하고 문화적 정체성을 강화하는 사업도 진행되었다. 서예교실, 전통규방공예, 목공예, 수지침 등의 프로그램을 운영하여 주민과 상인들의 역량을 강화하고, 약령시 골목상권의 가로 환경을 개선하여 보행자들의 안전과 편의를 확보했다.

동산동 주민들로 구성된 <동산동약령시 골목길 마을관리 사회적협동조합>이 지난 2022년 5월 국토부로부터 설립 인가를 받았다.[14] 2023년부터 동산동 주민들이 도시재생 사업으로 조성된 시설들을 운영하고 관리하는 것을 볼 수 있다. 주민이 주체적으로 만들어 가는 동산동 도시재생의 첫 행보와 귀추가 주목된다.

---

14 도시재생종합정보체계 홈페이지(https://www.city.go.kr/portal/business/vilmgrcoop/center/view.do?seq=109). 2022.

자료 : 도시재생뉴딜, 문화적 재생한다 (2018.11.19.) 머니투데이

▲ 중구 중심시가지형 도시재생사업 계획도

남산3동 우리동네살리기(2020) : 행복이음의 활력마을, 남산情[15]

「행복이음의 활력마을, 남산情」 사업은 남산3동 일원을 중심으로 추진되는 뉴딜사업이다. 남산3동은 대구의 원도심에 위치하여 100여년의 세월을 간직한 곳이다. 사업은 2021년부터 2023년까지 3년간 추진되며 110억 원의 사업비가 투입되었다. 소규모 주택 정비와 생활편의시설 공급이 사업의 골자이다.

주요 사업으로 복합커뮤니티센터 조성이 있다. 지역민이 운영하는 문화복합공간을 통해 마을 공동체를 활성화하는 것이 목표이다. 센터에는 마을건강센터, 어르신 힐링공간, 공동육아 공간, 어린이 도

15 대구중구도시재생센터 홈페이지(https://jgursc.com/ns). 2022. ;
대구일보 홈페이지(https://www.idaegu.com/?c=5&uid=356124). 2022.

서관, 주민회의실, 주민쉼터 및 녹지 공간 등이 조성되며, 마을의 지속성과 발전을 위해 마을관리협동조합의 사무실이 마련된다.

또한, 지역 특성을 반영한 사업을 발굴하여 마을의 경제력을 회복한다. 공유 부엌과 공동작업장을 구축하여 마을에 부족한 생활기반시설을 확충하고 주민 스스로 주거 기능을 개선하는 능력을 육성한다. 예술 창작 및 창업 프로그램, 집수리 교육 프로그램을 통해 주민들이 정주 여건을 변화시키는 기반을 구축하고 있다.

남산3동은 골목길이 발달되어 있는 지역이다. 주민들의 참여를 유도하고 주민들이 제안한 디자인을 골목길에 적용하여 특색 있는 공간을 창출했다. 지역의 정체성이 담긴 특화공간은 지역의 문화경쟁력을 강화하고 주민들의 애향심을 고취시키고 있다. 남산 3동의 유구한 역사만큼 골목길이 마을의 문화적 가치를 높이는 데 기여할 할 것으로 기대된다.

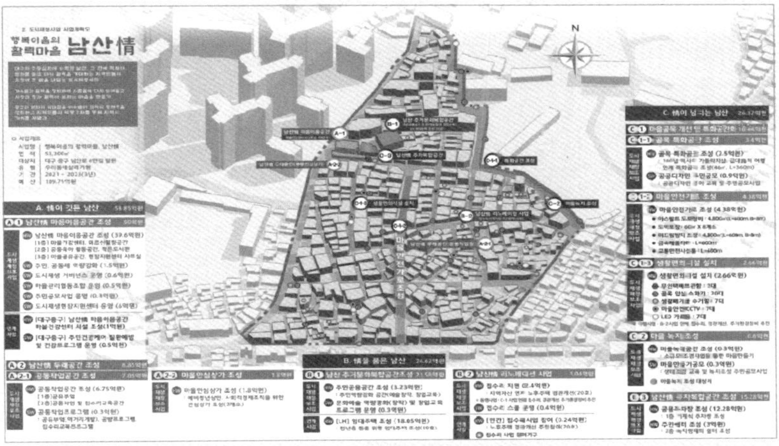

자료 : 도시재생종합정보체계 홈페이지(https://www.city.go.kr/map/index.do)

▲ 중구 우리동네살리기 도시재생사업 계획도

2) 중구의 도시재생씨앗융자 활용

중구의 도시재생씨앗융자 이용현황은 총 10건이다. 이중 4건(40%)이 도시재생 뉴딜사업(국비)이 추진되는 지역에 위치하며, 나머지 6건(60%)은 도시재생활성화지역으로 지정된 지역에 입지한다.

▼ 중구 도시재생씨앗융자 지원 현황

구분	도시재생 활성화지역	국비선정사업	융자상품	지원현황	개소
중구 (11)	29	2018년 선정 중심시가지형 (다시 뛰는 대구의 심장! 성내)	공동협업공간 조성자금	향촌동(1)	1
	10	2019년 선정 일반근린형 (동산과 계산을 잇는 골목길)	공동협업공간 조성자금	수동(1), 종로2가(1)	3
			임대상가조성자금	남일동(1)	
		국비선정 외 지역	임대상가조성자금	수동(1)	2
			생활SOC조성자금	상서동(1)	
	4	-	창업시설조성자금	서문로2가(1)	1
	5	-	임대상가조성자금	동성로2가(1), 동문동(1)	2
	11	국비선정 외 지역	창업시설조성자금	남산동(1)	1

자료 : 저자 작성

먼저, 2018년 중심시가지형 도시재생사업 대상지에는 1건의 공동협업공간조성자금이 활용된 사례가 있으며, 2019년 일반근린형 대상지에는 2건의 공동협업공간조성과 1건의 임대상가조성을 위해 융자가 활용된 사례가 있다. 융자금액을 기준으로 보면, 임대상가조성자금의 금액이 많은데, '스포츠팡팡'은 약 89.2억 원을 지원받았다. 임대료 인상률은 연 2.5~5% 수준으로 나타났다.

▲ 중구 도시재생씨앗융자 이용현황 (자료 : 저자 작성)

▼ 중구 도시재생사업구역 내 도시재생씨앗융자 지원 세부현황

융자	사업장명	주소	총사업비 (억원)	융자금액 (억원)	임대료 인상률	대지면적 (m^2)	연면적 (m^2)
공동협업공간조성자금 (3)	대화의 장 (향촌동)	향촌동 14-3,14-4, 14-7,14-9	10.0	8.0		393.5	449.3
	수동70 코워킹커뮤니티시설(수동)	수동 70,71,72-2	29.5	23.6	연 3	316.6	1,168.3
	핀(PIN) 코워킹 커뮤니티시설 (종로2가)	종로2가 76-1	29.6	20.7	연 5 이내	190.4	455.9
임대상가조성자금 (1)	스포츠팡팡 (남일동)	남일동 135-3	111.7	89.2	연 2.5 이내	1,016	3,716

자료 : 도시재생기금지도 홈페이지(http://nhuf.molit.go.kr/FP/FP08/FP0811/FP08110101.jsp?id=15&mode=S&articleId=1087&currentPage=)

구분	사업장명	사업 전	사업 후
공동협업 공간 조성자금	대화의장		
	중구수동70 코워킹 커뮤니티 시설조성		
	대구 코워킹 커뮤니티 시설조성		
임대상가 조성자금	대구 남일동 신축상가 (스포츠 팡팡)		

자료 : 카카오지도 및 네이버지도 사진 활용

▲ 중구 도시재생사업구역 내 도시재생씨앗융자 활용 전과 후

도시재생활성화지역 4곳에서는 6건의 융자사업이 진행되었다. 먼저, 도시재생활성화지역 No. 4에는 창업시설이 1건 조성되었으며, 도시재생활성화지역 No. 5에는 임대상가조성자금을 2곳에서 활용한 것으로 나타났다. 도시재생활성화지역 No. 10에서는 2019년 일반근린형 사업대상지와 인접한 곳에서 임대상가조성과 생활 SOC조성에 도시재생씨앗융자가 활용되었다. 마지막으로, 도시재생활성화지역 No. 11에서 창업시설자금이 1건 활용된 것으로 조사되었다.

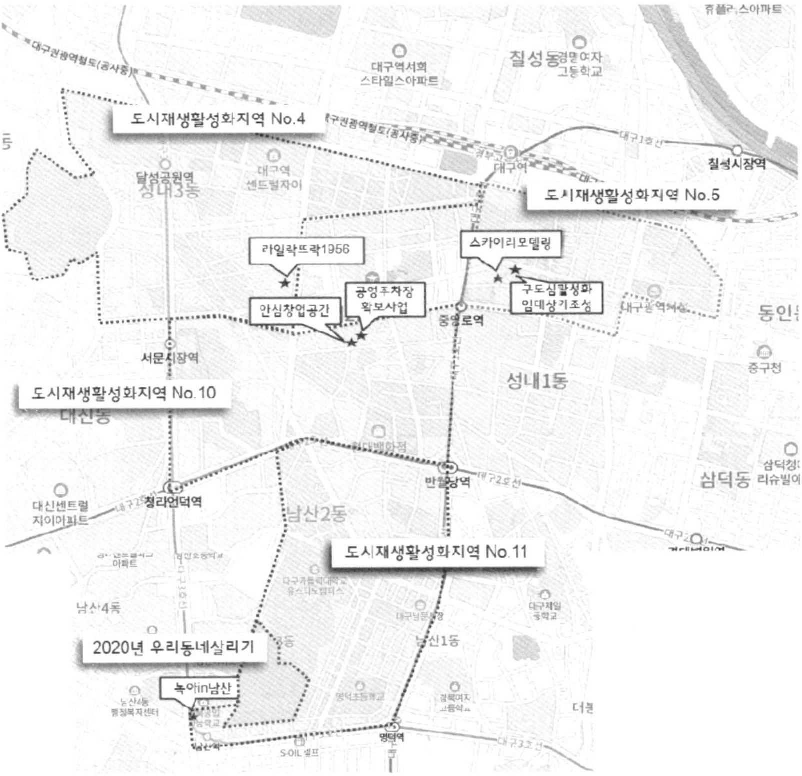

▲ 중구 도시재생활성화지역 내 씨앗융자 이용현황 (자료 : 저자 작성)

융자금액을 기준으로 보면, 공용주차장 확보를 위한 생활SOC조성에 약 86억 정도의 가장 큰 금액을 융자받았으며, 가장 적게 받은 경우는 '라일락뜨락 카페'로, 창업시설조성을 위해 약 2억 원 정도의 융자를 받았다.

▼ 중구 도시재생활성화지역 내 씨앗융자 지원 개요

융자	사업장명	주소	총사업비 (억원)	융자금액 (억원)	임대료 인상률	대지면적 (m^2)	연면적 (m^2)
창업 시설 조성 자금 (2)	라일락뜨락 1956	서문로 2가 11-3번지	2.7	1.9		168.6	66.1
	창업시설조성사업 (녹아in남산)	남산로10 (남산동)	10.5	7.2		117	149.8
임대 상가 조성 자금 (3)	골목상권의 건물매입을 통한 안심창업 공간 확보	수동 37-1	54.1	43.2	연 2.5 이내	295.5	966.4
	스카이리모델링 사업	동성로2가 7,11-1번지	48.9	39.0	연 2.5 이내	273	965
	창업공간구축을 통한 구도심활성화 임대상가조성	경상감영길 168 (동문동)	33.2	24.7		218.2	773.7
생활 SOC 조성 자금 (1)	주차전용건축물의 신축을 통한 공용주차장 확보	상서동 41번지	106.9	85.5		1,074.1	2,470.4

자료 : 도시재생기금지도 홈페이지(http://nhuf.molit.go.kr/FP/FP08/FP0811/FP08110101.jsp?id=15&mode=S&articleId=1087&currentPage=)

구분	사업장명	사업 전	사업 후
창업시설 조성자금	대구중구 남산동 창업시설 조성사업 (녹아in남산)		
임대상가 조성자금	동성로 2가 스카이 리모델링 사업		
	골목상권 건물매입을 통한 안심창업 공간확보사업		
	대구중구 창업공간 구축을 통한 구도심 활성화 임대상가 조성사업		
생활 SOC 조성자금	주차전용 건축물의 신축을 통한 공용주차장의 확보사업 (대구중구 상서동41외 2필지)		

자료 : 카카오지도 및 네이버지도 사진 활용

▲ 중구 도시재생활성화지역 내 도시재생씨앗융자 활용 전과 후

2.4. 남구

1) 남구의 도시재생

대구광역시 남구에는 도시재생활성화지역이 7곳 지정되었다. 이 중 1곳은 2014년 선도사업으로, 다른 1곳은 2018년 우리동네살리기형으로 선정되어 국비를 지원받았다.

남구 도시재생 선도지역(2014) : 대명행복문화마을(근린재생형)[16]

남구 대명동은 2014년에 도시재생 선도지역으로 지정되었다. 사업은 2014년부터 2017년까지 추진되었으며, 총 112억 원의 예산이 투입되었다. 사업 대상지는 대명 2·3·5동이며, 마을의 변화를 예술과 복지에서 답을 찾은 사례로 알려져 있다.

「대명행복문화마을」 사업은 세 가지 단위 사업으로 구성되어 있다. 첫 번째는 '상생공동체 조성을 위한 생활복지공간 실현'이다. 기반 시설이 노후화되고 사회적 약자가 밀집한 지역에 복지·문화 시설과 베리어프리(barrier free) 존을 조성하여 주민들의 삶의 질을 개선했다. 두 번째는 '공연 문화가 꽃피는 대명행복문화마을 조성'이다. 대명공연거리에 테마가 있는 골목길을 만들고, 공연박물관의 리모델링과 소공연장의 집적화를 추진했다. 더불어, 주민들의 활동과 공연거리를 연계하여 주민들이 예술적 감성과 관련 역량을 쌓을 수 있는 자리를 마련했다.

16 대구광역시 남구 도시만들기 지원센터 홈페이지(http://www.citynamgu.net/). 2022. ; 대구광역시 남구. 2018. 대구광역시 남구 도시재생 이야기(백서), p.12.

세 번째는 '주민커뮤니티와 지역경제활성화'이다. 마을 기반의 주민 공동체를 조직하여 사업과 관련된 주민들의 의견을 수렴하고, 도시재생에 대한 사회적 공감대를 확산했다. 또한 주민들이 주도적으로 지역의 문화·예술 콘텐츠를 발굴하고 제작하도록 지원했다.

「대명행복문화마을」 사업은 마을과 문화·예술의 결합이 마을 의제의 대안이 될 수 있다는 것을 제시하고 있다. 또한 문화·예술이 주민들의 새로운 생활양식이 되고, 주민을 서로 연결하는 매개체가 될 수 있다는 것을 보여준다는 점에서 의미가 있다.

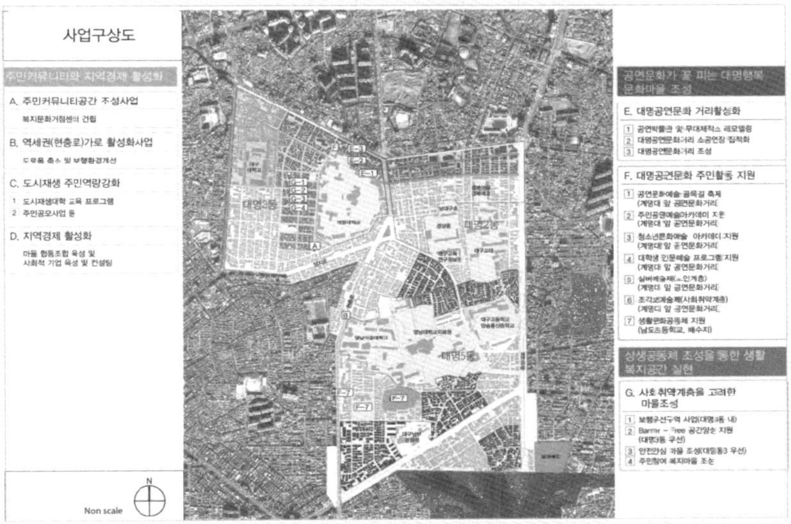

자료 : 도시재생종합정보체계 홈페이지(https://www.city.go.kr/map/index.do)

▲ **남구 선도사업 도시재생사업 계획도**

이천동 우리동네살리기(2018) : 시간 풍경이 흐르는 배나무샘골[17]

남구 이천동은 심각한 노후화로 인해 재개발이 수차례 제기된 지역이었다. 그러나 사업 타당성 부족으로 인해 재개발 구역에서 해제되면서 기존의 정주 여건을 정비하는 사업이 필요하게 되었다. 「시간 풍경이 흐르는 배나무샘골」은 이천동의 주거 환경을 개선하고 주민 삶의 질 향상을 목적으로 하는 사업이다. 사업비는 90억 원이며, 2023년 1월 현재까지 사업이 진행되고 있다.

「시간 풍경이 흐르는 배나무샘골」은 세 가지 단위 사업으로 이루어져 있으며, 첫 번째 사업은 '안전하고 소통하는 마을'이다. 마을의 안전을 위해 화재 대응 체계를 구축하고, 셉티드(CPTED) 기법을 활용한 안심 보행 길을 조성했다. 방치된 빈집은 철거 후 쌈지 공원으로 활용하고, 노후 주택 보수와 무인주차장 조성을 통해 주거 안정에 필요한 기반을 마련했다. 두 번째 사업은 '혁신적 지역공동체 마을로, 마을문화센터 조성이 주요 내용이다. 마을문화센터의 1층은 사무실 및 소회의실, 2층은 프로그램실과 체력단련실, 3층은 다목적 홀, 4층은 공유부엌 및 커뮤니티실로 구성되었다. 장애인과 고령자들도 편히 이용하도록 베리어프리(barrier free)를 적용했다.

마지막 사업은 '역사문화 예술 마을'이다. 이천동의 역사를 느낄 수 있는 골목길을 조성하고 대구 최초의 수도시설이자 국가 등록문화재인 대봉 배수지 일원에 예술 정원을 만드는 세부 사업들이 포함

17 대구광역시 남구 도시만들기 지원센터 홈페이지(http://www.citynamgu.net/). 2022. ; 대구광역시 남구. 2018. 대구광역시 남구 도시재생 이야기(백서), p.405.

되어 있다. 아울러, 청년 예술가 레지던시와 그림자극 공연장을 준공하여 주민들이 문화를 향유할 수 있는 환경을 제공하고 있다.

자료 : 도시재생종합정보체계 홈페이지 (https://www.city.go.kr/map/index.do)

▲ 남구 우리동네살리기 도시재생사업 계획도

2) 남구의 도시재생 씨앗융자 이용 현황

대구광역시 남구에서는 공동협업공간조성자금 2건, 임대상가조성자금 1건 등 총 3건의 융자 지원을 받은 것으로 파악되었다. 융자금액을 기준으로 보면, 월드예술커뮤니티센터가 가장 많은 23.5억 원을 지원받았으며, 연 면적 대비 융자금액을 보면 약 181만원/m^2 수준으로 나타났다.

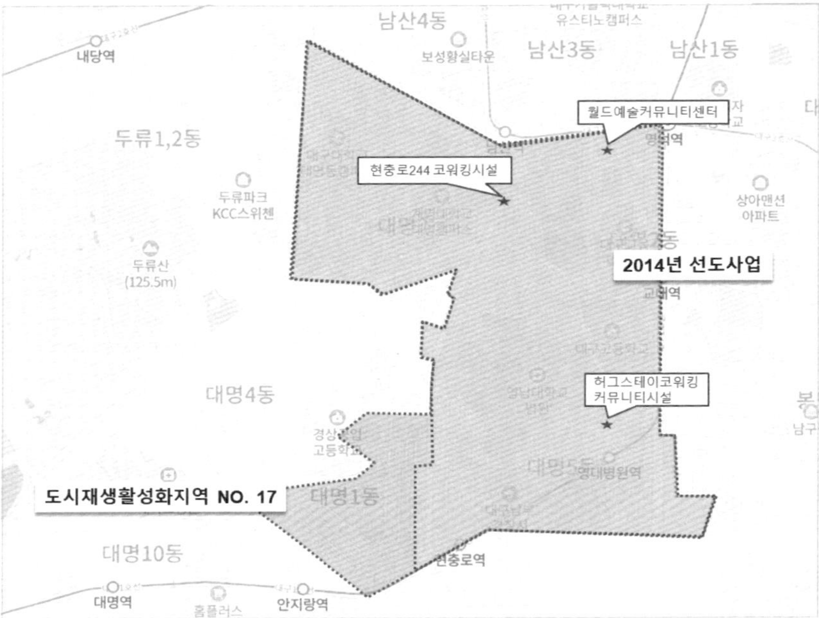

▲ 남구 도시재생사업구역 내 도시재생씨앗융자 이용현황 (자료 : 저자 작성)

▼ 남구 도시재생사업구역 내 도시재생씨앗융자 지원 세부현황

융자	사업장명	주소	총사업비 (억원)	융자금액 (억원)	임대료 인상률	대지면적 (m^2)	연면적 (m^2)
공동협업공간조성자금 (2)	허그스테이 (코워킹 커뮤니티시설) 조성사업	대명동 53-17번지	10.0	6.8		189.8	473.8
	현충로 244 코워킹커뮤니티 시설조성사업	현충로 244(대명동)	20.0	15.7		247.9	989.9
임대상가조성자금 (1)	월드예술 커뮤니티센터	대명동 1806-2	29.5	23.5		269.4	976.5

자료 : 도시재생기금지도 홈페이지 (http://nhuf.molit.go.kr/FP/FP08/FP0811/FP08110101.sp?id=15&mode=S&articleId=1087&currentPage=)

구분	사업장명	사업 전	사업 후
공동협업 공간 조성자금	현충로 44 코워킹 커뮤니티시설 조성사업		
	허그 테이 (코워킹 커뮤니티시설) 조성사업		
임대상가 조성자금	월드예술 커뮤니티센터		

자료 : 카카오지도 및 네이버지도 사진 활용

▲ 남구 도시재생사업 내 도시재생씨앗융자 활용 전과 후

2.5. 수성구

1) 수성구의 도시재생

▲ 수성구 도시재생활성화지역 내 씨앗융자 활용(자료 : 저자 작성)

대구광역시 수성구에는 도시재생활성화지역이 3곳 지정되었다. 수성구에서는 아직까지 도시재생사업을 추진하지 못하였다. 하지만, 임대상가조성자금은 1건을 지원 받은 것으로 파악되었다. 창업공간을 포함한 베이글 카페가 조성되었으며, 융자금액은 24.7억 원, 연면적 대비 융자금액을 보면 약 309만 원/m^2 수준으로 나타났다.

▼ 수성구 도시재생활성화지역 내 도시재생씨앗융자 지원 개요

사업장명	주소	총사업비 (억원)	융자금액 (억원)	임대료 인상률	대지면적 (m^2)	연면적 (m^2)
안심창업공간 마련 및 베이글 브랜드를 통한 지역활성화사업	상동 64-12	30.9	24.7	연 2.5	684.3	799.8

자료 : 도시재생기금지도 홈페이지(http://nhuf.molit.go.kr/FP/FP08/FP0811/FP08110101.sp?id=5&mode=S&articleId=1087&currentPage=)

구분	사업장명	사업 전	사업 후
임대상가조성자금	안심창업공간 마련 및 베이글 브랜드를 통한 지역활성화사업		

자료 : 카카오지도 및 네이버지도 사진 활용

▲ 수성구 도시재생활성화지역 내 도시재생씨앗융자 활용 전과 후

인터뷰 5

박찬돈
경운대학교 교수

- 경원대학교 교수로 재직 중이다.
- 대구창의도시재생지원센터에서 운영하는 주민참여도시학교 지도교수로 다년간 활동했으며, 대구시 서구 비산1동 도시재생사업의 총괄코디네이터로 4년간 주민과 다양한 활동을 수행하였다.

질문: 도시재생씨앗융자사업이 활성화되지 않는 이유가 무엇이라고 생각하세요?

LH와 HUG는 뉴딜사업의 목표를 고려하느라 규모가 큰 사업에 집중하는 경향을 보였어요. 그리고 HUG에서 뉴딜사업내용과 함께 도시재생씨앗융자사업을 홍보를 했는데, 가로주택정비사업 등 주민들의 다양한 수요에 대응하는 의미로 씨앗융자를 만들었지만, 사실은 그 내용을 제대로 이해하지 못해 오히려 '이 것을 해도 될까?'라는 의구심을 더 키운 상황이라 활성화되지 못했던 것 같아요.

그리고, 주민들에게 직접 다가가서 내용을 상세히 알리기보다는, 대규모 행사장에서 씨앗융자에 대해 간략히 설명과 팜플렛을 나눠주는 것에 더 치중한 측면이 있어서, 정작 주민들에게는 '씨앗융자'상품이 HUG의 대출상품중 하나로 비쳐짐으로써 정박 주민들은 이것이 우리와 상관없는 것이라고 생각하게 만든 거죠. 도시재생사업은 주민들이 직접 참여하는 기초단위의 사업들이므로 무엇보다 섬세한 정보전달이 중요합니다.

또한, 도시재생을 하는 지역들을 사업적으로 좋은 곳이 아니라고 인식하고 있는 것도 영향을 끼치고 있다고 봅니다. 더군다나 코로나로 전 세계의 상권들이 타격을 입다 보니까 일단 새로운 사업 도전 자체가 어려워졌어요, 도시재생씨앗융자는 사업 목적이 분명하기 때문에 해당 목적에 정확하게 맞는 사람들이 있어야 진행할 수 있는 거죠. 여하튼, 코로나상황도 큰 영향을 주었겠지만 무엇보다 관심을 가져야 하는 주민들에게 가능성보다는 의구심이 더 생각나는 사업으로 비쳐진 이유로 활성화가 안 된 것이 아닌가하는 생각이 듭니다.

질문: 도시재생활성화지역 내 사업이 지원받는다는 점에서 지자체의 역할도 필요할 것 같은데요, 어떻게 생각하세요?

도시재생활성화지역 내에 위치하는 사업에 대해서 지원을 받을 수 있다는 것은 해당 사업이 도시재생 방향에 부합해야 한다는 말이겠죠. 지자체에서 인정을 해 주는게 중요하니까 말입니다. 도시재생에 어떤 테마가 특정된 것은 아니지만 씨앗융자를 통한 재생에 대해서는 다양한 측면에서 생각해봐야 한다고 생각해요. 예를 들어서 노후하고 쇠퇴한 낡은 상가에 새로운 점포가 열린다면 이것만으로도 일자리와 골목경제 활성화에 모두 긍정적으로 영향을 미칠 것이라 생각합니다.

제가 비산1동, 서구의 도시재생사업에 관여하면서 느낀 점은, 주민분들 중에서 은퇴하셨거나, 마을에 애정을 가진 분들 중에서 아마 씨앗융자사업이 있다는 것을 제대로 알고 계신다면 관심을 가질 분들이 분명히 계실 것이라 생각해요. 그동안의 도시재생사업을 통해서 기본적으로 주민커뮤니티가 많이 활성화되었기 때문에 이런 커뮤니티에 씨앗융자 정보가 제공되고 함께 해보자는 마음이 있다면 충분히 활성화될 수 있는 가능성이 크다고 봅니다. 저의 주민상담 경험을 비추어볼 때, 주민들은 씨앗융자사업을 몰라서 못했을 확률이 높습니다. 또한, 준비하는 과정에서 컨설팅해주고 도와줄 사람이 있을까 하는 두려움도 있는 거죠. 이 프로그램의 혜택과 사업의 불확실성에 대한 괴리를 우리가 행정적으로 재정적으로 지원받아야 하는데 그렇지 못한 현실이 안타깝습니다.

질문: 도시재생씨앗융자사업에 적극적으로 참여하게 하는 동기부여로 한 가지 제시한다면 어떤게 있을까요?

사업이 안착되려면, 지역 경제활성화에 대한 비전이 있어야 하고 분명한 자기만의 시간계획이 있어야 합니다. 그렇지 않다면 아무리 이자가 싸고 혜택이 많다고 하더라도 쉽게 도전하기 어려울 것 같아요. 재생활성화지역 내에서 몇 개의 사업체를 상호 연계하여 밀집해 가는 것은 전략적으로 괜찮을 것 같아요. 목포 사례를 보면, 사업공간의 많은 부분을 집중시키고 서로 연결하고 있습니다. 게스트하우스, 주변 상가, 그리고 관련 사업장들이 소유자들 중심으로 연결된 것으로 보여지는데 이런 도시재생씨앗융자를 받은 사례를 살펴서 어떻게 상호 연결되어 있는지를 알아보는 것이 필요합니다.

질문 : 도시재생씨앗융자가 경쟁력이 있을까요?

상권르네상스사업(중기부)도 있어서 즉, 부처별로 유사한 사업들이 많다 보니까, 사람들이 접근이 쉬운 사업에는 참여도가 높아도, 잘 모르는 사업에 대해서는 선뜻 참여하기가 쉽지 않은 구조인 것 같아요. 그렇기 때문에 다른 부처의 유사사업과도 서로 비교해보는 것이 필요하겠다는 생각이 드네요. 사람들은 쉽게 접근 가능한 것을 선호하기 마련이지요. 씨앗융자사업이 활성화되려면 타 유사 사업과 대비하여 조금이라도 더 나은 장점이 명확히 드러나야 할 것 같아요. 작년에 소상공인 대상 대출지원사업이 있었는데 그건 '담보'가 없어서 인기가 많았었죠. 그런데 씨앗융자는 일단 출발점부터 '담보'가 있다는 차이가 있어요. 일반 시민들에게 은행 문턱을 낮춰주겠다는 취지로 씨앗융자를 만들었을텐데요. 실제로 문턱이 낮은 것인지는 살펴보아야 할 것입니다.

청년창업지원금 역시 5년, 7년의 거치기간이 있어도 사업체를 운용해서 성공을 해야만 돈을 갚을 수 있다는 것이 사실 부담스러운거죠. 더구나 사업 아이디어나 아이템은 가지고 있더라도 창업공간을 가지고 시작하는 청년들이 많지는 않습니다. 청년창업지원금의 목적성을 생각해보면 대상자가 창업공간을 갖추지 못했더라도 그 공간을 지자체에서 제공하고 창업시설조성자금을 통해 창업시설을 갖출 수 있도록 그 적용방법을 다양화한다면 더 큰 효과를 얻을 수 있지않나 생각해봅니다.

인터뷰 6

김현주
(주) 디자인빌드 건축사

- **경북대학교 건축공학과 박사를 취득하고, (주) 디자인빌드 건축사 사무소의 대표 건축사로 활동 중이다.**
- **대구창의도시재생지원센터에서 운영하는 주민참여도시학교 지도교수로 다년간 활동했으며, 대구시 서구 비산1동, 남구 이천동 등 도시재생사업에서 주민과 함께 커뮤니티센터를 디자인하였다.**

질문: 도시재생씨앗융자를 모르는 분이 많은데요, 적극적 홍보가 필요할까요?

일단 적극적 홍보는 의미가 있는 것 같아요. 도시재생씨앗융자를 아시는 분이 별로 없지 않나요? 저도 한번 들어보기는 한 거 같은데, 잘 기억은 나지 않아요. 초창기인 2019년에 처음 씨앗융자가 만들어졌을 때에는 주민들을 대상으로 하는 재생사업 초기에 HUG에서 설명회를 한 번씩은 주최한 것 같은데, 그 이후에 지속적으로 하지는 않은 것 같아요. 담당 공무원도 잘 모르고, 도시재생센터에서도 잘 모르고 있어요.

HUG에서 사례집을 발간하는 것으로 홍보하고 있는데요, 하나하나 찾아 들어가 보면, 블로그 같은 것도 약간 있기는 하고.. 그러니까 이 도시재생씨앗이라는 말 자체를 모르면 이걸 아예 알 수가 없는 구조인 것 같아요. 그리고 이것을 상담을 해주고 심사를 하는 것도 HUG에서만 하다 보니까, 신청자가 각 용어의 의미를 알아야 하고, 심사를 받으려면 HUG에 가서 서류를 제출하고 심사를 통과해야 해요. 준비해야 할 서류는 생각보다 많지는 않아요. 그리고 서류제출을 위해서 꼭 서울에 가야 하는 것이 아니라 지역에 있는 HUG 지부에 가서 신청하면 되구요. 여하튼 이런 부분들이 여기저기서 쉽게 알아볼 수 있도록 홍보가 많이 필요하다고 생각해요.

질문: 도시재생씨앗융자사업 활성화를 위해서 어떤 것이 필요할까요?

도시재생씨앗융자를 받고 싶어하는 사람과 HUG간의 연결고리가 필요하다고 생각해요. 즉, 컨설팅이라는 가교가 필요하다고 생각해요. 아는 분이 회사를 법인으로 전환하는 과정에서 브랜딩컴퍼니로부터 재무컨설팅을 10년~20년 장기간 받고 있는데, 세무, 법무 등을 종합적으로 봐 주더라구요. 사실 건축가, 세무사, 법무사에게 묻는다고 해도 각자의 전문분야는 잘 알아도 종합적으로 얘기해줄 수 있는 전문가가 부재한 것 같아요. 그런데 재무컨설팅에서는 특정 업종을 시작하는 지점에서부터 진행하는 중간 중간에 계속 컨설팅을 해주니까 도움을 크게 얻는 것 같아요.

컨설팅에는 돈을 어떻게 마련할 것인가, 즉 금융자문을 포함하고 있어요. 목포에도 최근 답사를 위해서 방문했었는데, 도시재생으로 많은 부분이 개선된 것을 볼 수 있었어요. 그래도 예전보다는 많이 방문객이 줄었더라구요. 게스트하우스도 한가하고, 적산가옥도 사람이 많지 않고 그랬던 것 같아요. 돈도 많이 지원 받았을 텐데, 이러한 컨설팅이 지속적으로 제공된다면 사업의 성공을 높이고 이는 씨앗융자사업의 자연스러운 홍보로 이어질 수 있지 않을까요?

질문 : 창업시설 조성자금에 대해 어떻게 생각하시나요?

청년들이 공간이 없어서 초기 창업을 못하는 것은 아닌 것 같아요. 삼성창조경제센터 등을 활용할 수 있죠. 그런데 2년 정도 되면 나가야 하죠. 특정 업체가 계속 있으면 안되기 때문에, 인큐베이팅 단계에만 있게 하는 거죠. 그런데 이후에 신규 거점을 씨앗금융으로 만들고 사업해야 하는데, 지원금만 받고 끝내는 경우들이 있는 걸로 압니다. 사실 시설을 거의 공짜로 쓰고 있기 때문에, 시설을 위해서 돈을 많이 투자하고 싶어하지 않는 것 같아요. 사업은 재생지구가 아닌 곳을 해야 사업성이 있는데, 재생사업지구에 해야한다고 하면 빈집 리노베이션 등으로 수익을 내야 하는데 사업성에 대한 자신이 없으니까 안 하게 되는 것 같아요. 재산가치가 없는데 내가 이것을 안고 있어야 되는 것이냐고 생각할 수 있을 것 같아요. 하지만 도시재생지구 안에서 사업하는데 대한 지원사업이라서 이자를 낮게 지원해주는 것이라고 이해할 필요가 있겠죠. 약령시 약재골목에 카페가 있는데, 주인들이 예술하는 사람들이라서 옆에 골목에다가 예쁘게 했었죠. 도시재생활성화지역이잖아요. 전략지역 안에 도시재생활성화지역은 넓게 잡히잖아요. 지역이 넓기 때문에 충분히 사업성이 날 수 있는 곳들이 있다는 생각을 해야 해요. 사실 창업지원자가 창업시설 조성과 연계가 되어야 제대로 된 사업이 된다고 할 수 있기 때문이죠.

질문: 마을기업이나 사회적기업의 참여가 필요하다고 보시나요?

개인사업자의 참여도 활성화시키고, 마을기업이나 사회적기업의 참여가 쉽게 하는 것이 공공성이 있을 것 같아요. 개인은 1.9% 사회적, 마을기업은 1.5%라는 점에서 융자조건은 좋아보여요. 그런데, 개인은 혼자 결심하기 쉬운데, 마을기업이나 사회적기업은 마음이 맞는 사람들이 모여야 한다는 점에서 결성이 쉽지 않아서 더 많은 인센티브가 필요할 것 같아요.

그런 점에서 앞에서도 언급했던 컨설팅이 필요하고, 이런 컨설팅을 해줄 수 있는 중간조직이 필요한데, 없다는 점이 문제인 것 같아요. 물론 이 역할은 HUG에서 해야 한다고 생각해요. 그런 접근을 안 하고 있고, 찾아오면 우리가 지원해 줄게라는 식으로 운영하는 것은 바람직하지 않다고 보여요. 아직 모르는 사람이 많기 때문이죠.

질문: 도시재생씨앗융자 유형 중 특히 어떤 유형에 관심이 가시나요?

저는 상가리모델링자금이 다른 유형에 비해 상대적으로 적은 돈으로 빠르게 재생효과를 낼 수 있을 거로 생각되네요. 그런데, 현재 지원 자격을 보면 임대인만 할 수 있도록 되어 있는 것 같아요. 사실 상권 활성화에는 임차인의 역할이 중요하다고 생각해요. 임차인에게도 융자를 받을 수 있는 조건이 있어야 한다고 생각해요. 적은 금액이라도 3년 정도 활용하면서 도시활력을 불어 일으킬 수 있다면 의미 있는 일이 아닐까 하는 생각이 들어요.

뉴욕 등에서는 불 켜진 거리를 유지하는 것만으로도 지원을 해주고 이것이 도시 활력, 야간 안전 등에 도움을 주는 것으로 알고 있어요. 몇 년 동안을 임대업을 할 수 있다는 것이 필요하니까 임차인에게 사업성이 느껴지게 해줄 필요가 있지 않을까 싶어요. 최근 상가 공실이 심해지고 있어요. 임대인과 임차인 간의 상생협약을 골자로 융자를 쓸 수 있는 다양한 방식이 만들어져야 하지 않을까 생각해요.

제5장

도시재생씨앗융자 알아보기 (광역도)

윤가인·곽민재

1. 경상북도

1.1. 도시재생사업 선정과 도시재생씨앗융자 지원현황은?

도시재생사업, 얼마나 선정되었나?

경상북도에서는 2014년 영주시 도시재생사업을 시작으로 2021년 상반기까지 울릉도를 제외한 22개 시·군에서 45건의 도시재생사업이 완료 혹은 진행 중이다. 최근 3년간(2018년~2020년) 선정된 도시재생사업 수는 총 29건으로 전체 사업 수의 약 75%를 차지하고 있다.

사업기간을 고려할 때 완료된 사업은 전체 사업 수의 약 20% 정도 수준일 것으로 예측된다. 시·군별로는 포항시(4곳), 영주시, 경주시, 김천시, 문경시(각 3곳)의 순으로 많이 선정되었으며, 울진군, 군위군, 예천군, 영덕군, 칠곡군에서는 모두 1건의 사업만 진행 중인 것으로 파악된다.

사업유형별로 볼 때는 일반근린형(19건, 총괄사업 제외), 중심시가지형(10), 주거지지원형(3), 경제기반형, 우리동네살리기가 각 2건씩 선정되었다. 2019년 이후 새롭게 도입된 재생사업 유형인 인정사업(6건), 총괄사업(칠곡군, 1건), 혁신지구(경주시, 1건)도 추진 중인 것으로 파악되었다. 포항의 경우, 2018년 포항 지진으로 인해 특별재생지역으로 선정되기도 하였다.

▼ 경상북도 도시재생(국비)사업 선정 현황

구분	5개유형 뉴딜					그외			합계
	경제	중심	일반	주거	우리	인정	혁신	특별재생	
2014	-	영주시	-	-	-	-			1
2016	-	안동시, 김천시	-	-	-	-			2
2017		영천시, 포항시	영양군, 상주시	경산시	영주시	-			6
2018	포항시	구미시, 경주시	경산시, 영천시, 성주군, 의성군		포항시	-		포항시	9
2019		김천시, 문경시	안동시, 의성군, 청도군, 고령군, 울진군	상주시	-	군위군	경주시		10
2020	문경시	영주시	성주군, 구미시, 경주시, 청송군, 예천군, 칠곡군 (총괄사업)		-	영양군, 봉화군			10
2021		-	고령군, 봉화군, 영덕군	김천시	-	문경시, 청도군, 청송군			7
합계	2	9	20	3	2	6	1	1	45

자료 : 신우화(2021) 경상북도 지역 내 도시재생기금 활용과 향후과제, 대구경북연구원. 재구성

도시재생씨앗융자는 얼마나 지원되었나?

도시재생기금지도에 따르면 경상북도에서는 2022년 6월 기준으로 안동, 포항 그리고 구미 등 3개 시에서만 도시재생씨앗융자를 지원받은 것으로 파악되었다. 총 11개 사업 중 포항시에서 7곳, 구미시에서 2곳, 안동시에서 1곳을 지원받았는데, 5가지 유형의 도시재생씨앗융자 중 2개 유형에 한정되어 지원을 받은 것으로 파악되었다.

포항시에서는 임대상가조성(7)에 씨앗융자를 지원받았으며, 구미시는 공동협업공간조성에 2곳, 안동시는 공동협업공간조성에 1곳을 지원받았다.

▼ 경상북도 도시재생씨앗융자 지원 개요

이용상품	개소	사업장위치(개소)
공동협업공간조성자금	3	구미시(2), 안동시(1)
임대상가조성자금	7	포항시(7), 안동시(1)

자료 : 도시재생기금지도 홈페이지 (https://enhuf.molit.go.kr/fur/pp/pm/POPPM009M01.jsp). 2022.

1.2. 포항시

1) 포항시 도시재생

포항시에서는 2017년과 2018년에 총 4곳이 도시재생사업으로 선정되었다. 원도심을 중심으로 2017년 중심시가지형 1곳, 2018년 경제기반형과 우리동네살리기형이 선정되었으며, 2018년 흥해지진피해로 인해 도심에서 이격된 곳이 포항특별재생지역으로 지정되었다.

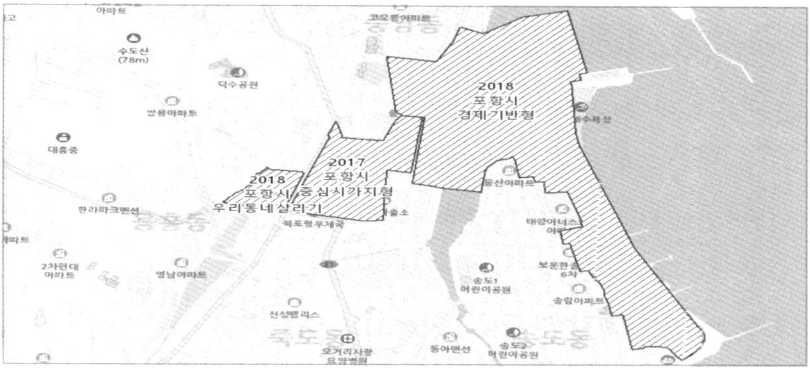

자료 : 도시재생종합정보체계 홈페이지(https://www.city.go.kr/map/index.do)

▲ 포항시 도시재생사업 위치도

중앙동 중심시가지형(2017) : 주민과 함께 미래를 만들고 활력 넘치는 포항 원도심[1]

과거에 중앙동은 포항시의 도심이었다. 시청과 포항역 등 주요 기관과 시설이 이전하면서 급속한 쇠퇴를 겪었다. 「주민과 함께 미래를 만들고 활력 넘치는 포항 원도심」은 중앙동 일대를 재생하는 사업이다. 2017년부터 사업이 추진되었으며, 사업비는 총 150억 원 편성되었다.

사업의 목표는 유휴시설과 공공기관 이전 부지를 활용하여 새로운 활력 공간을 조성하고, 일자리를 창출하는 것이다. 이를 위해 '지역 내 매력물 생성', '공간별 거점 매력물 조성', '매력물 간 연계성 확보'와 같이 단계별 전략을 구상하여 지역 경제를 발전시키고 산업 경쟁력을 회복한다.

1 포항시 홈페이지(https://pohang.go.kr/pohang/7168/subview.do). 2022.

주요 사업 중 하나는 옛 중앙초등학교 부지를 활용하는 것이다. 북구청을 해당 부지로 이전시키고, 문화·예술 분야의 플랫폼을 조성한다. 지역의 문화·예술 컨텐츠를 생산하는 작업장과 생산된 콘텐츠를 시연할 수 있는 광장을 신축한다. 청년들을 위한 행복주택 120호를 준공하여 청년들의 주거 복지를 위한 기반도 마련했다.

두 번째는 이전한 북구청 부지를 청년들을 공간으로 전환하는 것이다. 청년 창업을 촉진하기 위해 코워킹 스페이스와 창업지원 플랫폼을 운영한다. 또한 공공임대상가를 확보하여 청년들에게 창업 기회를 제공하고, 창업지원 플랫폼과 연계하여 청년들이 다양한 기획과 행사를 추진할 수 있는 공간을 조성했다.

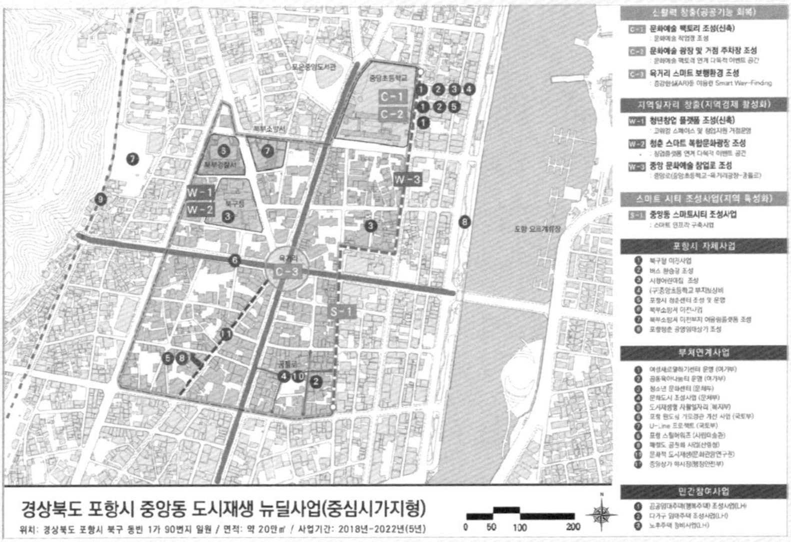

자료 : 도시재생종합정보체계 홈페이지(https://www.city.go.kr/map/index.do)

▲ 포항시 중심시가지형 도시재생 계획도

송도동 경제기반형(2018) : ICT 기반 해양산업 플랫폼 포항[2]

송도동은 포항의 교육, 관광, 경제의 중심지였다. 포항수산대학교가 있었고, 동해안에서 손꼽히는 송도해수욕장이 위치해있다. 또한 포스코의 근로자들이 다수 거주하는 지역이다. 그러나 백사장 유실과 주요 시설 이전으로 인해 기능이 악화되면서 슬럼화가 급격히 진행되었다. 「ICT기반 해양산업 플랫폼, 포항」은 송도 구항 일대(송도동, 중앙동)에서 진행되는 경제기반형 재생사업이다. 재생계획은 포항시의 산업 구조를 개편하고 지역의 활로를 찾아 줄 신산업을 육성하기 위해 수립되었다. 사업 기간은 2019년부터 2024년까지이며, 9,562억 원의 사업비가 책정되었다.

주요 사업은 첨단 해양레포츠 융·복합 플랫폼을 구축하고 해양 MICE 산업지구를 조성하는 것이다. 이를 위해 첨단 해양산업 융·복합 R&D센터, 구항 항만재개발 부지 조성, 공공임대주택, 구항 복합 민간시설, 해양레포츠 플레이 그라운드, 관광 집객 시설, 전시·비즈니스 복합센터 등이 포함된 세부 사업들을 추진한다. 또한, ICT 기술을 활용한 다양한 사업들을 진행한다. 기상방재 ICT 융·복합지구를 계획하여 기상정보와 스마트기술을 접목한 창업을 촉진하고, 스마트 안전도시를 추진한다. 아울러, 지역 관광산업의 활성화를 위해 복합 문화·예술·관광 특화지구를 형성하고, 문화·예술 체험 거점, 특화가로 등을 통해 방문객 유입과 지역 상권 쇄신을 유도하고 있다.

---

2 포항시 홈페이지(https://pohang.go.kr/pohang/7437/subview.do). 2022.; 경북일보 홈페이지(https://www.kyongbuk.co.kr/news/articleView.html?idxno=1036831). 2022.

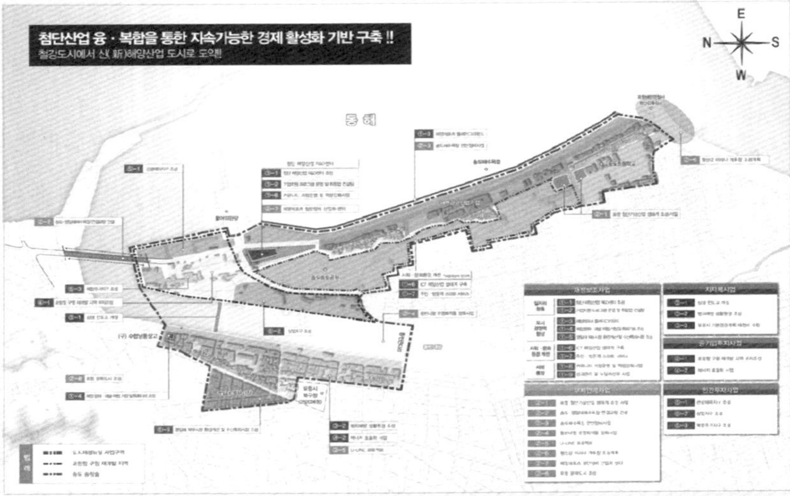

자료 : 도시재생종합정보체계 홈페이지(https://www.city.go.kr/map/index.do)

▲ 포항시 경제기반형 도시재생 계획도

2) 포항시 도시재생씨앗융자 지원 현황

포항시에서는 총 7건이 융자지원을 받고 있으며, 모두 임대상가 조성자금을 지원받은 것으로 파악되었다. 전체 7개 중 6개의 사업이 중앙동 일원의 중심시가지형(2017)에 위치하고 있으며, 나머지 1개는 송도동 일원의 경제기반형(2018)에 입지하고 있다.

▼ 포항시 도시재생씨앗융자 지원 현황

<table>
<tr><th>구분</th><th>국비사업선정지역
(도시재생 활성화지역)</th><th>도시재생씨앗
융자상품</th><th>지원현황</th><th>개소</th></tr>
<tr><td rowspan="2">포항
(7)</td><td>2017년 선정
중심시가지형 (중앙동 일대)</td><td rowspan="2">임대상가
조성자금</td><td>덕산동(1), 신흥동(2)
상원동(3)</td><td>6</td></tr>
<tr><td>2018년 선정
경제기반형 (송도동 일대)</td><td>송도동(1)</td><td>1</td></tr>
</table>

자료 : 저자 작성

포항시 중앙동 일원의 중심시가지형(2017)은 상권 쇠퇴가 심각한 원도심 일대를 사업구역으로 하며, 상권 활력 증진을 목적으로 선정되었다. 이런 관점에서 본다면 사업구역 내 민간의 활발한 참여는 매우 긍정적으로 보여진다. 신흥동 임대상가의 경우는 임대상가조성자금을 받은 후, 2~5층을 포항시 청년을 위한 공간인 포항청춘센터로, 5층 일부는 도시재생현장지원센터로 활용 중이다.

전체 사업 중 별밤지기 중심상권 활성화 사업의 융자금액이 88억으로 가장 많았으며, 나머지는 대체로 15억 내외로 융자를 지원받은 것으로 나타났다.

▲ 포항시 중앙동 도시재생사업과 도시재생씨앗융자 활용 (자료 : 저지 작성)

구분	사업장명	사업 전	사업 후
임대상가 조성자금	온실형 임대상가		
	별밤지기 중심상권 활성화		
	덕산동 임대 상가		
	신흥동 임대 상가		

구분	사업장명	사업 전	사업 후
임대상가 조성자금	영일만 친구 야시장		
	상원동 상가 건물		

자료 : 네이버지도 사진 활용 및 일부 저자 직접 촬영

▲ 포항시 중앙동 도시재생씨앗융자 활용 전과 후

▼ 포항시 중앙동 도시재생씨앗융자 지원 세부현황

유형	사업장명	주소	총사업비 (억원)	융자금액 (억원)	임대료 인상률	대지면적 (m^2)	연면적 (m^2)
임대 상가 조성 자금 (6)	온실형 임대상가	상원동 466-10	19.0	14.0	연 2.5	181.4	259.2
	별밤지기 중심상권 활성화	상원동 466-16	110.0	88.0	연 2.5 이내	1,159	5,114
	덕산동 임대상가 조성사업	서동로 91번길 3	10.4	8.3		315.7	480.42
	신흥동 임대상가조성사업 (포항청춘센터)	신흥동 819-2	18.3	14.4	연 2.5	295	1526.5
	영일만 친구 야시장 조성사업	신흥동 819-4	17.4	13.3	연 2.5	598	293.8
	상원동 상가건물 조성사업	상원동 467-13	21.5	16.9	연 2.5 이내	430	1,097

자료 : 도시재생기금지도 홈페이지(http://nhuf.molit.go.kr/FP/FP08/FP0811/FP08110101.sp?id=15&mode=S&articleId=1087&currentPage=)

최근에 지원을 받은 송도동은 2018년 선정된 "『ICT 기반 해양산업 플랫폼』 포항(경제기반형)"사업구역에 입지하며, 임대상가 조성사업으로 약 42억 원 정도의 융자(총 사업비의 75%)를 지원 받았다.

▲ 포항시 송도동 도시재생사업과 도시재생씨앗융자 활용 (자료 : 저자 작성)

▼ 포항시 송도동 도시재생씨앗융자 지원 세부현황

사업장명	주소	총사업비 (억 원)	융자금액 (억 원)	임대료 인상률	대지면적 (m^2)	연면적 (m^2)
송도동 근린생활시설 신축공사	희망대로 1187	56.2	41.9		915	997.32

자료 : 도시재생기금지도 홈페이지(http://nhuf.molit.go.kr/FP/FP08/FP0811/FP08110101.sp?id=15&mode=S&articleId=1087&currentPage=)

▼ 포항시 도시재생씨앗융자 활용 전과 후

사업장명	사업 전	사업 후
송도동 근린생활 시설 신축 공사		

자료 : 네이버지도 사진 활용

1.3. 안동시

1) 안동시 도시재생

안동시에서는 2016년과 2019년에 각 1곳씩 총 2곳이 도시재생사업으로 선정되었다. 원도심을 중심으로 2016년 중심시가지형 1곳이 선정되었으며, 2019년에 일반근린형이 선정되었다.

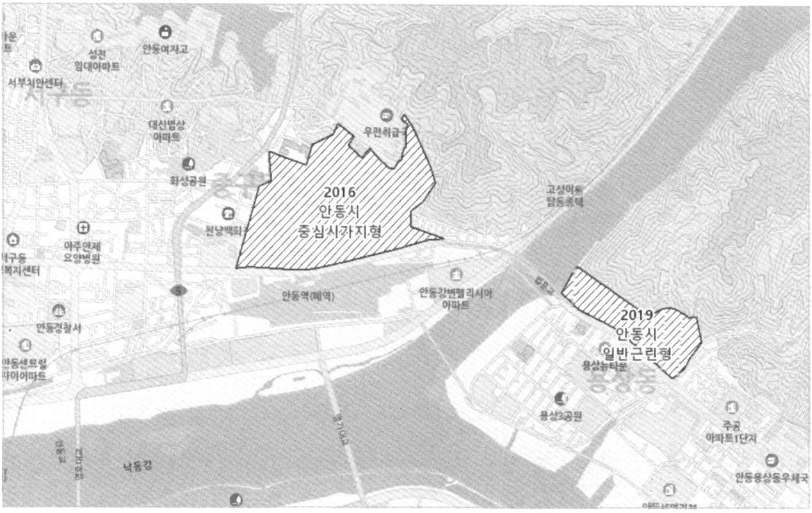

자료 : 도시재생종합정보체계 홈페이지(https://www.city.go.kr/map/index.do)

▲ 안동시 도시재생사업 위치도

중구동 중심시가지형(2016) : 상생과 거점 "안동웅부"[3]

중구동은 오랜 세월 안동의 중심지였으나, 행정기관 이전과 신시가지 조성으로 인구 감소와 상권 쇠퇴 문제를 겪었다. 공동화 현상을 해소하고 도심의 기능을 회복하는 방안으로 도시재생 사업이 대두되었다. 「상생과 재생거점 "안동웅부"」는 중구동의 웅부공원 일원에서 진행되는 사업으로, 인구 유입을 통해 원도심을 활성화하고 창조 산업의 거점을 마련하는 데 목적이 있다. 사업은 2016년부터 2020년까지 4년간 추진되었으며, 203억 원의 사업비가 투입되었다. 중구동의 도심성을 확립하기 위해 태사로 특화거리 조성, 문화산업지구 형성, 음식문화거리 활성화 등의 사업을 진행했다. 웅부공원의 역사와 정체성을 보여주는 상징물들을 설치하고, 주변 환경을 개선했다. 리모델링한 공폐가를 청년들에게 창업 공간으로 제공했으며, 보행 환경을 정비하고 문화 축제를 열어 음식문화거리의 분위기를 전환했다.

또한, 관광 인프라와 주거 환경을 개선했다. 노후된 한옥을 현대적 감성으로 정비한 후 숙박촌으로 조성했으며, 마을에 예술 공방을 만들어 문화·관광을 연계한 프로그램을 운영했다. 확충된 관광 인프라와 쾌적한 주거 환경은 도심 경제를 되살리고, 주민들의 생활 만족도를 제고하는데 긍정적인 영향을 미쳤다.

---

3 안동시 도시재생센터 홈페이지(https://andongurc.or.kr/bbs/content.php?co_id= mpage3_01). 2022. ; 아시아투데이 홈페이지(https://www.asiatoday.co.kr/view.php?key=201601030 0000326). 2016.

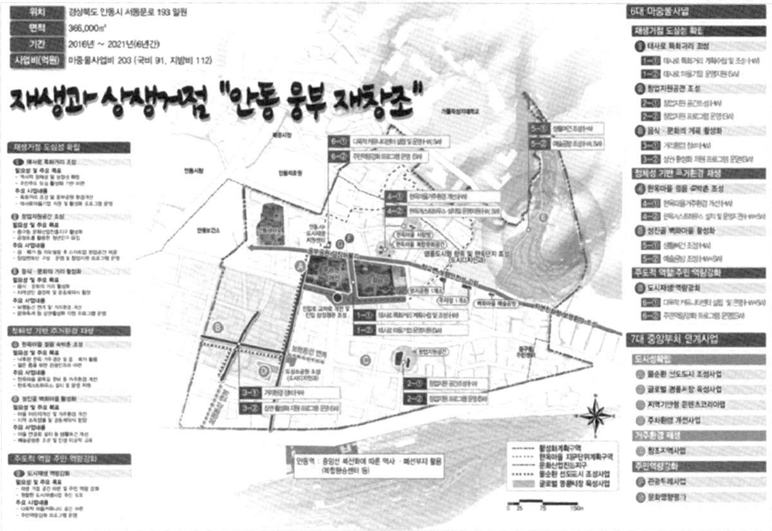

자료 : 도시재생종합정보체계 홈페이지 (https://www.city.go.kr/map/index.do)

▲ 안동시 중심시가지형 도시재생사업 계획도

2) 안동시 도시재생씨앗융자 이용 현황

안동시에서는 1건의 공동협업공간조성 사업이 융자를 지원받았다. 융자대상은 개인 사업가이며, 공공성 확보를 위하 건물 2층에 지역 주민을 위한 코워킹스페이스로 활용할 것을 제시하였다. 총 사업비의 70%를 융자 지원받았으며, 임대료의 5%를 인상률로 제시하였다.

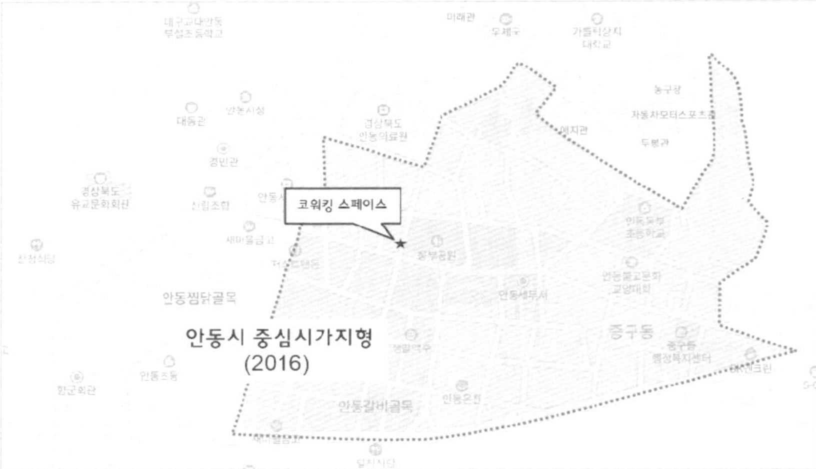

▲ 도시재생사업 내 씨앗융자 위치도 (자료 : 저자 작성)

▼ 안동시 도시재생씨앗융자 지원 세부현황

사업장명	주소	총사업비 (억 원)	융자금액 (억원)	임대료 인상률	대지면적 (m^2)	연면적 (m^2)
코워킹 스페이스 사업	삼산동 63-6	7.2	5.0	연 5%	109	158

자료 : 도시재생기금지도 홈페이지(http://nhuf.molit.go.kr/FP/FP08/FP0811/FP08110101.sp?id=15&mode=S&articleId=1087&currentPage=)

▼ 안동시 도시재생사업구역 내 도시재생씨앗융자 활용 전과 후

구분	사업장명	사업 전	사업 후
임대 상가 조성 자금	삼산동 코워킹 스페이스 사업		

자료 : 네이버지도 사진 활용 및 일부 저자 직접 촬영

1.4. 구미시

1) 구미시 도시재생

구미시에서는 2018년부터 2021년까지 총 4곳이 도시재생 사업으로 선정되었다. 원도심을 중심으로 2018년과 2021년에 중심시가지형이 1곳씩 각각 선정되었으며, 2020년에는 일반근린형이 선정되었다. 2019년에는 국가산업단지 내 혁신지구가 선정되었다.

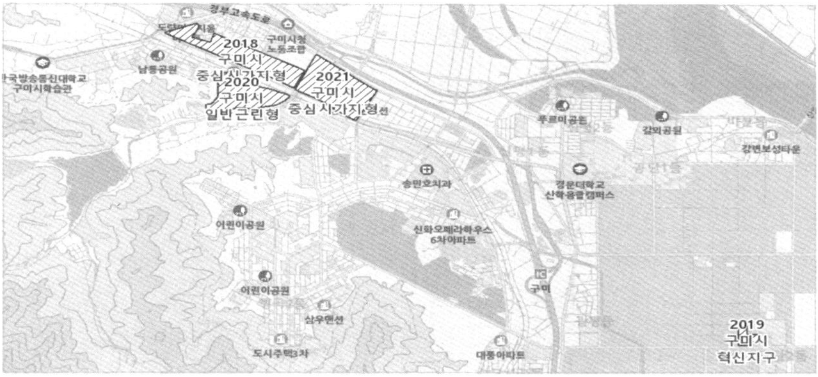

자료 : 도시재생종합정보체계 홈페이지 (https://www.city.go.kr/map/index.do)

▲ 구미시 도시재생사업 위치도

원평동 중심시가지형(2018) : 구미(龜尾, 口味)를 당기다[4]

민선 7기 출범 이후, 구미시는 도시재생을 첫 번째 공약사업으로 삼고, 원도심 재생, 노후산단 개선, 문화적재생 등 다양한 사업을 펼쳤다.

---

4 구미시도시재생지원센터 홈페이지(https://www.gumi.go.kr/urc/page.do?mid=23&ArticleId=27&page=1). 2022. ; 경북도민일보 홈페이지(https://www.hidomin.com/news/articleView.html?idxno=450238). 2021.

「구미(龜尾, 口味)를 당기다」는 민선 7기와 함께 구미시 도시재생의 시작을 알린 사업이다.

「구미(龜尾, 口味)를 당기다」는 원평동 일원을 중심으로 추진되는 사업으로, 원도심의 쇠퇴를 방지하고 역세권의 대표 상권을 활성화하는 것이 목표이다. 사업은 2019년에 착수되어 2023년에 종료될 예정이며, 사업비는 382억 5천만 원이다. 사업은 전통시장 활성화와 생활환경 개선이라는 두 개의 축으로 진행된다. 전통시장을 활성화하기 위해 청년과 소상공인을 지원하는 시설을 조성하고, 간이 쉼터와 조명, 사인 시설물 등을 설치하여 방문객들의 편의를 제고한다. 특화 가로 구역의 경우, 보행 환경을 정비하고 시장의 정체성을 강화하는 요소들을 가미한다.

자료 : 도시재생종합정보체계 홈페이지 (https://www.city.go.kr/map/index.do)

▲ 구미시 원평동 중심시가지형 도시재생사업 계획도

생활환경 개선과 관련하여 주민들의 생활문화를 육성하기 위한 복합문화센터를 건립한다. 센터는 문화전시 및 창작 공간, 동아리 연습실, 다목적 세미나실 등으로 구성된다. 또한, 여성 친화 공간, 아동·청소년 자립지원센터를 마련하여 취약계층의 자립을 지원하고, 주민친화형 복지프로그램을 통해 지역의 사회·복지 기능을 강화할 예정이다.

2) 구미시 도시재생씨앗융자 이용 현황

구미시에서는 2건의 공동협업공간조성 사업이 융자를 지원받았다. 도시형 상가접목 코워킹스페이스 사업은 원평동 중심시가지 도시재생 사업지 내 위치하고 있다. 융자대상은 개인 사업가이며, 기존의 노후 모텔 건물에 공공성 확보를 위한 지역 주민 대상 코워킹스페이스를 조성하는 것을 제시하고 있다. 총 사업비의 80%를 융자 지원받았으며, 임대료의 3% 이내를 인상률로 제시하였다. 노인복지와 연계한 코워킹 커뮤니티시설은 신평동에 위치하며 도시재생활성화지역 내 입지하고 있다. 상가건물을 노인복지를 위한 용도로 변경하면서 1층 상가 일부를 코워킹커뮤시티 시설로 조성하였다.

▼ 구미시 도시재생씨앗융자 지원 개요

유형	사업장명	주소	총사업비 (억원)	융자금액 (억원)	임대료 인상률	대지면적 (m^2)	연면적 (m^2)
공동협업공간조성 (2)	노인복지와 연계한 코워킹커뮤니티시설	신평동 12-11 외	29.5	23.6	연 3%	910	957
	도시형 상가 접목 코워킹스페이스 사업	원평동 300-5	21.0	16.8	연 3% 이내	215	808

자료 : 도시재생기금지도 홈페이지(https://enhuf.molit.go.kr/fur/pp/pm/POPPM009M01.jsp)

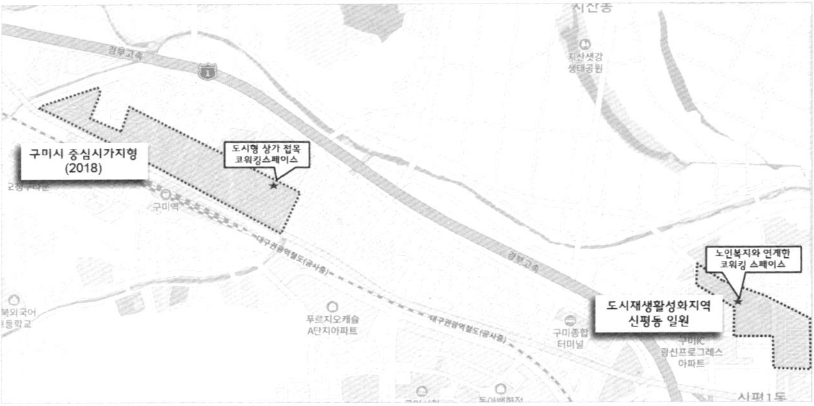

▲ 구미시 도시재생사업 및 도시재생활성화지역 내 씨앗융자 위치도 (자료 : 저자 작성)

▼ 구미시 도시재생씨앗융자 활용 전과 후

구분	사업장명	사업 전	사업 후
공동협업 공간조성	노인복지 연계한 코워킹 커뮤니티 시설		
	도시형 상가 접목 코워킹 스페이스		

자료 : 도시재생기금지도 사진 및 네이버지도 사진 활용

인터뷰 7

서득수
포항 도시재생지원센터 팀장

- **서득수 팀장은 포항시 도시재생지원센터에서 근무하고 있다.**
- **포항시는 경북 지역에서 가장 많은 도시재생씨앗융자 사업 대상지(6곳)를 보유하고 있는데, 서득수 팀장의 기획력과 추진력으로 조성될 수 있었다. 중앙동에서 중심시가지형 도시재생 사업을 추진하며, 노후 상권의 쇄신과 활성화를 위해 힘쓰고 있다.**

질문: 도시재생씨앗융자는 뉴딜사업 대상지에 위치한 공간만 지원할 수 있나요?

도시재생씨앗융자는 뉴딜사업 대상지가 아니더라도 활성화지역에 위치한 곳이라면 모두 신청할 수 있습니다.

도시재생 전략계획에서 활성화지역의 구역계가 변경되지 않는 한, 시기와 상관없이 민간사업을 유치하기 위한 도시재생기금을 신청 가능합니다. 추가로, 가로주택정비사업과 자율주택정비사업은 뉴딜사업과 상관없이 도시재생씨앗융자를 신청할 수 있다는 점을 알아두시기 바랍니다.

질문: 지자체와 센터는 도시재생씨앗융자 사업을 활성화하기 위해 어떠한 자세가 필요할까요?

활성화 지역에서는 다양한 형태의 민간사업이 진행되어야 합니다. 민간의 참여가 없는 도시재생은 지속될 수 없습니다. 도시재생씨앗융자 사업은 민간의 기금과 참여를 이끌어내는 유인책이 될 수 있습니다.

그러나 다수의 지자체들은 뉴딜 사업, 즉 국비에만 의존하고 있습니다. 국비는 어디까지나 마중물일 뿐입니다. 지자체와 센터는 민간의 기금을 유치하고 활용하는 방법을 늘 고민해야 합니다. 도시재생씨앗융자 사업을 이해하고, 지역에 사업에 대한 공감대를 형성하는 것이 출발점이라고 봅니다.

질문: 지원기관(HUG, 주택보증공사)은 도시재생씨앗융자 사업을 활성화하기 위해 어떠한 노력을 기울여야 할까요?

지원기관은 도시재생씨앗융자 사업의 사후 관리를 해야 합니다. 본래의 목적과 용도에 따라 운영되는 공간들이 많지 않습니다. 이로 인해 도시재생씨앗융자 사업의 의미가 퇴색되고 있습니다.

지원기관은 모니터링을 정기적으로 하여 공간들이 취지와 계획대로 운영되고 있는지 살펴야 합니다. 상가 소유자가 다른 용도로 공간을 운영하거나, 금리 우대사항을 어기고 있을 시에는 융자 자금 반환 또는 회수를 요구해야 한다고 생각합니다.

2. 전라남도

2.1. 도시재생사업 선정과 도시재생씨앗융자 지원현황은?

도시재생사업, 얼마나 선정되었나?

전라남도는 2014년에 선도사업 2개소, 2016년에 일반지역사업 2개소, 2017년부터 2021년까지 도시재생 뉴딜사업 46개소가 선정되어, 총 50개 도시재생활성화지역에 국비사업이 선정되었다.

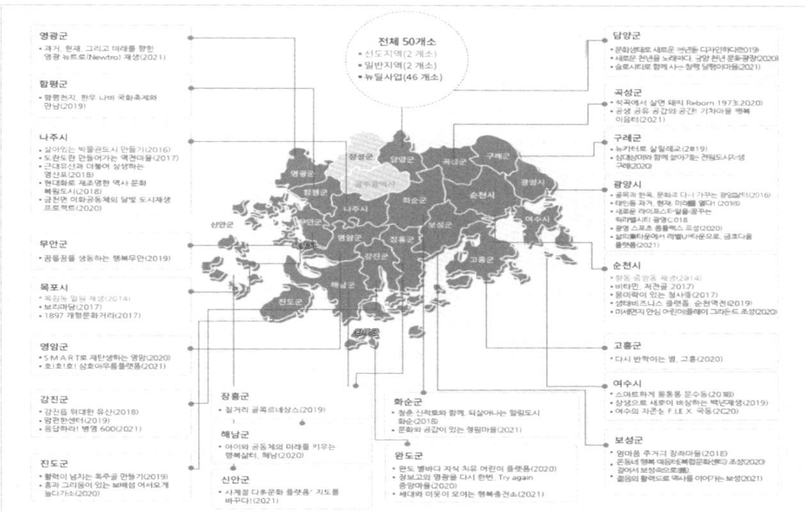

자료 : 전라남도 도시재생지원센터 홈페이지(https://www.jnurc.or.kr). 2022.

▲ 전라남도 도시재생 국비사업 선정현황

2014년 선정된 도시재생 선도지역사업은 2개소로, 목포시(목원동 일원)와 순천시(향동·중앙동 일원)가 선정되었고, 2016년 일반지역사업 2개소는 나주시(살아있는 박물관도시 만들기), 광양시(골목과 한옥, 문화로 다시 가꾸는 광양삶터)가 선정되었다. 2017년부터 2021년까지 선정된 도시재생뉴딜사업 5개유형 사업은 총 31개소로, 중심시가지형 사업이 7개소, 일반근린형 사업이 18개소, 주거지지원형 사업이 4개소이다. 그 외 인정사업은 15개소가 있다.

중심시가지형사업(7개소)은 여수시 '여수의 자존심 F.L.E.X 국동(2020년)', 순천시 '몽미락이 있는 청사뜰(2017년)'과 '생태비즈니스 플랫폼(2019년)', 목포시 '1897 개항문화거리(2017년)', 나주시 '현대화로 재조명한 역사문화복원도시(2018년)', 구례군 '삼대삼미와 함께 살아가는 전원도시 구례(2020년)', 광양시 '새로운 라이프스타일을 꿈꾸는 워라밸시티 광영(2018년)'이다.

일반근린형 사업(18개소)의 주요선정사업으로는 화순군 '청춘 신작로와 함께, 되살아나는 힐링도시 화순(2018년)', 여수시 '상생으로 새로이 비상하는 백년재생(2019년)', 순천시 '비타민, 저전골(2017년)', 담양군 '문화생태로 새로운 천년을 디자인하다(2019년)', 나주시 '근대유산과 더불어 상생하는 영산포(2018년)'가 있다.

주거지지원형 사업(4개소)은 여수시 '스마트하게 통통통 문수동(2018년)', 목포시 '보리마당(2017년)', 담양군 '슬로시티로 함께 사는 창평 달팽이마을(2021년)', 광양시 '태안동 과거, 현재, 미래를 열다(2018년)'가 있다. 우리동네살리기 사업(2개소)은 보성군 '엄마품 주거지 장좌마을(2018년)', 나주시 '도란도란 만들어가는 역전마을(2017년)'이 선정되었다.

그 외 인정사업 15개소 중 주요선정지역은 화순군 '문화와 공감이 있는 정원마을(2021년)', 진도군 '활력이 넘치는 옥주골 만들기(2019년)', 완도군 '완도 별바다 지식 치유 어린이 플랫폼(2020년)'이다.

▼ 전라남도 도시재생 (국비)사업 선정 현황

구분	선도, 일반	도시재생 뉴딜5개유형					그외	합계
		경제	중심	일반	주거	우동살	인정	
2014	순천시, 목포시	-	-	-	-	-	-	2
2016	나주시, 광양시	-	-	-	-	-	-	2
2017	-	-	순천시, 목포시	순천시	목포시	나주시	-	5
2018	-	-	나주시, 광양시,	화순군, 나주시, 강진군	여수시, 광양시	보성군	-	8
2019	-	-	순천시	함평군, 장흥군, 여수시, 무안군, 담양군, 구례군	-	-	진도군, 강진군	9
2020	-	-	여수시, 구례군,	해남군, 진도군, 완도군, 영암군, 곡성군, 고흥군	-	-	완도군, 순천시, 보성군, 담양군, 나주시, 광양시	14
2021	-	-	-	보성군, 강진군	담양군	-	화순군, 완도군, 영암군, 영광군, 신안군, 광양시, 곡성군	10
합계	4	0	7	18	4	2	15	50

자료 : 전라남도 도시재생지원센터 홈페이지(https://www.jnurc.or.kr). 2022. 저자 재구성

도시재생씨앗융자는 얼마나 지원되었나?

2022년 기준, 도시재생씨앗융자를 지원받고 있는 전라남도의 사업장은 총 37개소이다. 지역별로 살펴보면, 목포시가 24개소로 64% 이상을 차지하고 있으며, 순천시 5개소, 여수시 4개소, 화순군 2개소, 함평군과 담양군이 각각 1개소이다. 이용상품별로 살펴보면, 창업시설조성자금 상품이 15건으로 가장 많은 지원을 받았으며, 공동협업공간조성자금 상품이 14건으로 그 뒤를 잇고 있는 것으로 조사되었다.

▼ 전라남도 도시재생씨앗융자 지원 개요

이용상품	개소	사업장위치(개소)
창업시설조성자금	15	목포시(11), 순천시(1), 여수시(3)
공동협업공간조성자금	14	목포시(10), 순천시(1), 화순군(1) 함평군(1), 담양군(1)
상가리모델링자금	3	목포시(2), 화순군(1)
임대상가조성자금	5	목포시(1), 순천시(3), 여수시(1)

자료 : 도시재생기금지도 홈페이지
(https://enhuf.molit.go.kr/fur/pp/pm/POPPM009M01.jsp). 2022.

도시재생활성화지역별 도시재생씨앗융자의 지원 현황은?

전라남도 지자체별로 도시재생씨앗융자를 이용하고 있는 도시재생활성화지역의 특징을 살펴보면 다음과 같다. 목포시, 여수시, 순천시. 화순군, 담양군, 함평군이 도시재생씨앗융자를 이용하고 있으며, 융자를 받은 사업장이 위치하고 있는 지역은 국비지원을 받아 추진되고 있는 도시재생활성화지역이 7개소, 지자체에서 도시재생전략계획을 통해 관리하고 있는 도시재생활성화지역이 2개소로 파악되었다.

먼저, 국비를 지원받아 도시재생사업을 추진하고 있는 도시재생활성화지역에만 융자를 지원받은 시설이 입지한 지자체는 목포시(24개소)와 화순군(2개소), 함평군(1개소), 담양군(1개소)이다. 도시재생씨앗융자를 지원받은 사업장이 위치하고 있는 목포시(24개소)의 도시재생활성화지역은 2014년에 선정된 목원동 도시재생 선도지역(12개소)과 2018년에 선정된 선창권역 일대 중심시가지형 사업지역(12개소)이다. 화순군(1개소)의 도시재생씨앗융자를 받은 도시재생활성화지역은 2018년 선정된 향청리 일대의 중심시가지형 도시재생 사업지역이다.

도시재생씨앗융자를 지원받은 사업장이 국비사업선정 드시재생활성화지역과 미선정 도시재생활성화지역에 분포하고 있는 지자체는 순천시(5개소)와 여수시(4개소)이다. 순천시는 2017년에 선정된 장천동 일대의 중심시가지형 사업지역에 4개소, 그 외 도시재생활성화지역에 1개소가 입지하고 있다. 여수시(4)는 2019년에 선정된 공화동 일반근린형 사업지역에 1개소, 그 외 활성화지역에 3개소가 입지하고 있다.

전라남도의 도시재생씨앗융자를 받은 사업장이 입지하고 있는 국비선정사업의 특징을 살펴보면, 선도지역 사업지역에 12개소, 중심시가지형 사업지역에 18개소가 소재하고 있다. 지방자치단체의 고유한 지역자원을 활용하여 수익을 창출하거나 상권과 연계한 다양한 비즈니스 모델을 마련할 수 있는 장점이 있는 지역인 것으로 파악된다.

예를 들면, 목포시 목원동은 호남에서 가장 먼저 근대적으로 개항이 이뤄진 지역으로 근현대 역사문화자원이 풍부한 목포 원도심 일대를 대표하는 특징을 지니고 있다. 따라서 항구에 형성된 점포적 특성과 근현대 건축물자원, 제주도로 연결된 선박여행로 등으로 인해 유동인구가 많고 여행객들이 자주 방문하는 지역이기도 하다.

▼ 전라남도 도시재생활성화지역별 도시재생씨앗융자 지원 현황

<table>
<thead>
<tr><th>구분</th><th>국비사업선정지역
(도시재생 활성화지역)</th><th>도시재생씨앗융자상품</th><th>지원현황(개소)</th><th>합계</th></tr>
</thead>
<tbody>
<tr><td rowspan="7">목포
(24)</td><td rowspan="3">2014년 선정
선도사업지역
(목원동 일대)</td><td>창업시설조성자금</td><td>죽교동(2), 북교동(1),
죽동(1)</td><td rowspan="3">12</td></tr>
<tr><td>공동협업공간조성자금</td><td>측후동(2), 명륜동(1),
죽동(2), 남교동(1),
죽교동(1)</td></tr>
<tr><td>상가리모델링자금</td><td>북교동(1)</td></tr>
<tr><td rowspan="4">2018년 선정
중심시가지형
(선창권역 일대)</td><td>창업시설조성자금</td><td>만호동(1), 항동(1),
명륜동(1), 대의동(1),
경동(1), 중동(1)
유동(1)</td><td rowspan="4">12</td></tr>
<tr><td>공동협업공간조성자금</td><td>중앙동(1), 해안동(1)
보광동(1)</td></tr>
<tr><td>상가리모델링자금</td><td>항동(1)</td></tr>
<tr><td>임대상가조성자금</td><td>금동(1)</td></tr>
<tr><td rowspan="2">화순
(2)</td><td rowspan="2">2018년 선정
중심시가지형
(향청리 일대)</td><td>공동협업공간조성자금</td><td>향청리(1)</td><td rowspan="2">2</td></tr>
<tr><td>상가리모델링자금</td><td>훈리(1)</td></tr>
<tr><td rowspan="3">순천
(5)</td><td rowspan="2">2017년 선정
중심시가지형
(장천동 일대)</td><td>창업시설조성자금</td><td>장천동(1)</td><td rowspan="2">4</td></tr>
<tr><td>임대상가조성자금</td><td>장천동(3)</td></tr>
<tr><td>그 외</td><td>공동협업공간조성자금</td><td>옥천동(1)</td><td>1</td></tr>
<tr><td rowspan="3">여수
(4)</td><td>2019년 선정
일반근린형
(공화동 일대)</td><td>창업시설조성자금</td><td>공화동(1)</td><td>1</td></tr>
<tr><td rowspan="2">그 외</td><td>창업시설조성자금</td><td>중앙동(1), 교동(1)</td><td rowspan="2">3</td></tr>
<tr><td>임대상가조성자금</td><td>중앙동(1)</td></tr>
<tr><td>함평
(1)</td><td>2019년 선정
일반근린형
(함평읍 기각리 일원)</td><td>공동협업공간조성자금</td><td>함평읍(1)</td><td>1</td></tr>
<tr><td>담양
(1)</td><td>2019년 선정
일반근린형
(담양읍 담주리 일원)</td><td>공동협업공간조성자금</td><td>담양읍(1)</td><td>1</td></tr>
</tbody>
</table>

자료 : 저자 작성

2.2. 목포시

1) 목포시의 도시재생

전라남도 목포시에서 도시재생씨앗융자를 지원받은 사업장이 위치한 도시재생활성화지역은 2개소로, 도시재생 선도지역(2014년)과 만호동 선창권역 중심시가지형사업(2018년)이다. 각 도시재생사업의 주요내용은 아래와 같다.

목포시 도시재생 선도지역사업(2014)[5]

전라남도 목포시의 도시재생 선도지역사업은 2014년 선정되어 2019년까지 추진, 사업비 약 201.8억원이 투입된 사업이다. 사업대상지는 목포시 목원동 일원으로 총 면적은 600,000 m^2이다. 목포의 목원동 일대를 재생하기 위한 이 사업은 갈수록 쇠퇴하는 열악한 주거지 정비와 주민 삶의 질 개선의 필요에 따라 추진되었다.

사업유형은 근린재생형으로 주요 사업으로는 유휴시설 활용을 통한 역사·문화·관광 활성화 사업, 관광루트 조성 및 상가 리모델링 사업, 상권활성화 이벤트 및 축제 추진사업, 마을회관과 힐링센터 조성 등 도시재생 기반시설 설치사업 등이 있다. 공동체 활성화를 위한 사업으로는 주민제안 및 공모사업 추진과 도시재생대학과 마을학교 프로그램 운영 등을 들 수 있다.

5 광주광역시도시재생공동체센터. 2019. 2019년 광주 도시재생백서, pp.32-35.

상세히 살펴보면, 2014년에 도시재생 선도지역으로 지정되며 사업이 본격화 되었다. 유달산 조망권 내 노후불량주택 지붕경관 등 주택개량지원 및 경관관리 사업과 더불어 거점시설인 어울림회관, 만인웰컴센터, 만인계주차장, 남교시영주차장 등을 조성했다. 동시에 먹통축제, 남행열차 포차운영과 같은 특화장터사업, 목포 도시재생대학 등 소프트웨어 사업도 함께 추진했다.

주요 거점시설의 준공과 운영, 다양한 주민역량 강화사업 운영을 바탕으로 목포만의 특색을 갖춘 역사 스토리텔링을 통해 원도심인 목원동 일대의 도시재생 활성화를 이끌어냈다.

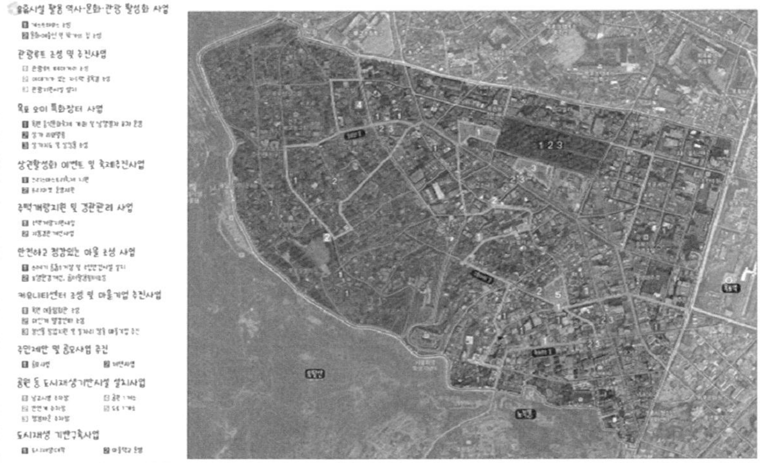

자료 : 도시재생종합정보체계 홈페이지(https://www.city.go.kr/map/index.do)

▲ **목포시 도시재생 선도사업 계획도**

만호동 중심시가지형(2018) : 1897 개항문화거리

목포시의 선창권역 도시재생 뉴딜사업 일환인 만호동 중심시가지형 사업은 2018년 선정, 2022년까지 추진되는 사업으로 사업명은 "1897 개항문화거리"로 약 316.5억원의 사업비로 추진되었다. 만호동은 목포시 선창권역의 대표적 지역으로 목포의 태동지라고 할 수 있다. 1897 목포항 개항 이후 목포의 근대 문화와 역사자원을 다수 간직하고 있는 대표적 주거 상업지역이다. 항구산업 쇠퇴 등으로 인해 정주여건 개선 및 지역특화 사업이 필요했기 때문에 중심시가지형 도시재생 뉴딜사업에 선정되었다.

주요 사업으로는 역사문화관광 스토리개발 및 플랫폼 조성사업, 선창특화 창업플랫폼 조성사업, 정주여건 개선 등 주민 삶의 질 개선 사업 등이 있으며 여행자 쉼터 조성, 친수시설 조성, 송도마을 새뜰사업, 내항 재개발 사업 등 다수의 부처 협업사업도 함께 추진되었다.

2018년 뉴딜사업 선정 이후, 개항문화 관광루트 개발 및 특화거리 조성, 구 목포세관을 복원하여 문화복합공간을 조성하는 목포세관 예술 플랫폼 조성, 개항거리 다목적광장(주차장) 조성, 개항거리 어울림 플랫폼 조성, 청년창업 인큐베이팅 플랫폼 등의 하드웨어 사업이 추진되었으며 지역상권 활성화를 위한 지역특화 축제, 소(小)포장 및 브랜드 개발과 더불어 도시재생대학과 주민제안 공모사업 등 소프트웨어 사업도 함께 진행 중이다.[6]

[6] 전라남도 도시재생지원센터 홈페이지(https://www.jnurc.or.kr) 2022. 저자 재구성

자료 : 도시재생종합정보체계 홈페이지(https://www.city.go.kr/map/index.do)

▲ 목포시 중심시가지형 도시재생사업 계획도

특히, 본 사업을 통해 발족하여 2020년에 국토교통부 인가를 받은 '1897 개항문화거리 마을관리 사회적협동조합'이 두각을 나타내며 활동하고 있다. 이 조합은 2021년 국토교통부가 선정한 우수 마을조합 사례로, 국내 7개소에 한정한 '선도 마을관리 사회적협동조합'에 선정되는 쾌거를 이루기도 했다.[7] 이렇듯 만호동 중심시가지형 사업은 향후에도 '1897 개항문화'라는 목포만의 특색 있는 도시 브랜드의 공고화를 통해 도시 경쟁력 향상 등의 효과를 창출할 것으로 보인다.

2) 도시재생씨앗융자 이용 현황

목포시 도시재생씨앗융자 이용현황은 총 24개소로, 이 중 2014년 목원동 도시재생 선도사업지역에 12개소(50%), 2018년에 선정된 선창권역 중심시가지형 사업지역에 12개소(50%)가 입지한 것이 특징이다.

[7] 국토교통부·한국사회적기업진흥원. 2021. 2021년 마을관리 사회적협동조합 사례집, pp.10-13.

▼ 목포시 도시재생활성화지역별 도시재생씨앗융자 지원 현황

구분	국비사업선정지역(도시재생 활성화지역)	도시재생씨앗융자상품	지원현황(개소)	합계
목포(24)	2014년 선정 선도사업지역 (목원동 일대)	창업시설조성자금	죽교동(2), 북교동(1), 즉동(1)	12
		공동협업공간조성자금	측후동(2), 명륜동(1), 죽동(2), 남교동(1), 죽교동(1)	
		상가리모델링자금	북교동(1)	
	2018년 선정 중심시가지형 (선창권역 일대)	창업시설조성자금	만호동(1), 항동(1), 명륜동(1), 대의동(1), 경동(1), 중동(1) 유동(1)	12
		공동협업공간조성자금	중앙동(1), 해안동(1) 보광동(1)	
		상가리모델링자금	항동(1)	
		임대상가조성자금	금동(1)	

자료 : 저자 작성

목포에서 도시재생씨앗융자를 지원받은 사업장이 위치한 도시재생 활성화지역은 목포의 원도심지역과, 항구를 중심으로 한 개항문화지역으로 나눌 수 있다. 먼저. 목포시 선도지역사업(2014년)과 중심시가지형사업(2018년)의 죽교동(3), 북교동(2), 남교동(1), 죽동(2), 죽동(3), 측후동(2), 명륜동(1)은 유달산에서 근대역사관 방향으로 펼쳐진 목포의 원도심 지역이다. 이 지역은 100년 전 목포의 최고 번화가였던 지역으로 1897년, 자주적 개항을 통해 근대도시로 성장하면서 원도심 일원의 동반성장을 이뤄낸 지역이다.

목포시 선도지역사업(2014년)과 중심시가지형사업(2018년)의 만호동(1), 항동(2), 중앙동(1), 대의동(1), 경동(1), 중동(1), 해안동(1), 금동(1), 유동(1), 보광동(1)은 1897년에 목포가 개항을 통해 성장했던

지역으로 현재 개항문화거리가 인접해 있는 지역이다. 다양한 근대건축자산과 근대 도시계획시설 등이 입지한 만큼, 근대 문화유산의 보존을 위해 만호동과 유달동 일원은 2018년 8월, 전국 최초로 공간 단위 문화재로 등록된 지역이기도 하다.

▲ 목포시 도시재생씨앗융자 이용현황 (자료 : 저자작성)

목포시 도시재생씨앗융자 이용현황을 세부적으로 살펴보면, 창업지설 조성자금(11), 공동협업 공간조성자금(10), 상가조성관련 자금(3)으로 분류할 수 있다.

창업시설 조성자금(11) 융자의 평균 총사업비는 약 10.1억원이며, 평균 융자금액은 약 6.43억원이다. 평균적으로 융자금액은 총 사업비의 약 63%로 조사되었다. 융자대상은 개인 10건, 법인 1건으로 개인이 다수를 차지하고 있으며, 법인 1건의 사업장은 "목포시 원도심 트렌디한 맛과 근대역사 문화 탐방사업"을 하는 곳이다. 1층은 일반음식점으로, 2층은 게스트하우스로 직접 운영하고 있다. 창업시설 조성자금을 받은 사업테마로는 주로 게스트하우스 및 일반음식점이 대다수를 차지하고 있다. 이는 목포(원도심, 개항문화거리, 항구)를 찾는 관광객의 수요를 충족하는 비즈니스 모델이기 때문일 것으로 분석된다.

공동협업공간 조성자금(10)을 위한 융자는 총사업비가 15억 이상인 해안동의 "스마트힐링빌딩공사"를 제외하면, 총사업비가 15억 이하인 곳이 9곳이다. 이들의 평균 총사업비는 약 4.41억 원이며, 평균 융자금액은 약 2.72억 원이다. 평균적으로 융자금액은 총 사업비의 61%로 나타났으며, 평균 임대료 인상률은 연 5% 이내로 조사되었다. 융자대상은 개인 10건으로 전체를 차지하고 있다. 대부분 공동협업공간을 1층으로 하며 카페나 코워킹 공간 등 복합공간의 형태로 공동협업공간을 조성해 두었으며, 목포 원도심의 문화와 예술이 연계된 프로그램들 위주로 운영하는 것으로 파악된다.

상가조성에 관련된 자금융자(3)는 임대상가 조성자금(1)이 금동에 위치하여 총 사업비가 17.9억 원이며, 융자금액이 11.6억 원으로 총사업비의 64%를 차지하고 있으며 연 2.5%이내의 임대료 인상률로 조사되었다. 융자대상은 법인으로 사업장명은 "1897"이다. 사업개요는 창업임대, 음식 코워킹 시설, 특산물판매 등의 수익모델이다.

상가리모델링 자금(2)은 평균적으로 총사업비 약 4.4억원, 평균 융자금액은 약 2.75억 원이다. 평균적으로 총사업비의 약 62.5%를 융자금액으로 이용하는 것으로 나타났으며, 평균 임대료 인상률은 연 5% 이내로 조사되었다. 융자대상은 개인이 2건으로 조사되었다. 상세사항은 아래와 같다.

▼ 목포시 도시재생씨앗융자 지원 세부현황

융자	사업장명	주소	총사업비 (억원)	융자금액 (억원)	임대료 인상률	대지면적 (m^2)	연면적 (m^2)
창업 시설 조성 자금 (11)	청춘 게스트하우스	죽교동 236	2.3	0.7	-	254	130
	설레임 게스트하우스	죽교동 335	4.8	2	-	765	230
	전남 향토문화 체험 카페	중동1가 4-4	4.3	2.9	-	129	162
	명복고풍 의상 대여점 및 홍어라면집	경동1가 10	1.2	0.8	-	60	60
	역사와 전통이 숨쉬는 여행자의 보금자리(관해장 재생사업)	항동 2-53,55,56	8	5.4	-	833	435
	P SPEAK 게스트하우스 조성사업	대의동2가 5-14	1.8	1.2	-	96	56
	지온건축사무소 조성	만호동 5-11	0.5	0.4	-	83	50
	목포시 원도심 트렌디한 맛과 근대역사 문화 탐방 사업	유동 3	4.2	2.7	-	208	216
	호스텔업 밀 창업시설 리모델링 공사	영산로 119(명륜동)	79	47	-	1,131	7,495.88
	소로 한옥 조성사업	죽동 139-3번지	1.8	1.2	-	165.3	61.49
	호자한옥 조성사업	북교길 25번길 7(북교동)	3.4	0.04	-	456.1	190.5

자료 : 도시재생기금지도 홈페이지
(https://enhuf.molit.go.kr/fur/pp/pm/POPPM009M01.jsp). 2022.

▼ 목포시 도시재생씨앗융자 지원 세부현황

융자	사업장명	주소	총사업비 (억원)	융자금액 (억원)	임대료 인상률	대지면적 (m^2)	연면적 (m^2)
공동협업공간 조성자금 (11)	유휴 건축물을 리모델링하여 게스트하우스 조성	명륜동 17	7.9	3	연 5% 이나	361	930
	게스트하우스 및 지역시민단체 코워킹커뮤니티공간	죽동 226-15	3.7	1	-	344	519
	공공디자인 연구소	측후동 4-1, 4-6	7.2	4	-	826.4	287
	중앙동 문화예술연구소	중앙동 1가 4-2	4.6	3.2	-	173.9	327.4
	유천코워킹스페이스 조성사업	죽동 126-1	4.8	2.9	연 5% 이내	181.8	279.7
	스마트힐링빌딩 신축공사	해안동3가 6번지, 해안동 2가 8번지	15.1	9	연 5% 이내	325.0	997.0
	목원동 코워킹커뮤니티시설	죽교동 232	4.1	2.4	-	182	180
	청년과 외국인을 위한 문화예술복합공간 및 통번역 사업	보광동 2가 3-7	1.4	0.9	연 5% 이내	99	131
	Inn The Woong(인더웅) B&B	남교동 123-2	3.2	2.1	연 5% 이내	162	313
	게스트하우스 및 카페공방 신축공사	측후동 1-19	7.2	5	연 5% 이내	307.4	354.2
상가리모델링 조성자금 (2)	도시재생지역 노후상가 리모델링	북교동 169-1	2.3	1.5	연 5% 이내	128.9	153
	게스트하우스 신축 공사	만호로 38번길 17 (항동)	6.5	4	-	201.7	268.71
임대상가 조성자금 (2)	목동 금동 1897 푸드스토리 음악이야기 마을	금동1가 2-5, 3-2, 3-4	17.9	11.6	연 2.5% 이내	1,051	666

자료 : 도시재생기금지도 홈페이지 (https://enhuf.molit.go.kr/fur/pp/pm/POPPM009M01.jsp). 2022.

목포시 내 도시재생씨앗융자를 지원받은 사업장의 사업 전후 현장 모습은 다음 표와 같다.

구분	사업장명	사업 전	사업 후
창업 시설 조성 자금	청춘 게스트 하우스		
	설레임 게스트 하우스		
	전남향토문화 체험카페		
	복고풍 의상 대여점 및 홍어 라면집		

자료 : 네이버지도 사진 활용

▲ 목포시 도시재생씨앗융자 활용 전과 후

구분	사업장명	사업 전	사업 후
창업 시설 조성 자금	역사와 전통이 숨쉬는 여행자의 보금자리 (관해장 재생사업)		
	P SPEAK 게스트하우스 조성사업		
	지온건축 사무소 조성		
	목포시 원도심 트렌디한 맛과 근대역사 문화 탐방 사업		

자료 : 네이버지도 사진 활용 및 일부 저자 직접 촬영

▲ 목포시 도시재생씨앗융자 활용 전과 후

구분	사업장명	사업 전	사업 후
창업 시설 조성 자금	호스텔업 및 창업시설 리모델링 공사		
	소로 한옥 조성사업		
	호자한옥 조성사업		
공동 협업 공간 조성 자금	유휴 건축물 매입, 리모델링 통한 도시재생 활성화 사업		

자료 : 네이버지도 사진 활용 및 일부 저자 직접 촬영

▲ 목포시 도시재생씨앗융자 활용 전과 후

구분	사업장명	사업 전	사업 후
공동 협업 공간 조성 자금	게스트하우스 및 지역시민단체 코워킹 커뮤니티공간 (좋은집 게스트 하우스)		
	공공 디자인 연구소 (목포시 측후동)		
	중앙동 문화예술연구소		
	유천 코워킹 스페이스 조성사업		

자료 : 네이버지도 사진 활용

▲ 목포시 도시재생씨앗융자 활용 전과 후

구분	사업장명	사업 전	사업 후
공동 협업 공간 조성 자금	스마트 힐링빌딩 신축공사		
	목원동 코워킹 커뮤니티시설		
	청년과 외국인을 위한 문화예술복합 공간 및 통번역 사업		
	게스트 하우스 및 카페공방 신축공사		

자료 : 네이버지도 사진 활용

▲ **목포시 도시재생씨앗융자 활용 전과 후**

구분	사업장명	사업 전	사업 후
상가 리모델링 조성 자금	도시재생지역 노후상가 리모델링		
	게스트 하우스 신축공사		
임대 상가 조성 자금	목동 금동 1897 푸드 스토리 음악 이야기 마을 (1897)		

자료 : 네이버지도 사진 활용

▲ 목포시 도시재생씨앗융자 활용 전과 후

2.3. 화순군

1) 화순군의 도시재생

전라남도 화순군은 2018년에 향청리 일대에 중심시가지형 사업을 선정 받았으며, 도시재생씨앗융자를 지원받은 사업장이 함께 소재하고 있다. 2018년 선정된 향청리 일대 중심시가지형 사업은 '청춘신작로와 함께 되살아나는 힐링도시 화순'을 사업비전으로 낙후된 주거지와 구도심을 재생하여 새로운 혁신공간 조성을 목표로 사업을 추진하고 있다.

향청리 중심시가지형 (2018) : 청춘신작로와 함께 되살아나는 힐링도시 화순[8]

전라남도 화순군 도시재생 뉴딜사업 일환으로 추진되고 있는 향청리 일대 중심시가지형 사업은 2018년에 선정되어 2022년까지 추진되는 사업으로 사업비는 약 180억원이다. 사업대상지는 화순읍 향청리, 만연1리와 만연2리, 훈리 일원으로 면적은 137,300m^{2}이다. 낙후된 노후주거지와 구도심을 개발하여 화순의 새로운 혁신 거점공간 조성을 목표로 '청춘신작로와 함께 되살아나는 힐링도시 화순'을 사업 비전으로 삼고 있다.

주요 사업으로는 건강한 도시 및 주거환경 조성을 위한 테마가로 및 산책길, 마을골목길, 노후주택 정비사업이 있으며 청춘·힐링 경제 활성화와 공동체 문화를 위해 청춘활력소, 상생협력상가, 힐링창의놀

8 전라남도 도시재생지원센터 홈페이지(https://www.jnurc.or.kr). 2022. 저자 재구성

이터, 어울림센터, 공공녹지공간 조성과 같은 거점시설 조성, 그리고 생생아카데미와 같은 주민역량 강화사업 등이 있다.

2018년 뉴딜사업 선정 이후에 청춘신작로 테마가로, 만연천 건강산책길, 활기차고 안전한 마을골목길, 노후주택 정비사업, 공동체 텃밭, 힐링정원 등 공공녹지공간 조성 사업이 이루어졌다. 더불어 뉴딜사업 맞춤형 교육, 도시재생대학 등 생생아카데미를 통해 주민역량 강화를 목표로 하는 소프트웨어 사업도 함께 추진 중이다. 향청리 일대 중심시가지형 사업은 이러한 주요사업들의 추진을 통해 활기로 사람과 도시를 치유하는 힐링도시 화순을 위한 도시재생사업을 추진해 나갈 예정이다.

자료 : 도시재생종합정보체계 홈페이지(https://www.city.go.kr/map/index.do)

▲ 화순군 향천리 일대 중심시가지형 도시재생사업 계획도

2) 화순군 도시재생씨앗융자 현황

화순군에서 도시재생씨앗융자를 이용하고 있는 사업장은 2개소로 2018년에 선정되어 국비사업이 추진되고 있는 향청리 일반근린형 도시재생 뉴딜사업지역에 입지하고 있다. 지원받고 있는 도시재생씨앗융자 상품은 공동협업공간 조성자금(1)과 상가리모델링 자금(1)이다.

▼ 화순군 도시재생활성화지역별 도시재생씨앗융자 지원 현황

구분	국비사업선정지역 (도시재생 활성화지역)	도시재생씨앗융자상품	지원현황(개소)	합계
화순 (2)	2018년 선정 중심시가지형 (향청리 일대)	공동협업공간조성자금	향청리(1)	2
		상가리모델링자금	훈리(1)	

자료 : 저자 작성

▲ 화순군 도시재생씨앗융자 이용현황 (자료 : 저자작성)

화순군 도시재생씨앗융자 세부 이용현황을 살펴보면, 먼저 공동협업공간 조성자금(1)을 이용하고 있는 사업장은 훈리에 위치하고 있으며, 총 사업비가 약 10억원, 융자금액이 약 7억원으로 총사업비의 70%를 차지하고 있다. 사업개요를 살펴보면, 융자대상은 개인이며 식당을 확장 이전하여 코워킹 스페이스과 사무실 임대를 통한 수익모델을 가지고 있다.

상가리모델링 자금(1)을 이용하고 있는 사업장은 향청리에 위치하고 있으며, 화순 기정떡 점포를 확장하고 상생협력상가를 조성한다는 사업내용을 골자로 하고 있다.

▼ 화순군 도시재생씨앗융자 지원 세부현황

융자	사업장명	주소	총사업비 (억원)	융자금액 (억원)	임대료 인상률	대지면적 (m^2)	연면적 (m^2)
공동협업공간조성자금 (1)	화순 코워킹 커뮤니티 시설 조성 사업	화순읍 훈리 65-2	10	7	-	273	395.26
상가리모델링 자금 (1)	화순기정떡 확장 및 상생 협력상가 임대사업장 조성 사업	향청리 93-1번지	31	13	-	496	1,358.52

자료 : 도시재생기금지도 홈페이지 (https://enhuf.molit.go.kr/fur/pp/pm/POPPM009M01.jsp). 2022.

화순군 내 도시재생씨앗융자를 지원받은 사업장의 사업 전후 현장 모습은 다음 표와 같다.

구분	사업장명	사업 전	사업 후
상가 리모델링 조성 자금	화순 코워킹 커뮤니티시설 조성사업		
임대 상가 조성 자금	화순기정떡 확장 및 상생 협력상가 임대사업장 조성 사업		

자료 : 네이버지도 사진 활용

▲ 화순군 도시재생씨앗융자 활용 전과 후

2.4. 순천시

1) 순천시의 도시재생

순천시에서 도시재생씨앗융자를 지원받은 사업장이 위치한 도시재생활성화지역은 2017년에 선정된 장천동 중심시가지형 사업지역으로 국비사업 지역이기도 하다. 이 지역은 기능이 쇠퇴한 순천시 버스터미널이 사업대상지에 포함되어 있어, 도심기능 회복에 중점을 두고 있다. 2017년 장천동 중심시가지형 사업을 요약하자면 아래와 같다.

장천동 중심시가지형(2017) : 몽미락이 있는 청사뜰[9]

장천동 중심시가지형 사업은 순천시 도시재생 뉴딜사업 일환으로 2017년에 선정되어 2022년까지 추진되는 사업으로 사업비는 약 300억 원이다. 사업대상지는 장천동 18-20번지 일원으로 순천터미널이 포함되어 있으며 면적은 200,966m^{2}에 달한다. 버스터미널 상권 쇠퇴 등 도심기능의 저하를 해결하기 위해 뉴딜사업이 추진되었으며 정원문화와 생태미식, 만가지로가 넘치는 문화터미널 조성을 목표로 '몽미락이 있는 청사뜰'을 사업 비전으로 삼고 있다.

장천동 중심시가지형 사업은 버스터미널 상권활성화를 통해 순천의 도심기능을 회복하고 청년 일자리 창출 및 공동체 형성을 지원하여 순천의 도시활력을 이끌어내고 있다. 주요 사업으로는 만가지로 경관디자인을 통한 도시공간 혁신사업, 세대별 융합 일자리창출 및 연계

9 전라남도 도시재생지원센터 홈페이지(https://www.jnurc.or.kr). 2022. 저자 재구성

를 위한 경제활성화 사업, 골목단위 자치분권으로 주민과 함께하는 지역주도 사업을 골자로 한다.

2017년 도시재생 뉴딜사업 선정 이후, '만가지로 경관사업'과 '터미널 유흥골목 안전을 위한 안심·안전마을 사업' 등 도시 기능 전반을 개선하기 위한 하드웨어 사업이 추진되었으며, 동시에 거점시설인 몽미락센터(도시재생플랫폼), 파랑새미술관, 팝업스페이스 조성 등이 추진 되었다. 더불어 순천시 자원 특화 스타트업, 청년 코워킹 사업 발굴, 지역민의 도시재생 역량강화 및 전문가 양성을 목표로 하는 교육 프로그램 운영 등 소프트웨어 사업도 활발히 추진되었다.

자료 : 도시재생종합정보체계 홈페이지(https://www.city.go.kr/map/index.do)

▲ 순천시 장천동 중심시가지형 도시재생사업 계획도

2) 순천시 도시재생씨앗융자 지원 현황

순천시 도시재생씨앗융자 이용현황은 5개소이다. 도시재생씨앗융자를 지원받은 사업장이 입지한 도시재생활성화지역을 살펴보면, 2017년에 선정된 장천동 일대 중심시가지형 사업지역에 융자를 지원받은 사업장이 4개소(80%)가 분포하고 있으며, 그 외 도시재생활성화지역에 1개의 사업장(20%)이 입지하고 있다.

▼ 순천시 도시재생활성화지역별 도시재생씨앗융자 지원 현황

구분	국비사업선정지역 (도시재생 활성화지역)	도시재생씨앗융자상품	지원현황(개소)	합계
순천 (5)	2017년 선정 중심시가지형 (장천동 일대)	창업시설조성자금	장천동(1)	4
		임대상가조성자금	장천동(3)	
	그 외	공동협업공간조성자금	옥천동(1)	1

자료 : 저자 작성

▲ 순천시 도시재생씨앗융자 이용현황 (자료 : 저자작성)

순천시 도시재생씨앗융자 이용현황은 창업시설 조성자금(1), 공동협업공간 조성자금(1), 임대상가 조성자금(3)으로 나뉜다.

먼저, 창업시설 조성자금(1)을 이용하고 있는 사업장의 총 사업비는 약 1.6억 원이며, 평균 융자금액은 약 1.0억 원이다. 평균적으로 융자금액은 총 사업비의 약 62.5%로 나타났다. 융자대상은 법인으로 "빈집 활성화 프로젝트"를 사업명으로 삼았다. 이 공간을 통해 문화예술기획, 공공미술, 출판, 전시기획 및 문화콘텐츠 사업들을 전개해 나갈 수 있는 문화·디자인·창작(창업)공간 조성을 사업목표로 하고 있다.

공동협업공간 조성자금(1)을 이용하고 있는 사업장명은 "쉼터조성사업"이다. 사업개요를 살펴보면, 융자대상은 개인으로 1층에 카페 및 코워킹 공간을 조성하고자 한다. 총 사업비는 약 9.1억 원이며, 융자금액은 약 5.0억 원이다. 평균적으로 융자금액이 총 사업비의 54%로 나타났다.

임대상가 조성자금(3)은 평균 총사업비는 약 34.4억 원이며, 평균 융자금액은 약 23.1억 원이다. 평균적으로 융자금액은 총 사업비의 약 67%로 나타났으며, 평균 임대료 인상률은 연 2.5% 이내로 조사되었다. 융자대상은 개인 1건, 법인 2건으로 나타났으며, 법인형태로 시설이 운영되는 사업장은 "로얄프라자 임대상가조성 및 요양원 리모델링사업"과 "로얄웨딩홀 임대상가조성사업"이다. "로얄프라자 임대상가조성 및 요양원 리모델링사업"에서는 5~6층을 임대상가로 조성하고 7~8층은 노인 안심센터 운영하는 것을 사업의 골자로 한다. "로얄웨딩홀 임대상가조성사업"은 웨딩사업의 사업성 악화로 인해 수익구조를 임대상가 조성을 통한 임대수익 창출로 바꾸기 위해 추진되는 사업이다. 따라서 건축물 1~3층 상가를 리모델링하여 임대수익을 발생시키는 것이 수익모델이라고 할 수 있다.

▼ 순천시 도시재생씨앗융자 지원 세부현황

융자	사업장명	주소	총사업비 (억원)	융자금액 (억원)	임대료 인상률	대지면적 (m^2)	연면적 (m^2)
창업 시설 조성 자금 (1)	빈집활성화 프로젝트	장천동 18-84	1.6	1	-	64	36
공동 협업 공간 조성 자금 (1)	쉼터 (코워킹 커뮤니티 시설) 조성 사업	옥천길 67번지	9.1	5	-	1,061	156
임대 상가 조성 자금 (1)	순천 로얄프라자 임대상가 조성 및 요양원 리모델링 사업	장천동 39-3	23.9	13.3	연 2.5% 이내	1,213	3,067
	'사업하기 좋은 착한 임대상가' 조성 사업	장천동 15-3, 15-20	38.5	30.5	연 2.5% 이내	1,298	2,564
	순천 로얄웨딩홀 임대상가 조성사업	장천4길 10	40.9	25.5	연 2.5% 이내	1018	4775

자료 : 도시재생기금지도 홈페이지
(https://enhuf.molit.go.kr/fur/pp/pm/POPPM009M01.jsp). 2022.

순천시 내 도시재생씨앗융자를 지원받은 사업장의 사업 전후 현장 모습은 다음 표와 같다.

구분	사업장명	사업 전	사업 후
공동 협업 공간 조성 자금	쉼터 (코워킹 커뮤니티 시설) 조성 사업		

자료 : 네이버지도 사진 활용

▲ 순천시 도시재생씨앗융자 활용 전과 후

구분	사업장명	사업 전	사업 후
창업 시설 조성 자금	빈집 활성화 프로젝트		
임대 상가 조성 자금	순천 로얄 프라자 임대상가 조성 및 요양원 리모델링 사업		
	'사업하기 좋은 착한 임대상가' 조성사업		
	순천로얄 웨딩홀 임대상가 조성사업		

자료 : 네이버지도 사진 활용

▲ 순천시 도시재생씨앗융자 활용 전과 후

2.5. 여수시

1) 여수의 도시재생

여수시에서는 도시재생활성화지역을 2021년에 7개소에서 34개소로 변경하였다. 34개의 도시재생활성화지역을 구체적으로 살펴보면, 중심시가지형 2개소(중앙지구, 국동지구), 일반근린형 10개소, 주거지지원형 18개소, 우리동네살리기 4개소이다. 특히, 중심시가지형 도시재생활성화지역은 2개소로 여수 구항지구인 교동과 중앙동 일원의 중앙지구, 국동항지구인 국동1지구로 나뉜다. 국동1지구는 2021년에 중심시가지형 국비공모 사업에 선정되었다.[10]

도시재생씨앗융자를 지원받은 사업장이 입지한 도시재생활성화지역은 2019년 공화동 일반근린형 도시재생 뉴딜사업지역이며, 주요내용은 아래와 같다.

공화동 일반근린형(2019) : 여성과 청소년이 함께하는 한려·동문 백년재생[11]

여수시 도시재생 뉴딜사업 일환인 공화동 일반근린형 사업은 2019년에 선정되어 2022년까지 추진되는 사업으로 사업비는 약 209.7억원이다. 사업대상지는 공화동 193-1번지를 일원으로 하며 면적은 132,627 m^2이다. 역전 등 공공기관 이전에 따른 자생적 경제기반을 상실하고 성매매 집결지(집장촌)의 존재로 입주기피 현상이 나날이

10 여수시의회. 2021. 여수시 도시재생 전략계획 변경(안) 심사보고서. p.4.

11 전라남도 도시재생지원센터 홈페이지(https://www.jnurc.or.kr). 2022. 저자 재구성

증대되었을 뿐만 아니라 여수엑스포 개최 이후 여수 신항의 항만기능 약화로 급격한 상권 쇠퇴가 진행된 지역이다. 이를 해결하기 위해 '여성과 청소년이 함께하는 한려·동문 백년재생'을 목표로 사업을 진행하고 있다.

주요 사업으로는 여성, 청소년 돋움여건 조성사업, 노후주택 및 공폐가, 생활기반 SOC, 도시재생 거점시설을 조성하는 정주여건 개선사업, 그리고 공동체 활성화를 위한 사업 등이 있다. 2019년 뉴딜사업 선정 이후 30년 이상 노후주택을 개량하고 공·폐가를 정비하는 등 생활기반 SOC를 정비함과 동시에 여성과 청소년을 위한 돋움센터, 어울림센터, 인큐베이팅센터 등 주요 거점시설 등이 조성 중이다. 또한, 도시재생현장지원센터를 중심으로 도시재생대학, 상인대학, 주민참여 공모사업, 도시재생 기록화 사업 등 다양한 소프트웨어 사업도 함께 추진되고 있다.

자료 : 도시재생종합정보체계 홈페이지(https://www.city.go.kr/map/index.do)

▲ 여수시 공화동 일반근린형 도시재생사업 계획도

여수시 공화동 일반근린형 사업은 2022년까지 주요사업 추진을 통해 과거 성매매 집결지라는 이미지를 탈피하여 여성과 청소년이 지역주민과 함께 상생하며 자생적 경제기반을 조성, 궁극적으로 상권 활성화를 통해 여수의 대표적 도시재생 사업지로 부상하고 있다.

2) 여수시 도시재생씨앗융자 지원 현황

여수시 도시재생씨앗융자 이용현황은 4개소이다. 2019년에 선정된 공화동 일대 일반근린형 도시재생 사업지역에 1개소(25%), 여수시 도시재생전략계획에 따라, 중심시가지형에 해당하는 중앙지구(교동, 중앙동일원)에 3개소(75%)가 위치하고 있다.

임대상가 조성자금(1)은 총 사업비가 약 33.4억원이며, 평균 융자금액은 약 23.4억원이다. 평균적으로 융자금액은 총 사업비의 약 70%로 나타났으며, 융자대상은 법인이다. 사업장명은 "(구)제일은행 여수지점 리모델링 사업"이며, 갤러리 및 베이커리 카페 등을 운영한다. 본 사업장은 위의 창업시설 조성자금(3)으로도 도시재생씨앗융자 지원을 받았다는 점에서 특징이 있다.

▼ 여수시 도시재생사업별 도시재생씨앗융자 지원 현황

구분	국비사업선정지역 (도시재생 활성화지역)	도시재생씨앗융자상품	지원현황(개소)	합계
여수 (4)	2019년 선정 일반근린형 (공화동 일대)	창업시설조성자금	공화동(1)	1
	그외	창업시설조성자금	중앙동(1), 교동(1)	3
		임대상가조성자금	중앙동(1)	

자료 : 저자 작성

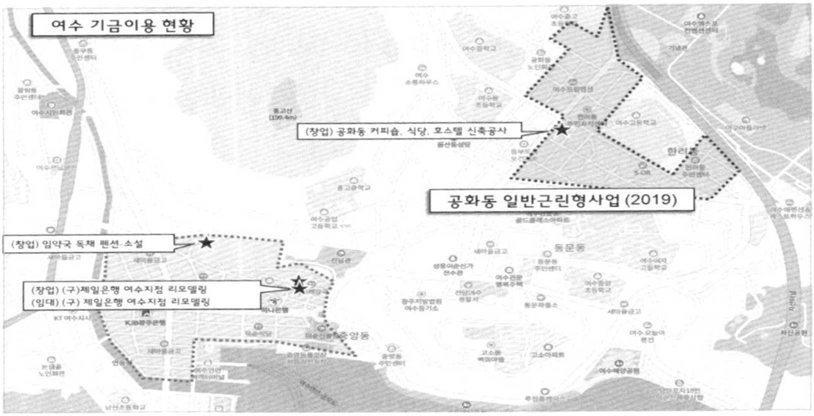

▲ 여수시 도시재생씨앗융자 이용현황 (자료 : 저자작성)

▼ 여수시 도시재생씨앗융자 지원 세부현황

융자	사업장명	주소	총사업비 (억원)	융자금액 (억원)	임대료 인상률	대지면적 (m^2)	연면적 (m^2)
창업 시설 조성 자금 (3)	여수 공화동 커피숍, 식당, 호스텔 신축공사	공화동 1259	20.3	14.2	-	197	855.89
	(구)제일은행 여수지점 리모델링	통제영 5길 7 (중앙동)	33	15	-	1,094	739.14
	(구)임약국 독채 펜션 리모델링 사업	교동 44	3.5	2.4	-	212	188
임대 상가 조성 자금 (1)	(구)제일은행 여수지점 리모델링 사업	중앙동 691	33.4	23.4	연 2.5% 이내	1,094.0	739.1

자료 : 도시재생기금지도 홈페이지
(https://enhuf.molit.go.kr/fur/pp/pm/POPPM009M01.jsp). 2022.

여수시 내 도시재생씨앗융자를 지원받은 사업장의 사업 전후 현장 모습은 다음 표와 같다.

구분	사업장명	사업 전	사업 후
창업 시설 조성 자금	여수 공화동 커피숍, 식당, 호스텔 신축공사		
	(구)제일은행 여수지점 리모델링		
	(구)임약국 독채 펜션 리모델링 사업		
임대 상가 조성 자금	(구)제일은행 여수지점 리모델링		

자료 : 네이버지도 사진 활용

▲ 여수시 도시재생씨앗융자 활용 전과 후

인터뷰 8

신● ●
공동협업공간조성자금 활용, 협동조합 이사

▪ **2018년 공동협업공간조성자금을 활용하여 청년과 외국인을 위한 문화예술복합공간 운영 및 통번역 사업을 비즈니스 모델로 한 사례. 복합문화예술 공간의 운영과 통번역 서비스를 통해 청년과 외국인의 자연스러운 유입을 유도, 해당 거리를 활성화 시킬 뿐만 아니라 지역 커뮤니티까지 강화하고 있다.**

질문: 도시재생씨앗융자를 접하게 된 계기나 동기가 있으실까요?

같은 권역인 전라남도 여수 지역에 도시재생기금을 활용하여 굉장히 큰 공간을 조성한 지인의 사례를 접하고 도시재생씨앗융자 사업이 있다는 것을 알게 되었습니다. 사업수행자인 HUG 본사를 직접 방문해서 정보를 모았고 모르는 것은 계속 물어가며 사업을 신청하게 되었습니다.

지금 계신 이 공간은 100년 된 일본 적산가옥입니다. 이런 좋은 역사적 유산을 공간적으로 활용할 수 있는 방법을 찾아가는 과정에서 이 기금을 활용하겠다고 마음 먹었습니다. 저는 문화예술을 전공한 후 여러 나라를 돌아다닐 기회가 있었는데 덕분에 다국어 특기자입니다. 문화예술 전공, 다국어 특기, 그리고 여행자로서의 경험을 살려 복합문화예술 공간 운영, 그리고 여행자를 위한 공간, 통번역 사업 등을 이 공간을 토대로 기획하게 되었습니다. 지금의 '젊음의 거리안의 청년과 외국인을 위한 문화예술복합공간 및 통번역 사업'은 이런 과정을 통해 기획된 것입니다.

질문: 도시재생씨앗융자를 활용한 사업의 수익모델(BM)이 있으셨을 것 같은데, 소개해주시겠어요?

1층의 상업공간을 중심으로 수익모델을 기획했습니다. 1층 상업공간은 낮에는 카페, 저녁에는 펍으로 운영하는데요. 동시에 청년과 외국인 등 목포를 여행 온 분들을 위한 여행자 공간이기도 하면서 지역민을 위한 코워킹 공간으로도 운영하는 아주 다양한 쓰임새를 갖춘 그런 공간입니다. 2층은 문화예술공간입니다. 수익모델이 있다기보다는 이 지역의 '문화예술살롱'으로서 역할 했으면 하는 공간입니다.

수익모델을 정리해 보자면, 주로 1층 상업공간인 카페와 펍을 겸용하여 식음료 등을 판매하는 것입니다. 낮에는 카페, 저녁에는 펍으로 운영을 해야만 수익이 나오지 카페사업을 통해 커피만 팔아서는 객단가가 맞지 않는 것이 실정입니다.

질문: 초기 수익모델(BM)과 현재 수익모델(BM)이 달라진 점이 있다면, 무엇일까요?

2층은 문화예술공간이기 때문에 초기와 지금을 비교했을 때 수익모델이 크게 달라진 점이 없습니다. 반면에 1층 상업공간은 달라진 점이 다소 있습니다. 초기에는 카페 영업과 통번역 사업에 비중을 크게 두었으나, 통번역 사업이 초기에 생각했던 것만큼의 수요가 없는 상황입니다. 그래서 지금은 카페 영업보다는 저녁 시간대의 펍 운영에 비중을 두고 있고 통번역 사업보다는 여행자들이 쉬어가고 또 정보도 얻는 그런 공간, 수익모델로 달라졌다고 봐야겠죠. 그러나 초기 문화예술공간 운영이라는 큰 기획방향은 그대로 유지하고 있습니다.

질문: 민간투자 유도, 지역활성화 등 기금 활용 및 운영 시, 장점과 개선되어야 할 점이 있다면 무엇일까요?

이런 좋은 정부 제도들은 활용도 활용이지만, 이러한 정보를 취득할 수 있느냐 없느냐의 차이도 있는 것 같아요. 즉, 취득할 수 있는 '정보력'에서 가장 큰 차이가 난다고 봅니다. 전남지역은 이런 정보가 굉장히 부족하고 이것이 필요한 사람들 사이에 알려진다고 해도 상당히 늦게 알게 되는 경우가 많았습니다. 정보가 제대로 전파되지 않는 것이죠.

제가 도시재생씨앗융자를 신청할 2018년 당시에는 이 씨앗융자에 대한 정보가 굉장히 부족했습니다. 도시재생씨앗융자 상품자체가 도입된 초기였기 때문에 다른 분들이 이 씨앗융자를 활용하고 있다고 해도 노하우 등이 서로 축적되지 않아 어려움이 있었죠. 벤치마킹 자체가 어려운 상황이었으니까요. 저는 직접 발품을 팔아서 씨앗융자를 신청해 선정된 케이스입니다. 주변에서 도시재생씨앗융자 신청, 진행과 관련되어서 굉장히 많은 문의를 받았고 실제로도 개인, 법인 등에 관련해 많이 자문도 해 주었습니다.

도시재생씨앗융자 관련해서 홈페이지도 있지만, 도시재생씨앗융자, 도시재생기금 자체를 모르시는 분들이 많고 또 인터넷 상에서 이런 정보를 찾기 힘들어 하는 분들도 생각보다 많습니다. 이런 사업에 대한 의지력이 있는 분들이 저처럼 컴퓨터를 잘 한다고 생각하시면 안됩니다(웃음). 정보제공과 홍보 측면에 집중과 강화가 필요하다고 생각합니다.

인터뷰 9

엄● ●
창업시설조성자금 활용, 법인 이사

- **2019년 창업시설조성자금을 통해 원도심에 트렌디한 맛을 알림과 동시에 근대역사 문화를 탐방하고 쉬어갈 수 있는 리조트 숙박업을 중심으로 수익모델을 구축하였다.**
- **시정 사업인 음식특화거리 조성 인프라 구축과 근대역사문화를 공유, 전파할 수 있는 다양한 콘텐츠 숙박업으로 거리 활성화에 기여하고 있다.**

질문: 도시재생씨앗융자를 접하게 된 계기나 동기가 있으실까요?

숙박업을 중심으로 하는 협동조합에서 이사로 활동을 했었는데, 함께 활동했던 이사님이 도시재생씨앗융자를 활용해서 공간을 리모델링하시고 또 운영하고 계시다는 정보를 접하게 되었습니다. 이사님의 소개를 통해 도시재생씨앗융자를 신청하고자 마음 먹고, HUG를 직접 방문하여 관련 담당자들을 통해 정보를 모아 이 사업을 추진하게 되었습니다. 쉽게 정리하면, 지인의 소개를 통해 기금을 접한 케이스이죠.

도시재생씨앗융자의 직접적 활용 동기는 이 거리에 활기를 주고 싶다는 마음이었습니다. 저는 이 지역 출신이 아닙니다. 그런데 이 지역이 마음에 들어서 주거지를 옮겨 정착하게 된 케이스예요. 이 거리는 주간에는 어느 정도 유동인구가 있지만, 저녁이 되면 굉장히 한산해지는 거리입니다. 보니까 저녁에 간단히 반주 기울일 곳이 없더라구요. 저녁에도 이 지역의 맛과 또 멋을 내어줄 수 있는 공간을 만들고 싶어 도시재생씨앗융자를 활용하게 되었습니다.

질문: 도시재생씨앗융자를 활용한 사업의 수익모델(BM)이 있으셨을 것 같은데, 소개해주시겠어요?

저는 도시재생씨앗융자 상품 중 창업시설 조성자금을 활용했어요. 이 공간은 모두 다 상업시설이라고 보시면 됩니다. 1층 식당, 2층 게스트하우스 운영을 통해 수익을 내고 있어요. 1층은 식당인데, 식당이라기보다는 비스트로에 가깝습니다. 아까 트렌디한 맛이라고 설명을 드렸는데요. 돼지고기와 양고기를 구워 파는데 돼지고기는 이베리코를 사용해요. 고급화 전략을 통해 수익모델을 내고자 하는 케이스입니다. 2층은 게스트하우스인데 각자 방을 쓰고 거실과 주방은 쉐어하는 전형적인 형태예요. 최대 8명까지 수용할 수 있습니다. 코로나 이후에는 지역전파가 우려되어서 1팀만 받고 있어요.

1층 식당이 주로 순수익을 낸다고 볼 수 있는데요. 별도 인건비 없이 저와 아내가 음식을 직접 조리해 내어드리고 있기 때문에 가능하지 않을까 싶어요. 그래서 점심에는 영업을 하지 않고 오후 4시부터, 그러니까 저녁부터 영업을 하고 있습니다. 2층 게스트하우스와 같이 운영하려면 아무래도 1층 식당 점심 영업은 어려워요. 대신, 오전에는 시간이 있으니 공익적인 일에도 도전해 볼 수 있는 것이죠. 그래서 협동조합 활동도 하게 되었구요.

질문: 초기 수익모델(BM)과 현재 수익모델(BM)이 달라진 점이 있다면, 무엇일까요?

초기와 비교했을 때, 크게 달라진 점은 없지만 아무래도 1층 식당에 더 힘을 줘서 수익을 내고 있습니다. 실제로 순수익이 발생하고 있기도 하구요. 1층에서 나오는 수익으로 도시재생씨앗융자 이자상환을 할 수 있는 구조입니다.

이 공간을 잘 운영해 본 경험이 제게 쌓이다 보니, 요새는 다른 곳에서 새로운 사업을 해볼까 구상하고 있습니다. 새로운 사업을 할 때도 도시재생씨앗융자 같은 좋은 상품이 있으면 활용해 볼 생각입니다.

질문: 민간투자 유도, 지역활성화 등 기금 활용 및 운영 시, 장점과 개선되어야 할 점이 있다면 무엇일까요?

일단 담당자가 너무 자주 바뀌어서 힘들었습니다. 지금까지 관련 담당자가 세 번? 네 번 정도 바뀐 것 같아요. 담당자가 자주 바뀌다 보니 융자상품을 신청하고 또 활용하면서 수익모델에 대해 컨설팅이나 자문, 아이디어를 구할 수 없었는데 그런 점들이 너무 아쉬웠어요.

특히 창업 관련된 경우는 중소기업벤처부의 다른 프로그램을 이용하며 제가 스스로 제 역량을 키울 수밖에 없었습니다. 담당자가 자꾸 변하는 이 시스템이 좀 개선이 되었으면 좋겠습니다.

장점은 당연히 요새 같은 고금리 시대에 저리로 창업 관련된 자금을 조달할 수 있다는 것이죠. 요새 도시재생씨앗융자를 활용하길 잘했다는 생각이 듭니다. 비슷한 사업이 있지만 이렇게 저리로 원금과 이자를 같이 상환하지 않고 이자만 상환하면 되는 형식은 아니거든요. 또 저처럼 도시재생에 관심이 있는 공익적 마인드가 있는 사업하시는 분들에게 취지도 잘 맞구요. 이렇게 좋은 프로그램이 지속되면 좋겠습니다.

■ 마치며

지금까지 도시재생기금과 도시재생씨앗융자에 대해서 이해하고 알아보는 시간을 가졌다. 2016년 도시재생기금이 조성되면서 상가, 주택, 산업단지의 재생에 민간 참여를 지원하기 시작했다. 도시재생씨앗융자는 도시재생기금 중 특히 노후 상권의 활성화를 지원한다. 지원 대상은 개인/법인 사업자, 토지/상가를 소유한 사업자 또는 법인, 사회적 경제주체, 지자체, 공공기관 등이 될 수 있다. 도시재생씨앗융자를 지원받기 위해서는 사업내용이 도시재생사업 선정 시 포함되어 있으면 가장 바람직하겠지만, 그렇지 않더라도 사업대상지가 도시재생활성화지역 내에 입지하고, 지자체장이 도시재생에 필요한 사업이라고 인정한 경우는 지원을 받을 수 있다.

도시재생씨앗융자 상품은 5가지 유형으로 구분된다. 공동협업공간 조성자금은 지역주민이 공동으로 활용할 수 있는 공동협업공간을 조성하는 경우 지원받을 수 있다. 상가 리모델링 자금은 상가 신축 또는 리모델링에 활용할 수 있는 융자를 말한다. 지역상권도 살리고 소비자가 원하는 상가형태로 전환될 가능성이 크기 때문에 경제적 파급효과를 끌어올 수 있다는 이점을 가질 수 있다. 창업시설 조성자금은 도시재생활성화 지역 내 일자리 창출을 위해 신규로 창업하는 경우에 지원하는 융자를 말한다. 임대상가 조성자금은 임차료와 안정적인 임차환경을 유지하며 상가 내몰림 현상을 최소화할 목적으로 운영되고 있다. 생활 SOC 조성자금은 도시재생활성화지역 내 주차장 등 생활밀착형 사회기반시설 조성에 필요한 자금 융자를 말한다.

개인사업자도 이용이 가능한 수요자 중심의 금융상품임에도 불구하고, 지방에서는 그 활동이 소극적으로 나타나고 있다. 자료검토 및 인터뷰를 통해서 도시재생 활성화에 민간의 적극적 참여를 유도하기 위해서는 도시재생기금을 운영하는 주택도시보증공사(HUG)에서 좀 더 적극적인 홍보를 하면 좋겠다는 의견이 많았다. HUG의 활발한 활동을 유도하기 위해서는 도시재생 관련 담당자, 센터, 그리고 사회적경제지원센터 등의 지속적인 설명회 요구가 필요할 것이다. 이를 통해 자금이 필요한 주체와 HUG와의 만남이 지속적으로 이어질 수 있도록 해야 할 것이다. 이는 어느 한 주체만의 노력으로 해결된다기보다는 관련된 모든 기관 및 전문가가 함께 나서야 하는 일이라고 생각된다. 또한 온라인과 오프라인에서 정보를 쉽게 취득할 수 있는 방안이 필요할 것으로 생각된다. 도시재생씨앗융자는 도시재생활성화지역 안에서 사업을 원하는 주체는 누구나 신청이 가능하기에, 정보가 많이 공유될수록 참여도가 높아질 수밖에 없다는 점에서 홍보는 매우 중요한 문제로 생각된다. 또한 도시재생씨앗융자가 현장에서 활용되는 사례를 지속적으로 알리는 것도 중요할 수 있다. 융자지원 대상지에 착한가게 등과 같은 현판을 브착하는 방안도 고려해볼 수 있을 것이다. 이는 도시재생씨앗융자에 대한 관심도를 높임과 동시에 현장 홍보도 자연스럽게 이어질 수 있을 것이라고 생각된다.

수도권과 비수도권의 재생사업여건은 크게 다르다. 따라서 비수도권 재생 지역의 한계를 인정하고 대상지별 특수성을 감안하여 차등화된 융자조건을 고려해보는 것도 필요해 보인다. 하나의 탑을 쌓는데도 긴 시간과 많은 노력이 필요하다. 하나의 사업이 성공하기 위해서는 한계에 부딪히는 것을 결코 두려워해서는 안 될 것이다. 오늘의 씨앗이 내일의 열매로 맺어지길 바라는 마음에서, 지방의 성공적인 도시재생을 기대해본다.

■ 참고문헌

국토교통부. 2019. 5. 도시재생 마을관리협동조합 육성 및 공공지원 가이드라인, 대한민국정부.

국토교통부·한국사회적기업진흥원. 2021. 2021년 마을관리 사회적협동조합 사례집.

국회예산정책처. 2019. 2020년도 예산안 위원회별 분석; 국토교통위원회 소관.

관계부처 합동. 2018.02.08. 사회적 금융 활성화 방안.

광주광역시. 2019. 광주광역시 도시재생전략계획(변경) 요약보고서.

광주광역시도시재생공동체센터. 2019. 2019년 광주 도시재생백서.

광주광역시도시재생공동체센터. 2021. 2021년 광주 도시재생백서.

김지은. 2016. 자생적 도시재생을 위한 지역재생회사 육성방안, SH

김륜희·윤정란. 2017. 도시재생과 사회적경제의 지속가능성에 관한 연구-지역자산화를 중심으로-, 한국토지주택공사 토지주택연구원.

배유진·이지원. 2018. 도시재생사업의 협동조합 참여 확대방안 연구, 세종: 국토연구원.

배유진. 2019. 협동조합 참여 확대를 통한 도시재생사업의 지속가능성 제고 방안, 국토정책 Brief.

남재우. 2022. '국내 정책펀드 현황 및 제도 개선'. 자본시장연구원

박소영 외. 2020. 지역주도형 도시재생을 위한 재정·금융 지원체계 구축방안. 국토연구원

박소영 외. 2021. 지역주도형 도시재생을 위한 기금지원체계 개선방안. 국토정책 Brief. 국토연구원

신우화. 2021. 경상북도 지역 내 도시재생기금 활용과 향후 과제. 대구경북연구원

신우화. 2022. 경상북도 도시재생활성화 방안: 도시재생씨앗융자 활용을 중심으로. 대구경북연구원

여수시의회. 2021. 여수시 도시재생 전략계획 변경(안) 의견 제시의 건 심사보고서.

유민봉. 2005. 한국행정학. 박영사

장우진·문수봉. 2010. 도시재생 참여 주체로서 사회적기업의 가능성-연계

사업 중요도 분석 결과를 토대로, 한국지적정보학회 학술발표대회 논문집

장지연. 2020. 사회적 금융 활성화 현황 및 제도화 방향. 사회적 경제기금 운영계획을 위한 공개토론회
한승욱. 도시재생사업과 주택도시기금의 역할. 주택도시보증공사

국토교통부 보도자료. 18.10.05. '천안역세권 뉴딜사업 본격착수 향해 성큼성큼'
국토교통부 보도자료. 19.09.06. '도시재생 모태펀드를 통해 지역일자리를 만들고 경제활력 이끌겠습니다.'
국토교통부. 2022.07.28. '2022년도 도시재생사업 신청 가이드라인'
관계부처합동. 2018.03. 내 삶을 바꾸는 도시재생 뉴딜 로드맵, 대한민국정부.
주택도시보증공사. 도시재생금융지원 상품 안내서(2021.06.30.)

경북도민일보. 2021.04.13. '활력잃은 원도심 상권 살리는 구미형 도시재생사업 가속도'
경북일보. 2018.09.03. '포항시, 도시재생 뉴딜사업 새 역사 쓴다'
머니투데이. 2018.11.19. '도시재생뉴딜, 문화적 재생한다'
아시아투데이. 2016.01.03. '안동시, 원도심 재생사업 200억 투입'

구미시 도시재생지원센터 홈페이지
네이버지도 홈페이지
대구광역시 홈페이지
대구광역시 남구 도시만들기 지원센터 홈페이지
도시재생기금포털 홈페이지
도시재생종합정보체계 홈페이지
신용보증재단중앙회 홈페이지
사회적기업진흥원 홈페이지
안동시 도시재생지원센터 홈페이지
전라남도 도시재생지원센터 홈페이지
중앙광역자활센터 홈페이지
카카오지도 홈페이지
포항시 홈페이지
행정안전부 홈페이지
coop 협동조합 홈페이지

■ 저자소개

■ 신우진

미국 텍사스 A&M 대학 도시 및 지역계획학 박사
(현) 전남대학교 교수

• 대표실적
『논문 저자가 공유하는 연구방법론: 도시 및 지역개발을 중심으로』, 전남대학교출판문화원, 2022. (공저)
『R을 활용한 공간분석』, 전남대학교출판문화원, 2021. (공역)
『사회적경제와 도시재생』, 전남대학교출판문화원, 2019. (공저)

■ 신우화

미국 텍사스 A&M 대학 도시 및 지역계획학 박사
(현) 대구정책연구원 연구위원

• 대표실적
『R을 활용한 공간분석』, 전남대학교출판문화원, 2021. (공역)
『사회적경제와 도시재생』, 전남대학교출판문화원, 2019. (공저)
『팝업산업입문하기』, 국토연구원, 2017. (공역)

■ 박소영

서울대학교 공학박사(도시계획 전공)
(현) 국토연구원 연구위원

• 대표실적
『지역주도형 도시재생을 위한 재정금융 지원체계 구축방안』. 국토연구원. 2020.
『도시재생 비틀어보기』. 국토연구원. 2020. (공저)
『당연하지 않은 도시재생』. 건축도시공간연구소. 2019.(공저)

■ 문창용

전남대학교 도시·지역개발학박사
(현) 광주광역시도시재생공동체센터 도시재생팀장

• 대표실적
『논문 저자가 공유하는 연구방법론: 도시 및 지역개발을 중심으로』, 전남대학교출판문화원, 2022. (공저)
『광주형 도시재생 앵커시설 운영조직 육성방안 연구보고서』, 광주광역시도시재생공동체센터, 2021. (공저)
『사회적경제와 도시재생』, 전남대학교출판문화원, 2019. (공저)

■ 윤가인

전남대학교 도시·지역개발학박사 재학
(현) 광주광역시도시재생공동체센터 도시재생팀원

• 대표실적
『광주형 도시재생 앵커시설 운영조직 육성방안 연구보고서』, 광주광역시도시재생공동체센터, 2021. (공저)
『2019년도 광주광역시 도시재생 자원조사』, 광주광역시도시재생공동체센터, 2019. (공저)

■ 곽민재

전남대학교 도시·지역개발학석사
(전) 의성군도시재생지원센터 사무팀장

• 대표실적
『논문 저자가 공유하는 연구방법론: 도시 및 지역개발을 중심으로』, 전남대학교출판문화원, 2022. (공저)
『대구광역시 도시재생 뉴딜사업 컨텐츠 발굴 및 사업구상 연구보고서』, 대구광역시, 2019. (공저)

The Indian Ideology

Three Responses to Perry Anderson

PARTHA CHATTERJEE
SUDIPTA KAVIRAJ
NIVEDITA MENON

with an Introduction by

SANJAY RUPARELIA

permanent black *and* ashoka UNIVERSITY

Published by

PERMANENT BLACK

Himalayana, Mall Road, Ranikhet Cantt,
Ranikhet 263645

and

ashoka
UNIVERSITY

Distributed by

ORIENT BLACKSWAN PRIVATE LTD

Bangalore Bhopal Bhubaneshwar Chandigarh
Chennai Ernakulam Guwahati Hyderabad Jaipur
Kolkata Lucknow Mumbai New Delhi Patna

www.orientblackswan.com

Fourth paperback reprint 2024

ISBN 978-81-7824-483-9

Printed and bound by Manipal Technologies Limited, Manipal

Contents

Introduction

SANJAY RUPARELIA

In the summer of 2012 the renowned Marxist historian Perry Anderson published three essays in the *London Review of Books*. The essays, "Gandhi Centre Stage", "Why Partition?", and "After Nehru", provoked immediate attention.[1] Anderson had produced a formidable array of essays, reviews, and books over several decades, analysing the comparative intellectual history and political sociology of continental Europe and the United States, including many incisive analyses of their present condition. Indeed, his interventions often extended further afield, incorporating East Asia and South America. Yet South Asia figured little in his writing. Thus the attempt by Anderson to analyse twentieth-century India aroused genuine curiosity in

[1] See the *London Review of Books*, 5 July, 19 July, and 2 August 2012.

the subcontinent and beyond. Explaining and assessing its cumulative record of democracy, secularism, nationalism, development, and statehood—*vis-à-vis* analogous developments in Jamaica and Sri Lanka, Israel and Ireland, and China and Brazil—yielded the possibility of fresh theoretical insights in comparative historical perspective. Arundhati Roy endorsed the essays, subsequently published as *The Indian Ideology*, for uncovering the "serious structural flaws and deep seated prejudices of those who have administered the Indian State in the decades since Independence."[2] Indeed, a number of commentators praised his intervention. But its selective basis and scathing tone caused much dismay as well.

On the one hand, Anderson interrogated the prevailing national discourse in India, which allegedly celebrated the "democratic stability, multi-cultural unity and impartial secularity of the Indian nation-state as a national miracle."[3] In particular, he attacked the myth of historic

[2] Perry Anderson, *The Indian Ideology* (New Delhi: Three Essays Collective, 2012, and London: Verso, 2013). All subsequent citations refer to the Indian edition. The quote by Roy can be found on the inside jacket of the book.

[3] See "Respect Gandhi if You Will, Don't Sentimentalise Him", Praful Bidwai interview with Perry Anderson, *Outlook*, 12 November 2012, http://www.outlookindia.com/article.aspx?282832.

subcontinental unity; castigated Mahatma Gandhi for infusing Hindu religiosity into the national imaginary during the anti-colonial movement and blamed the Indian National Congress for the atrocities of Partition; and highlighted the shortcomings of the postcolonial democratic state, simultaneously enabled and undermined by the institution of caste, under Jawaharlal Nehru and his successors. The shortcomings of the nationalist movement, Anderson claimed, exerted mighty path-dependent effects. The patterns of deprivation, inequality, and coercion that afflict India today reflect the sins of its origins. The stunning parliamentary victory of the Bharatiya Janata Party in the 2014 general election, which saw Narendra Modi swept to power with the near-unanimous backing of leading Indian capitalists on a wave of widespread electoral support that decimated a fragmented political opposition, seemed to vindicate the thesis that modern Indian democracy was a Hindu polity with deep autocratic tendencies.

On the other hand, and more controversially, Anderson declared that India's leading intellectuals had failed to expose the "pieties" of official state nationalism.[4] Notwithstanding their unsparing analysis of deep social inequalities, he contended, few voices within condemned the coercive

[4] Anderson, *The Indian Ideology*, pp. 168–79.

foundations of modern Indian democracy or the partialities of its professed secularity. Perhaps most damagingly, hardly anyone challenged the official state claim to national unity. According to Anderson, the primary intellectual responsibility lay with members of the liberal intelligentsia, albeit some more than others. With the exception of a few courageous individuals, however, the failing tarnished the broader Indian left too. The result was "a culture of euphemism and embellishment", inducing "a passive accommodation to the myths of the Indian Ideology, and the crimes of the state committed in its name."[5] Anderson chided self-described secularists, fearful of the dangers of militant Hindu nationalism, for not repudiating the Nehru–Gandhi dynasty: "'Children always cling to nurse, for fear of finding something worse,' is a poor motto for adults."[6] Yet the indictment, suggesting that Congress' demise would be salutary, ran much deeper.

A variety of reviews of *The Indian Ideology*, most reflecting positions on the broader Indian left, emerged after its publication. Many commentators heaped praise, noting minor disagreements, on ostensibly Marxian grounds. Pritam Singh commended the book for its "path breaking"

[5] Ibid., pp. 3–5.

[6] See Bidwai, "Respect Gandhi if You Will, Don't Sentimentalise Him".

critical review of extant scholarship, setting a new intellectual agenda. Notwithstanding Gandhi's deep ecological critique of modern industrial society, which Singh admired, Anderson "has for the first time launched an intellectually powerful frontal attack on the icons of Indian nationalism."[7] Namit Arora noted that Anderson had unearthed few new facts regarding the anti-colonial movement. He also argued that Gandhi's appeal had many non-religious dimensions, particularly his courage to lead by example, and that Nehru was a more complex personality than Anderson had depicted. And the book discounted the role of "imperial venality in the decision to create separate electorates—which arguably sowed the seeds for Partition before Gandhi even joined the Congress"—and oversimplified the reasons why representative democracy has survived in India. Nonetheless, Arora ultimately declared *The Indian Ideology* to be a "masterwork of critical synthesis—trenchant, original and bold", bound "to help clear some cobwebs of the mind" and open "new avenues of self-knowledge in the Subcontinent."[8]

[7] See Pritam Singh, "The Indian Ideology by Perry Anderson—A Review", *Socialist Resistance*, 16 June 2014, available at: http://socialistresistance.org/6414/the-indian-ideology-by-perry-anderson-a-review.

[8] See Namit Arora, "Revisiting the Idea of India", *3 Quarks Daily*, 3 December 2012, http://www.3quarksdaily.com/ 3quarksdaily/2012/12/revisiting-the-idea-of-india-part-1.html.

Similarly, Yahya Chaudhry observed that Anderson addressed the writings of the prominent liberal voices at the heart of his critique very superficially and overlooked the contributions of the Indian left in uncovering many historic failings, while Nagesh Rao noted how the book failed to investigate the rich history of struggles from below by various lower castes against Hinduism. Yet Chaudhry applauded the book for its "stunning indictment",[9] while Rao dismissed its critics for their anti-Marxist reflexes, asking why the Indian left had not repudiated the Indian ideology, "questions [the book] leaves tantalizingly unanswered".[10]

Achin Vanaik provided the most extensive critical appreciation. On the one hand, he argued, most critics failed to grasp its aim: to expose the nationalist discourse of the Indian state and to explain the personalities, events, and conditions primarily responsible for its emergence, character, and survival. On the other, they had "fail[ed] to properly address, let alone counter, what [Anderson] is saying and claiming". Indeed, Vanaik credited the comparably better

[9] See Yahya Chaudhry, "The Poverty of the Indian Ideology", *Jacobin*, 5 December 2013, https://www.jacobinmag.com/2013/12/the-poverty-of-indian-ideology/.

[10] See Nagesh Rao, "The Myths of Indian Nationalism", *International Socialist Review*, Issue #94 (Fall 2014), http://isreview.org/issue/94/myths-indian-nationalism.

records of revolutionary anti-colonial states in Asia in removing mass poverty, most obviously China and Vietnam, and asserted that Indian foreign policy had a proto-imperialist tenor since its inception. That said, Vanaik challenged the claim that India was a "Hindu confessional state", noting its official secularism, highlighting that Hinduism was not a confessional religion and criticizing the depiction of Hindus and Muslims as monolithic religious communities with "incompatible religious systems". He also expressed unease with the recent parliamentary collapse of the Congress, despite its manifest political flaws, creating an opportunity for militant Hindu nationalists to consolidate their gains. Ultimately, however, Vanaik argued that nobody to date had synthesized the strands of the Indian ideology into such a powerful overarching critique.[11]

But many disagreed. Ajay Gudavarthy saw the book as containing "all the familiar ingredients of a critical recipe", failing to engage previous assessments of nationalist history by Dalit scholars or to recognize the limited presence of the Indian ideology in academia and politics.[12] Vijay Prashad

[11] Achin Vanaik, "Factual Accuracy and Logic of Argument", *Mainstream*, LI, 25 (8 June 2013), http://www.mainstreamweekly.net/article4228.html.

[12] Ajay Gudavarthy, "Review of *The Indian Ideology*", *Studies in Indian Politics*, 1, 1 (2013): 115–17.

stressed that many Indian Marxists, intellectuals as well as politicians, had offered powerful critiques of the anti-colonial movement and post-independence politics. Liberal capitalist triumphalism, he claimed, arrived quite late. Few of the liberals Anderson criticized could be characterized as its cheerleaders, Prashad observed, as their apprehensions about the future made clear.[13] And Prabhat Patnaik criticized the book for ignoring the impact of capitalism altogether. According to him, Congress' failure to implement the more radical demands of the nationalist movement, embodied in the Karachi Resolution of 1931 and the party manifesto of 1937, reflected greater commitment to capitalism rather than the purported religious sensibilities of its leadership. Moreover, all postcolonial states had attempted to maintain their territorial boundaries, including socialist China. Yet the commitment to "an overarching anti-imperialist nationalism" and the unprecedented willingness to introduce universal mass suffrage in a society marred by untouchability, Patnaik asserted, was a deeply revolutionary move. It was precisely these reasons that made it difficult for the communist Left to achieve greater political success. Combating the dangers of militant Hindu nationalism and growing economic inequalities in a neoliberal era, he

[13] Vijay Prashad, "A Flawed Project", *Naked Punch*, 26 December 2012, http://www.nakedpunch.com/articles/158.

concluded, required the Left to recover these earlier nationalist commitments.[14]

Finally, several reviewers challenged the larger cultural vantage of the book itself. Some critics, such as Pankaj Mishra, demurred gently. Mishra highlighted the "consistent Indian pattern of silence, evasion and distortion" in Kashmir, allowing a "regime of extrajudicial execution, torture and detention" to prevail, while agreeing that a "primordial politics of caste and religion" had enabled a "patrimonial state built on nepotism and dynasty worship" to survive. He also defended Anderson against accusations of Western imperiousness, citing his record of "excoriating the pretensions of the British ruling class" and its counterparts in Europe and the United States. Nevertheless, Mishra drew attention to the diversity of movements of resistance in modern Indian history, suggesting that Enlightenment universalism and "post-Marxist realism" had created an "iron cage of Western interpretative categories", obscuring the multiple historical trajectories of modernity.[15]

[14] Prabhat Patnaik, "Modern India sans the Impact of Capitalism", *Economic and Political Weekly*, XLVIII, 36 (7 September 2013): 30–5.

[15] Pankaj Mishra, "India and Ideology: Why Western Thinkers Struggle with the Subcontinent", *Foreign Affairs*, 92, 6 (November/December 2013), http://www.foreignaffairs.com/articles/140167/pankaj-mishra/india-and-ideology.

Other reviewers, notably Ravi Palat, were less forgiving. According to Palat, *The Indian Ideology* dismissed how British colonial rule "elevated" the categories of caste, religion, and tribe to become "organizing principles of Indian society". Moreover, the book ignored how both Congress and the Muslim League sought to mobilize these identities for instrumental purposes, and the ways in which class dynamics shaped key historical junctures. And it understated the unprecedented historical conditions facing Indian democracy. The result was a thesis invoking the "age-old tradition of a people without history!"[16]

The three essays presented here pursue these observations. Originally published in the US-based journal *Constellations*, in June 2014, each has been revised for this volume.[17] In contrast to previous reviews, all three contributions provide a more hard-hitting appraisal. Indeed,

[16] See Ravi Palat, "Review of *The Indian Ideology*", *Critical Asian Studies*, 45, 2 (2013): 323–30; quote on p. 327.

[17] See *Constellations*, 21, 2 (June 2014): 162–98. I am grateful to Andrew Arato for encouraging us to submit these essays to the journal. I also thank Ertug Tombus for guiding us through the process of securing the right to republish the essays in revised form, and John Wiley & Sons Ltd for granting permission. Finally, Partha Chatterjee initiated the idea of publishing the book and suggested its title. I owe a great deal to him, Nivedita Menon and Sudipta Kaviraj for their inordinate patience at every stage, as well as Rukun Advani for enthusiastically backing the endeavour.

their polemical tone reflects the temper of *The Indian Ideology*. According to Anderson, "Polemic is a discourse of conflict, whose effect depends on a delicate balance between the requirements of truth and the enticements of anger, the duty to argue and the zest to inflame. Its rhetoric allows, even enforces, a certain figurative license . . . it is not under oath."[18] Yet a polemical attack can backfire if the desire to provoke exceeds the willingness to address competing explanations adequately. Each of the following essays challenges the empirical basis and interpretive persuasiveness of *The Indian Ideology* in various domains. Yet they collectively mount a systematic critique of its epistemic foundations. Nivedita Menon analyses the construction of its arguments. She exposes the failure of the book to engage the wealth of sophisticated critical appraisals by feminist, Marxist, and Dalit intellectuals, which wrestle with the possibilities, ambiguities, and contradictions of Gandhi and Nehru as well as the diversity of forces that shaped the anti-colonial movement and postcolonial nation-state. Far more seriously, she accuses Anderson of consistently ignoring scholarship from the subcontinent, confronting his claim to originality. Partha Chatterjee expands the critique.

[18] Quoted in Kavita Philip, "Post-colonial Historiography and the Polemicist's Task: Understanding Perry Anderson's Indian Ideology", *Social History*, 39, 3 (2014): 424.

He presents materialist counter-arguments of key historical episodes and contemporary developments, probing their complex causal chains, which counter the "Great Men" view of history that pervades the book. Yet Chatterjee also scrutinizes its assumptions and positioning, highlighting the surprising persistence of British colonial ideology, and demonstrating how the uncritical imposition of terms and concepts from Western intellectual history obfuscates political understanding. Lastly, Sudipta Kaviraj contends that enduring Orientalist tropes mar the book, tracing their origins to the nineteenth-century worldview of Hegel and John Stuart Mill. The theorization of non-European societies by such thinkers, of course, betrayed enormous asymmetries of factual knowledge. Yet the deeper problem with such accounts, Kaviraj asserts, is the tendency to define analytical categories in singular terms, whether of caste, religion, or nation, preventing the conceptual differentiation and temporal sophistication necessary for real historical explanation. Otherwise macro-sociological comparisons will inevitably reproduce, Kaviraj argues, Europe as the norm and exception of history. Understanding the trajectories of modernity in the post-colonial world demands far greater introspection on all sides of debate. Overcoming the lure of ideologies, colonial as well as national, requires genuine intellectual exchange.

1

Perry Anderson and the British Ideology

NIVEDITA MENON

The question that lingers with me after reading *The Indian Ideology* is not amenable to an easy resolution: What is at stake for Perry Anderson in making the breathtaking claim that his book, for the first time ever, in this second decade of the twenty-first century, exposes certain falsehoods within a celebratory discourse about India? I am not certain I will arrive at an answer by the end of this essay; at any rate, I suspect the answer will not be a polite one.

There have been several thoughtful reviews of Anderson's arguments already. Among others, Vijay Prashad and Dilip Simeon have written reviews of the book, and Ananya Vajpeyi has responded to Anderson's essay on

Gandhi which he published in the *London Review of Books.*[1] There have been substantial letters to the editor in the same journal, reacting to Anderson's three essays, most notably by Karuna Mantena.[2] The central questions raised are brought together by Praful Bidwai in an email interview with Anderson after the publication of *The Indian Ideology.*[3] This interview is a good place at which to start because in it Anderson reiterates his overall argument and offers a considered response to critiques.

Anderson characterizes the "conventional wisdom" about India that he counters as celebrating "the democratic stability, multi-cultural unity, and impartial secularity of the Indian state as a national miracle. There are, of course, other ideologies in India, some of them more dangerous.

[1] Vijay Prashad, *Naked Punch*, http://www.nakedpunch.com/articles/158. Posted 26 December 2012, accessed 26 March 2013; Dilip Simeon, "Abominable Anderson", *Bargad*, 9 November 2012, http://bargad.org/2012/11/09/dilip-simeon-on-perry-anderson, accessed 1 April 2013; Ananya Vajpeyi, "'Nimbus of Empire, Charisma of Nation': A Response to Perry Anderson", *Seminar* 636, August 2012.

[2] Karuna Mantena, letter in the *London Review of Books*, vol. 34, no. 16, 30 August 2012, http://www.lrb.co.uk/v34/n13/perry-anderson/gandhi-centre-stage.

[3] Praful Bidwai, "Respect Gandhi if You Will, Don't Sentimentalise Him", interview with Perry Anderson, *Outlookindia.com*, 12 November 2012, accessed 28 March 2013. All my in-text citations are from Perry Anderson, *The Indian Ideology* (New Delhi: Three Essays Collective, 2012).

But this is the mainstream discourse of the state, the media and the intelligentsia." In his book he names five authors in particular as the proponents of this ideology—Meghnad Desai, Ramachandra Guha, Pratap Bhanu Mehta, Sunil Khilnani, and Amartya Sen. But, as Prashad has pointed out, even these writers are not uncritically celebratory of the "Indian Ideology"; they "struggle with the contradictions of contemporary India".[4] And, in fact, it is to a sharp critique by Khilnani that Anderson turns when he needs to characterize the Constituent Assembly as non-representative: Khilnani had termed it a "strikingly narrow body . . . dominated by upper caste and Brahmanic elites" who produced a Constitution "akin to club house rules".[5] It is the only reference Anderson provides for his critical account of the Constituent Assembly. So, clearly, even by Anderson's own reckoning, one at least of these five writers who are largely sanguine about Indian democracy is not blind to its limitations.

In the interview with Bidwai, Anderson claims that his

[4] Prashad, op. cit.

[5] Sunil Khilnani, "The Indian Constitution and Democracy", in Zoya Hasan, E. Sridharan, and R. Sudarshan, eds, *India's Living Constitution* (Ranikhet: Permanent Black, 2002), cited by Anderson on p. 106, n.4. Anderson gives the place and date of publication as "London 2002". My information is that the book in which Khilnani's essay appeared was published by Permanent Black of Ranikhet, India, in 2002, and only reprinted in the UK in 2005 by Anthem Press of London.

book "advances five main arguments that run counter to conventional wisdom in India today":

> Firstly, that the idea of a subcontinental unity stretching back six thousand years is a myth. Secondly, that Gandhi's injection of religion into the national movement was ultimately a disaster for it. Thirdly, that primary responsibility for Partition lay not with the Raj, but Congress. Fourthly, that Nehru's legacy to Republic was far more ambiguous than his admirers will admit. Lastly, that Indian democracy is not contradicted by caste inequality, but rather enabled by it.

Bidwai then asks Anderson why he thinks that even the many others who have been "critical of the Indian state's claims to be uniquely democratic, secular and respectful of diversity" were "upset by" his essays in the *London Review of Books*. Anderson responds:

> My guess . . . is that the upset could be due to two things. The first would be that, although this or that strand in the Indian Ideology may be questioned, a systematic deconstruction of them hasn't previously been attempted. To inter-connect these as a dominant discourse throws each of them into a sharper and more critical light . . . The second thing which may be disconcerting is really a question of tone. One of the effects of the Indian Ideology, even on many who might disclaim subscription to it, is the diffusion of a culture of euphemism, in which disagreeable realities are draped with decorous evasions or periphrases—"human rights abuses" for torture or murder,

> "hostiles" for rebels, and the rest. To any sensibility accustomed to this kind of verbal emulsion, calling a spade a spade is bound to be jarring.

Both of Anderson's guesses, in other words, lead to the conclusion that these other critics of what he calls the Indian Ideology have been cocooned in a comforting "verbal emulsion" that enabled a degree of optimism which he has, essentially, stripped away. Shocked by the blindingly clear light that emerges out of his pitiless deconstruction, they close ranks in nationalist denial.[6]

Still, Bidwai persists, hasn't Anderson "ignored or underrated the sharply critical, even iconoclastic thrust of writings by many Indians that are a far cry from the self-congratulatory imaginary of the 'Idea of India'?" No he hasn't, says Anderson, "there are plenty of references to Indian scholars" in his book who are critical of "much in today's Union". He lists several: among them Sumit Sarkar, Radhika Desai, and Ranajit Guha (whose "brilliant work" *Domination without Hegemony* he would have "liked to have discussed at some length"). Nor, he says, does he think that all those whom he cites as voices of the Indian Ideology "are pure prisoners of it". But, he insists, "as an overarching set of tropes about India, the ideology remains in place, and

[6] Of all the responses listed here to Anderson, only Vajpeyi's can be described as "nationalist".

I believe hasn't yet been the object of a systematic critique. The hope of the book would be to set the ball rolling for less general piety about them."

Anderson's British Ideology

In what follows, I counter Anderson's five claims, starting with the third, about Partition, because it illustrates most clearly Anderson's "British Ideology" at work, an ideology evident throughout his book. By British Ideology I mean the assumption that Britain somehow stumbled upon its colonies and did its best in running these far-flung outposts as best it could, introducing the Rule of Law in the face of Oriental Despotism and a rational management of resources in the face of wasteful extravagance by petty feudal princelings. Later, the noble white man had to counter the machinations and internecine quarrels of the wily native elites that had emerged thanks to English education. Yet finally the British, with unforgivable callousness, abandoned their subjects, beat a too-hasty retreat, and left the hapless natives to roast in their own conflagrations. This is basically how the story of colonialism and nationalism in India emerges over these pages. Not a very Marxist analysis? Decisively not, as becomes apparent even from the style in which Anderson chooses to couch his arguments.

Over the first two chapters, titled "Independence" and "Partition", the story is told in a salacious and gossipy tone, largely in terms of personalities and love affairs. The style is breathless and clichéd, in the manner of popular works like *Freedom at Midnight* (which at least was fun to read and made no claims to original arguments). Here is one instance of the style: "Within weeks, not only was the Congressman fast friends with the Viceroy, but soon thereafter in bed with his wife, to the satisfaction of all concerned . . . Affairs of the heart rarely affect affairs of state. But in this case the erotic ties of the triangle were, at the least, unlikely to tilt British policy towards the League" (p. 65). One might be forgiven for believing that Anderson has drawn keen inspiration here from von Tunzelmann's entertaining potboiler *Indian Summer*, a book in which extra-marital beds and boudoirs, largely Nehru and Edwina's, are deployed with priapic hilarity to explain the British endgame in the subcontinent (giving, in the process, new meaning to the phrase "bedrock of empire").[7] At the end of Anderson's first two chapters the reader is, at the very least, hard put to remember that their author is a celebrated Marxist scholar.

Many historians have made a more serious argument which Anderson also makes, namely that the responsibility for Partition lies as much with the Congress as with "the Raj". But Anderson, having mastered the art of unscrupulous citation, uses it to argue claims to originality in this matter,

[7] Alex von Tunzelmann, *Indian Summer: The Secret History of the End of an Empire* (London: Picador, 2008).

putting himself forward as the *onlie begetter* of this idea. Joya Chatterji, who made this argument carefully in her study of Bengal, gets a footnote in passing, as if she were incidental to Anderson's independent and original conclusions. Ayesha Jalal, too, made this argument about Partition several years back and is honoured with two footnotes for her pains, one for a quotation from Mountbatten, the other for "rewriting the field" on Jinnah: there is no mention of Partition because Anderson's assertion is that he is offering a novel line of thought about Partition—which could thus not have been made before by Indian or Pakistani. The claim about the Congress responsibility for Partition has, interestingly, even been made in a book by the Hindu nationalist politician Jaswant Singh, whose praise of Jinnah *contra* Congress led to his expulsion from the BJP.[8] Had Anderson been a serious scholar looking carefully at everything even halfway worthwhile on his subject, he would have considered Jaswant Singh's book and its consequences for the author: it would have shown him fractures in his monolithic "Indian Ideology" and forced him to rethink the notion completely.

He goes beyond assigning equal responsibility for Partition: the "primary" responsibility, he says, lay with the

[8] Jaswant Singh, *Jinnah: India, Partition, Independence* (Delhi: Rupa and Co., 2009).

Congress, not the Raj. The fact that the British empire "bequeathed a series of Partitions" is mentioned in passing (p. 76): Anderson refuses to confront the fact that Partition was the final outcome of a deliberate British colonial policy worked out not only for India but also Ireland, Palestine, and Cyprus, where no "handsome" natives such as Nehru (p. 49) were bedding the British ruler's missus. British imperialism is in Anderson's rendering something like a large, bumbling, foolish, helpless puppy manipulated by sharp, unprincipled, wheeling-dealing Indians. What Anderson describes as "the single most contemptible act in the annals of the Empire" (p. 77) is that, "having lit the fuse, Mountbatten handed over the buildings to their new owners hours before they blew up" (p. 77). The most contemptible act of empire in Anderson's view, it seems, is the British leaving the Indians to their own devious devices instead of continuing to civilize them and shouldering the White Man's Burden. How different is this view from Churchill's? For Anderson's defenders, the question could be worth mulling over.

Indian independence did not come from passive resistance, says Anderson, nor from "sexual abstinence, individual or universal" (p. 45; the book is full of charming little asides of this sort. The British Ideology is very Churchillian about the necessity of mocking native attempts to run counter to mainstream British wisdom on anything.) "Independence was the result of two other dynamics"—initially, the broadening of the electoral machinery introduced by the British in 1909. But this alone could not bring about independence because the Congress was inherently undemocratic and conservative and no different from the Raj—so, in fact, the final resolution might well have been deferred forever (pp. 45–6). Luckily for Indian nationalism at large, there was a "hammer-blow from outside" which changed the situation overnight. This was the Japanese army knocking at the gates of the British empire (pp. 47–8).

Decolonization, in short, had nothing to do with the resistance of colonized peoples. It had to do entirely with the colonizing power's magnanimity in introducing representative institutions on the one hand, and the challenge posed by a rival empire on the other.

Now, many historians have no doubt that India's independence was not achieved by Gandhian non-violent civil disobedience alone. Sumit Sarkar, for instance, offers what is by now a widely accepted framework for understanding 15 August 1947.[9] This includes the two factors listed by Anderson (elections and the Japanese), with representative institutions being understood as a way of co-opting local

[9] Sumit Sarkar, *Modern India 1885–1947* (Delhi: Macmillan, 1983).

elites into the running of empire; but also the several more radical and armed strands of resistance that refused to die down, including the INA, the Royal Indian Navy mutiny with its massive popular support, militant peasant movements, and revolutionary terrorist activities. In face of the latter strands of resistance, Sarkar argues, the Congress and the British government came to the conclusion that if a negotiated "transfer of power" did not take place immediately, it would not be in the interests of either. This is a very different argument from the Andersonian view that it was not satyagraha alone that brought about Independence, so it does not conform to Anderson's notion of an Indian Ideology. Small wonder, then, that Sarkar's considerably richer perspective goes unacknowledged in his book.

Unethical Citation Practices

Anderson's first claim, that "the idea of a subcontinental unity stretching back six thousand years" has never been countered before him, would have been dismissed with a shrug as ridiculous had it come from someone with less reputation to lose. Coming from Anderson, it is astonishing. There is a phenomenal body of scholarship that deconstructs the moment of emergence of Indian nationalism in the nineteenth century: to name an illustrious few who have contributed to showing this—Uma Chakravarti, Sudipta Kaviraj, and more generally the Subaltern Studies critiques of nationalist historiography.[10] This argument—that the idea of the Indian nation as a 6000-year-old entity comes into existence only in the nineteenth century—has long been common sense among Indian scholars, and a list of all those who assume it as a given would be impossible.

From this follows the most striking feature of Anderson's book, which appears at first to be a methodological issue; but, as with all methodological issues, it has grave substantive implications: in this case, unethical citation practices. There is a rehearsal by Anderson of well-known critiques of Gandhi, Nehru, Partition, and so on, with virtually no citation of the vast secondary literature on the subjects he seeks to reconfigure. He cites primary sources, such as autobiographies, contemporary accounts, and the collected works of the key players, as if to have us believe that he has arrived at his critical conclusions by a perusal of

[10] Uma Chakravarti, "Beyond the Altekarian Paradigm: Towards a New Understanding of Gender Relations in Early India", *Social Scientist* 16, 183, 1988; idem, "Whatever Happened to the Vedic Dasi: Orientalism, Nationalism, and a Script for the Past", in Kumkum Sangari and Sudesh Vaid, eds, *Recasting Women: Essays in Colonial History* (New Delhi: Kali for Women, 1989); Sudipta Kaviraj, "The Imaginary Institution of India", in Partha Chatterjee and Gyanendra Pandey, eds, *Subaltern Studies VII* (Delhi: Oxford University Press, 1994).

the primary material alone. It would be tedious to recount every instance of this, but let's take a few examples.

First, his account of the Non-cooperation movement, Gandhi's incorporation of Khilafat as a demand, and the Chauri Chaura incident leading to the calling off of the movement (pp. 25–9), all appear with no reference other than to the *Collected Works* of Gandhi and Wavell's journal. A movement that has been extensively and critically analysed by, among others, the Subaltern Studies historians—resplendent by their total absence in a book, of which a third is on the national movement—has apparently been analysed by Anderson for the first time, critically, and straight out of the hot oven of primary sources. Even Ranajit Guha, whose "brilliant" work Anderson is forced to acknowledge in the interview with Bidwai—perhaps after glaring omissions such as this were pointed out in the critical responses listed—gets no mention.

Second, in his account of the civil disobedience movement Anderson analyses Gandhi's choice of Bardoli—a ryotwari region, as the site of civil disobedience, in preference to a zamindari region—as reflecting Gandhi's reluctance to bring peasants in conflict with Indian landlords rather than the British state (pp. 33–4). This is backed by references to the work of Stanley Wolpert and the *Collected Works* of Gandhi. The critique that Anderson makes on these pages would be familiar to any undergraduate student who has read Sumit Sarkar's *Modern India*, which, thirty years back, gave us a detailed account of Gandhi's attempt to bring increasingly alienated Muslims back to the nationalist fold through an issue that mobilized the most regressive tendencies in global Islam; Gandhi's repeated applying of the brakes on popular agency in the course of mass mobilization; Gandhi's deliberate choice of a ryotwari region to launch a movement against the payment of taxes.

Sarkar's Marxist account of the national movement, and of Gandhi's role in it, remains unsurpassed in its sophistication and generous references to a vast field of scholarship. Is it even conceivable for Anderson to be entirely oblivious of the standard and universally acknowledged Marxist historiography, of which Sarkar is possibly the fulcrum? In his account, large parts of *Modern India* hover benignly—but anonymously. How then does he claim to Bidwai that he has cited Sarkar? Because Sarkar is quoted once in the book—much later (p. 74)—as saying something remarkably anodyne about a bloodless Independence followed by a bloody Partition. When peer-reviewing manuscripts, this would look like a form of unethical citation practice which is not infrequently encountered: the use of an author's argument without citation, and the subterfuge of a subsequent citation of that author for something banal as a way of sidestepping possible accusations of plagiarizing ideas.

The same thing happens with Anderson's account of Kashmir's incorporation into the Indian state. He tells the story, well known outside the nationalist fold, of the shenanigans by which Hari Singh was made to accede to India, an accession conditional and subject to "a reference to the people" as soon as the inflow of Pathan tribesmen had been removed. This condition was necessary for the Indian state to overcome Hari Singh's reluctance to merge Kashmir with India; moreover, it was this principle of "the people's will" that enabled India to annex two other states, Junagadh and Hyderabad. Of course, India eventually reneged on the referendum: the story is outlined with admirable clarity in, among others, a book by Balraj Puri.[11] But Anderson's telling of this familiar story of "a province with an overwhelming Muslim majority . . . acquired by force and . . . fraud" (p. 84) is supposedly drawn entirely from official papers and the memoirs of key players of the time—apart only from Alastair Lamb and Ian Copland, both Western scholars who can safely be cited because their accounts do not challenge Anderson's assertion that *Indian* scholars are incapable of escaping the Procrustean

[11] Balraj Puri, *Kashmir: Towards Insurgency* (Hyderabad: Orient Longman, 1993).

constraints of the Indian Ideology. Anderson cannot possibly cite Gautam Navlakha's innumerable writings in the *Economic and Political Weekly*,[12] Mridu Rai,[13] and Balraj Puri, all of whom have given us resolutely anti-nationalist histories of Kashmir's accession. Puri gets one footnote, again much later, and only as the source of reference for a statement by Nehru: "Till things improve, democracy and morality can wait" (pp. 119–20). Puri's own scholarship is not acknowledged.

A different example of this variety of dubiousness, revealing at best unpardonable sloppiness and at worst intellectual dishonesty, is note 44 on page 139. The note's superscripted cue is placed for a statement by Jagjivan Ram, and the reference is to two pages, 255 and 119, in a book edited by Rajeev Bhargava, *Politics and Ethics of the Indian Constitution*. Anderson's citation does not name the authors of the essays, which is, to put it mildly, strange when citing from an edited volume. Moreover, neither page turns out to have anything to do with Jagjivan Ram: page 255 is in

[12] Too numerous to be listed, for a full list of Gautam Navlakha's writings in the *EPW* from 1986 to the present on Kashmir and on democratic rights violations by the Indian state in general, see http://www.epw.in/authors/gautam-navlakha?page=11.

[13] Mridu Rai, *Hindu Rulers, Muslim Subjects* (New Delhi and Ranikhet: Permanent Black, 2004).

an essay by Christophe Jaffrelot, and page 119 in one by Aditya Nigam.[14]

It would not do for Anderson to argue, as he might, that his book comprises essays written originally for a review journal, precluding the need for detailed source citations. The translation of journal essays into connected book chapters requires a different level of sweat, of which Anderson could scarcely have been unaware. That aside, the basic issue pertaining to his sins of omission is somewhat more serious: nowhere is it academic practice to cite from an edited volume by giving the editor's name but not the essayist's and essay's. One has little option but to recognize this methodological deficiency as an aspect of Anderson's strategy—of deliberately ignoring Indian scholarship that does not sit well with his claim of the ubiquity and invincibility of the Indian Ideology among Indian scholars.

Citation problems of yet another kind abound. At

[14] In the essay by Nigam, used as epigraph, is a quotation from Ambedkar. This is reproduced by Anderson *after* the footnote, without citing his source. The essay itself is on the Constituent Assembly, and the epigraph, which Anderson quotes, is Ambedkar speaking bitterly of his role in making the Constitution: "I was a hack." Had Anderson not simply plundered the quotation, but engaged with the essay, he might have had to acknowledge the kind of Indian scholarship that is neither caught in the trap of his Indian Ideology nor fails to take Ambedkar seriously as a thinker and political activist.

points where primary material cannot possibly be referenced, authors well known as the key voices to have articulated arguments that Anderson presents as his own are prefixed or suffixed in footnotes with the phrase "Also see . . .". The impression being put out is that these are additional resources rather than the very basis of Anderson's account. An example: Sugata Bose's history of Subhas Chandra Bose's role in the national movement is cited as "For these events, see . . .", with Anderson adding, quite gratuitously, that Bose's "ancestral loyalty [Bose being Netaji's grand-nephew] has not overpowered intellectual balance and sobriety" (p. 43). Another instance: Benjamin Zachariah's old book on Nehru is acknowledged thus: "Brief but on the whole acute, this debut by a young scholar is perhaps the best critical study . . ." (p. 90, n. 56). One author's lineage, another's youth; everything is grist to the mill of Anderson's patronizing tone towards Indian scholars.[15]

Another argument that Anderson makes, which he claims is "regularly ignored in the literature", is that the first-past-the-post electoral system has inflated Congress' victory at

[15] To be fair to Anderson, there are footnotes to works by Tapan Raychaudhuri, Mushirul Hasan, Manmathnath Gupta, and others. My point, however, is that he derives his arguments from work by such scholars and then positions them in citations to suggest they are secondary to views originally his own.

the polls far beyond its actual support. He mentions Meghnad Desai, who "does not touch on the electoral system" (p. 95, n.61). But having established Desai as one of the architects of the Indian Ideology, should he not look elsewhere? It turns out he has come across at least one study—it is cited much later and in the form we have come to recognize: "For a clear-eyed account of the imposition of FPP after independence, see E. Sridharan . . ." (p. 107, n.5). Critiques of what Anderson calls the FPP (normally abbreviated as FPTP) can be found in work written as far back as 1975, in the Tarkunde Committee Report, and 1998, in the Law Commission Report. In election studies, FPTP is routinely addressed, with scholars having long made the argument that radical agendas and smaller parties stand little chance under it. The Indian chief election commissioner T.S. Krishnamurthy, upon completing his stint in 2005, called for a national debate on replacing this system since people with barely 20 per cent of the vote become representatives despite 80 per cent having voted against them.[16] Ambedkar himself had come to the realization that "parliamentary democracy under the first-past-the-post system would not enable minorities in India to achieve genuine political

[16] Akshaya Mukul, "First-Past-the-Post System Unfair: CEC", *Times of India*, 5 May 2005.

representation."[17] There has been considerable debate for decades on FPTP; periodically, other electoral systems, such as Proportional Representation (PR), have been considered seriously as potential alternatives. If the system has not changed, it's partly because of the stakes that the major political parties have in retaining the system, and partly because PR has several problems, not the least of which is the control it leaves in the hands of party bosses.

Why would Anderson need to say this widely debated factor is "regularly ignored in the literature"—unless his research is inadequate? Since he has read one (decade old) work that makes this argument, even just following its references would have made him wiser on the issue.

Another of his false claims is that the massive growth of a "paramilitary and surveillance complex", which has developed over the decades, does not "receive even passing mention in the literature" (p. 170). It turns out that Anderson makes this grand pronouncement about "the literature" on the basis of a quick browse through the *Oxford Companion to Politics in India* (p. 169). Later, he hastily notes two "honourable exceptions"—both, he adds meaningfully, "based abroad" (p. 170). Seriously? Anderson should sack

[17] S. Anand, "Despite Parliamentary Democracy", *Himal Southasian*, August 2008.

his research assistant. Who would drown in the deluge of fact-finding reports, academic papers, articles in the mainstream media by academics and activists, and books by, among many others, A.R. Desai, Ujjwal Kumar Singh, K.G. Kannabiran, and Louis and Vashum; not to mention the indefatigable Upendra Baxi.[18] It is as if Anderson went looking for "generally optimistic" writings to make his grandiose claims to originality, remaining ignorant of, or deliberately ignoring, the enormous body of scholarship that has been there, done that.

Far from being incidental to the substance of Anderson's book, the set of practices he adopts, taken collectively, is constitutive of his claim to systematically expose the Indian Ideology for the first time. Through his entire book

[18] A.R. Desai, *Violation of Democratic Rights in India* (Hyderabad: Sangam Books, 1986); idem, *Expanding Governmental Lawlessness and Organized Struggles* (Bombay: Popular Prakashan, 1991); Ujjwal Kumar Singh, *The State, Democracy and Anti-Terror Laws in India* (New Delhi: Sage, 2007); K.G. Kannabiran, *The Wages of Impunity: Power, Justice, and Human Rights* (Hyderabad: Orient Longman, 2003); Prakash Louis and R. Vashum, eds, *Extraordinary Laws in India: A Reader for Understanding Legislations Endangering Civil Liberties* (Delhi: Indian Social Institute, 2002). Baxi's writings are available at http://www.upendrabaxi.net/documents.html. He finds mention in Anderson's critique of the Supreme Court, when his Introduction to S.P. Sathe's "generally optimistic" *Judicial Activism in India* is cited, but it looks from the evidence that Anderson has no idea of Baxi's large body of work.

I noted only two references to articles in the *Economic and Political Weekly* (*EPW*), which he describes as India's "best periodical". Both are reviews of books on Gandhi, one by Kathryn Tidrick, a book about which he is very enthusiastic, the other by Joseph Lelyveld (*Great Soul*), about which more soon. A perusal of the *EPW* for substantial papers and commentaries would have given him a week-by-week demolition of his Indian Ideology, particularly of the legitimacy of the paramilitary and surveillance complex. Small wonder he stays resolutely clear of the journal. Had he presented his book with humility and honesty, as one offering viewpoints on India that have over a longish period emerged from this region as well as from the West to challenge the "India Shining" image propagated in the mainstream, it would likely not have seemed almost calculated to give offence. But as it is, his air of self-righteousness and "general piety" (his phrase for the Indian Ideology) *vis-à-vis* Indian scholarship needs to be shown up for its belittling purpose.

Gandhi, Nehru, and Indian Scholarship

A scholar is unequipped to study intellectual formations and thought if he takes frequent recourse to formulations like "strange pot-pourri" and adjectives like "garbled"—as for example he does when engaging with Gandhi's attempts to fashion new notions of an "Indian" self. Self-formation is, in all cultures, a complicated process marked by the owning and disowning of specific histories. It is not thereby "garbled" or a "strange pot-pourri". The post-Enlightenment Western self that Anderson seems to take for granted emerged precisely through a disavowal of its own "pot-pourri" of Black civilizational roots and the Arab routes that Greek philosophy took into Europe.

The pot-pourri that Anderson refers to is Gandhi's "peculiar" and "home-made" religion, "unlike any existing belief-system at the time" (p. 18). If it's unfamiliar to Anderson, he will pour scorn on it, in the robust fashion of a nineteenth-century British adventurer chancing upon native superstitions and fetishes. He spends considerable energy in promoting the book by Tidrick, which in India, he says, came out to a "deafening silence". This was to be expected, since apparently any reading critical of Gandhi is unwelcome in India. Disconcertingly for Anderson it was received with silence "on the whole, in Britain too" (p. 18). Why so? Is there a Mahatma-worshipping Indian-Ideology-promoting elite controlling the British media as well? Or could it be that the book is simply not worth the notice Anderson gives it?

A favourable review by William Dalrymple notes that Tidrick, in an "original and convincing" argument, locates "the roots of Gandhi's thought in the lunatic spiritualist fringe of late-Victorian England, among the occultists, high fibre-ists and mediums who flourished in late 19th-century London." According to Tidrick, as quoted by Dalrymple:

> Mohandas Gandhi entered politics, not to liberate his country in the sense understood by other Indian leaders but to establish the Kingdom of Heaven on earth. The principal feature of this belief system was that he, Gandhi, was the pre-ordained and potentially divine world saviour whose coming was implicit in the "Eastern" religious writings to which so many of his English acquaintances had turned . . . [He came to believe that] it was his destiny to lead a troubled world along the path of salvation.

This crassly Orientalist analysis—which seems pretty much the usual hatchet job on Gandhi's spirituality, obsession with sexuality and celibacy, sleeping in the nude with his great-niece, his food fads, enemas, fasting, and so on—is one that Anderson wants the world to applaud. We are well aware of the Mahatma-deifying culture in India which is allergic to work critical of Gandhi, and therefore the importance for the sane to not subscribe to it. But Tidrick's debunking book, even from just the admiring descriptions provided by Dalrymple and Anderson, scarcely seems the "first notable study of Gandhi's religious and political thinking". Anderson appears ignorant of, among others, Erik Erikson, Dennis Dalton, and David Hardiman, Gandhi scholars who have by general consensus provided "notable studies" of Gandhi's thinking even as they have taken account of many of the facets of the Mahatma that Tidrick highlights.[19]

Anderson footnotes Joseph Lelyveld's *Great Soul*, a book "deeply respectful" about Gandhi, despite which it was greeted with "defensive reflexes"—Anderson cites a review by Rajmohan Gandhi in the *EPW*. This is the book that suggests Gandhi harboured homoerotic desires and exposes his racism towards Blacks in South Africa. After the book was salaciously written about by a British tabloid, the *Daily Mail*, it hit the headlines in India for being banned by Narendra Modi's government in Gujarat—the very government that was widely reported as having masterminded a carnage of Muslims in 2002. The ban was much criticized in India, not least for the claims of hurt sentiments by a political formation responsible for Gandhi's

[19] Erik H. Erikson, *Gandhi's Truth: On the Origins of Militant Nonviolence* (London: Faber and Faber, 1970); Dennis Dalton, *Nonviolence in Action: Gandhi's Power* (New York: Columbia University Press, 1993); David Hardiman, *Gandhi in His Time and Ours* (Ranikhet: Permanent Black, 2003). One may disagree with some of the arguments and views in these and the other serious critical literature on Gandhi's thought, but that is only as it should be and is, in this context, not the point.

assassination.[20] Interesting that Anderson should ignore all this entirely, despite the long and widespread coverage given it. Could it be that, to protect his second claim about Gandhi's "injection" of Hinduism into the national movement, he wants to avoid all confrontation with the serious contradiction posed by Modi's ban, since it would quite undermine the theory of the Indian Ideology as a dominantly Hindu formation? I refer, of course, to the Hindu Right's antipathy for Gandhi, the lip service they pay him being unavoidable in India. Modi's ban on Lelyveld's book is of a piece with the Hindu Right's efforts at climbing back into the largely secular mainstream, with their desire to replace his 2002 image with that of a national leader who will bring "development". Appropriating Gandhi, it appears, is crucial *to this new project,* not to the old Hindutva platform. Anderson needed to have spent a spare moment or two to think about the implications of these developments, familiar to every India watcher, when piecing together his argument about the constituents of the Indian Ideology.

Anderson, naturally, bypasses all evidence that might dilute his idea of the composition of the Indian Ideology.

[20] Mridu Rai, "Joseph Lelyveld's 'Great Soul', or How to Damn with Faint Praise", *Kafila* (13 April 2011), http://kafila.org/2011/04/13/mridu-rai-reviews-josephlelyveld-gandhi-biography-great-soul/, accessed 19 June 2014; Editorial, "Don't Ban Great Soul", *The Hindu*, 31 March 2011.

For his purposes it would not do to discuss Gandhi's assassination as the handiwork of a representative of the Hindu Right, twelve days after the Mahatma's last fast. Nor that this last fast was undertaken to pressurize the Indian government to send money that it owed Pakistan.[21] Nor that in a speech before he started his fast Gandhi said of the shrine of Qutub-ud-din Bakhtiyar Chishti in Delhi, which had been attacked by Hindu mobs: "The Muslims living in the vicinity of the shrine for the last eight hundred years had to leave their homes . . . It is the duty of Hindus, Sikhs and the officials of the government to open the shrine, and wash this stain off us. The same applies to other shrines and religious places of Muslims in and around Delhi."[22]

Gandhi, who could be both deeply secular and devoutly Hindu, in fact described what turned out to be his last fast as "undoubtedly on behalf of the Muslim minority in the Union and, therefore, it is necessarily against the Hindus and Sikhs of the Union and the Muslims of Pakistan. It is also on behalf of the minorities in Pakistan as in the case of the Muslim minority in the Union . . . The fast is a

[21] The Indian government was holding back its debt on the grounds that Pakistan had sent tribal invaders into Kashmir: Vinay Lal, "Gandhi's Last Fast", *Gandhi Marg*, July–September 1989.

[22] Cited in Dilip Simeon, "The Assassination of Mahatma Gandhi: Inquiry Commission Report", in *Dilip Simeon's Blog*, http://dilipsimeon.blogspot.in/2012/03/report-of-commission-of-inquiry-into.html.

process of self-purification for all of us."[23] The point here is not to deify Gandhi as an apostle of peace, but to point to complexities in the way Gandhi engaged with religion and religious identity, even as he habitually used Hindu idioms such as Ram Rajya. The layered nature of "Gandhi" and Gandhism, and the varied reception of his ideas and personality in the varying regions of India, escapes Anderson—"escapes" if one is inclined to be generous to him; if not, it would seem that he has studiously avoided the large body of sophisticated scholarship on this phenomenon of Gandhi's eccentric, eclectic relation with Hinduism. The shallowness of Anderson's analysis prevents his recognition of the range of serious critiques of Gandhi and Gandhism that can be discerned on the Indian intellectual landscape—from Ambedkar to contemporary Dalit Bahujan intellectuals (G. Aloysius, Kancha Ilaiah), Marxists (Sumit Sarkar, Ranajit Guha), and feminists (V. Geetha, Ashwini Tambe). Apart from Sarkar tangentially (as noted above), none of these scholars are cited.

Ambedkar's devastating critique, in his essay "Gandhism", of "Mr" Gandhi's defence of *varnashrama dharma* and his conservative economic programme based on the notion of Trusteeship of Property, is well known. I may add, though,

[23] Cited in Lal, "Gandhi's Last Fast".

that it is one thing for the arch-modernist Ambedkar in the 1920s to see machinery and unrestricted industrialization as the road to salvation for Dalits—oppressed by tradition and manual labour—and quite another for Anderson, a century later, to dismiss Gandhi's ecological concerns in *Hind Swaraj* as if they were the eccentricities of a buffoon, as "radical atavisms" (p. 21).

Kancha Ilaiah is as critical of the "Hindu nationalism" of Gandhi and Tilak as of the "Brahminical communism" of P.C. Joshi and S.A. Dange,[24] while G. Aloysius offers a thoroughgoing critique of the "Brahminic nature" of the subcontinent's nationalism and argues that the Gandhian leadership "devised new tools to effectively blunt the thrust of popular militancy . . . and to diffuse the mass struggle against the old Brahminic social order."[25] The Gandhian nationalist agenda, he says, "arrested the class-like polarization process by the creation of two vertical communities based on religion and religious identities", and by placing these under an "elite unity of the respective communities". India thus had what he terms "nationalism without a

[24] Kancha Ilaiah, "Towards the Dalitization of the Nation", in Partha Chatterjee, ed., *Wages of Freedom: Fifty Years of the Indian Nation-State* (Delhi: Oxford University Press, 1998).

[25] G. Aloysius, *Nationalism Without a Nation in India* (Delhi: Oxford University Press, 1998), p. 220.

nation", for a nation could not emerge without the destruction of the Brahminic social order. This is a complex and layered understanding of the role of religious identity in the Gandhian vision of India, in which horizontal class/caste unity was ruptured by vertical community-building.

Ranajit Guha's essay "Discipline and Mobilize" is satirically dismissive of Congress' "self-importance" (p. 98) and its claim to be "the biggest and the best"—a "supra-class representative of the nation" (p. 97).[26] Guha argues that Gandhi's distrust of the masses was "inscribed firmly and copiously" in his writings and speeches, but he had a use for them: their "energies and numbers" were to be "harnessed to a nationalism which would allow the bourgeoisie to speak for its own interests in such a way as to generate the illusion of speaking for all of society" (p. 109). If Guha's book was too "brilliant" for Anderson to engage with, he could have started with this essay.

Feminists have long recognized the space that Gandhi created for the participation of middle-class women in the national movement. This happened by his transposing emotive symbols from the private sphere (salt, spinning) into the public domain, and through his valorization of the "feminine" virtues of non-aggression and endurance. Yet

[26] Ranajit Guha, "Discipline and Mobilize", in Partha Chatterjee and Gyanendra Pandey, eds, *Subaltern Studies VII* (Delhi: Oxford University Press, 1992).

feminists have simultaneously noted Gandhi's preference for the ever-suffering Sita over the questioning and defiant Draupadi, or the Rani of Jhansi, as symbols of resistance. The feminist critique notes that he linked the activism of women to their traditional roles and to what he saw as their essential spirituality.[27] V. Geetha contrasts the Gandhian notion of women as ideal satyagrahis—who were to assume responsibility for the nation much as they did for their homes—with Periyar's subversive understanding, in which a renunciation of caste went with a remaking of masculine and feminine subjectivities via an iconoclastic reimagining of identity and sexuality.[28] Ashwini Tambe enables a complicated understanding of Gandhi's concern with sexuality in the public realm by placing it in the context of his "active troubling of the masculinist character" of anti-imperialist politics as much as of colonialism (an argument made first by Ashis Nandy). Tambe says:

> The introduction of women to a domain populated by men raised questions about how they would interact, and Gandhi sought to create routes for women's increased participation

[27] Radha Kumar, *The History of Doing: An Illustrated Account of Movements for Women's Rights and Feminism in India, 1800–1990* (Delhi: Kali for Women, 1993).

[28] V. Geetha, "Periyar, Women and an Ethic of Citizenship", *Economic and Political Weekly*, vol. 33, no. 17 (25 April–1 May 1998), pp. WS9–WS15.

> that were evacuated of sexual possibility. He fashioned therefore, a strictly anti-sexual mode of nationalist expression. He strenuously endorsed celibacy for his followers, very openly examined and criticized his own sexual impulses, and upheld the figure of the post sexual widow as a personal model. In Gandhi's vision, the nationalist collective was best seen as a body in need of purification and vigilance, and this body was compromised often by sexual temptation.[29]

She looks at how "Gandhi used the figure of the prostitute to articulate a vision of the nationalist body politic with the prostitute emblematizing the corruption that tested the body politic's virtue . . . Studying Gandhi's desexualized construction of the body politic is important because of its lasting legacy on contemporary Indian electoral politics."[30]

In short, a wide range of complex critical engagements with Gandhi is available, grappling with his notions of sexuality, economy, social order, and self-discipline, the bulk of which take thought and intellectual formations seriously and which are yet very far from feeding into any kind of nationalism. I cannot see any of these authors trembling in the chill of Anderson's pitiless exposure of the Indian Ideology.

[29] Ashwini Tambe, "Gandhi's 'Fallen' Sisters: Difference and the National Body Politic", *Social Scientist*, vol. 37, no. 1/2, January–February 2009, pp. 21–38 (p. 21).

[30] Ibid.

Anderson's method of engaging with non-Western modes of thought is to jeer like a schoolboy at funny foreign notions and to make sarcastic jibes at what he considers stylistic blemishes in Nehru's English. It has, he says, a "Barbara Cartland streak"; on Kashmir Nehru breaks into a "dithyramb of sexualized gush" that would "shame the lowest tourist brochure"; *The Discovery of India* is a "steam bath of *schwarmerei*". I had to look up *schwarmerei*. It's a German term meaning "excessive or unwholesome sentiment". Would that be the kind of unwholesomeness attributed to natives by bluff and honest Englishmen?

Nehru has been so widely criticized as authoritarian and anti-democratic, and his industrialization programme so roundly castigated from both ecological and democratic perspectives, that it seems hardly worthwhile to laugh at his English. The attacks on Nehru have been substantial, and Anderson's fourth claim, that "Nehru's legacy to Republic was far more ambiguous than his admirers will admit", may be true for his admirers, but not for the substantial body of scholarship that would not fall under the adulatory category.[31] If Anderson's argument, that he is exposing

[31] Sudipta Kaviraj, "A Critique of the Passive Revolution", *Economic and Political Weekly*, vol. 23, no. 45/47, Special Issue, November 1988; Partha Chatterjee, *The Nation and Its Fragments* (Princeton: Princeton

Indian Ideology for the first time, is to hold up to scrutiny, it cannot be based entirely on the work of admirers.

Patronizing Praise for Some Natives

Anderson is full of patronizing praise for Ambedkar—"intellectually head and shoulders above most of the Congress leaders"—an assessment many Indians would probably agree with, but perhaps not for the reason Anderson adduces—"in part due to far more serious training later on at the LSE and Columbia" (p. 52). Of course. Later, Anderson says that Ambedkar's references, "ranging from Renan to Acton to Carson . . . stands as a devastating indictment of the intellectual poverty of Congress and its leaders" (p. 89). What is one to make of assessments of intellectual calibre which so emphatically valorize Western training and the reading of Western sources above all else? Subhas Chandra Bose is said to be in "striking contrast" to Nehru (who "scraped a mediocre degree" from Cambridge) because he was "a brilliant student" of philosophy at—where but Cambridge, which, alongside the LSE and Columbia, is

---

University Press, 1994); Prabhat Patnaik, "Political Strategies of Economic Development", in Partha Chatterjee, ed., *Wages of Freedom: Fifty Years of the Indian Nation-State* (Delhi: Oxford University Press, 1998); Nivedita Menon and Aditya Nigam, *Power and Contestation: India After 1989* (London: Zed Books, and Hyderabad: Orient Blackswan, 2007).

the place where you needed to have studied (or "read") for pats on the back from Anderson.

India as Essentially Hindu

Anderson asserts that India has an essentially Hindu character; that the Indian state and its agencies, state practices and policies, political parties such as the Congress, and Indian society, are all driven by a predominantly Hindu worldview. If a Hindu worldview is indeed hegemonic in India, why is "Hindu nationalism" a term used pejoratively by *opponents* of the Hindu Right, while the Hindu Right prefers to describe itself as truly "secular"—as against the "pseudo secularism" of the avowedly secular forces? The recent victory of the BJP in the general elections, with 31 per cent of votes cast, does indeed consolidate a section of Hindu votes; but, also evidently, the majority of "Hindu" votes was divided over other non-Hindutva parties. The BJP's politics continually attempts to produce a homogeneous "Hindu" community, but this has always failed, which explains why, in his campaign, Modi foregrounded "development" over Hindutva—an emphasis that would have been unnecessary had India been a straightforwardly "Hindu" nation. Thus it cannot even be asserted that all Hindus who voted for the BJP voted for a Hindutva agenda. To read the results of this election as a victory of

"Hindu" India is thus a monumental mistake, the enormity of which is not diminished merely because it is common. Anderson falls prey to this error, not surprising in light of his ignorance. Entire libraries stocked with scholarship by Indians and non-Indians show an engagement with the complex politics, sociology, and conceptual histories of secularism/communalism in India, as well as with the manner in which caste politics breaks up this assumed polarization—the Bahujan Samaj Party's occasional alliances with the BJP, for example. None of this affects Anderson in the slightest.

He prefers, with no explanation, to use the term "confessionalism" for India, bypassing the sophisticated scholarship available on South Asia, within which this term has never been used. Perhaps this represents another, if more tangential, claim to originality—the imposition of a term derived from the Christian worldview and European experience upon a terrain of learning in which its obscurity seems even more impressive than its irrelevance. A confessional state essentially means one in which Catholicism is the official religion, but the word's meaning has been expanded in some kinds of writing to refer to a state with a single faith, established by law, to which the majority of the population is expected to conform. "Confession of faith" is a Christian notion, clearly, but has been universalized now to refer to states like that of Lebanon, which uses not only its dominant religion but also minority religions of all kinds to mobilize wider groups of the population, and in which the state and bodies of clergy are in a federative relationship. I will not go into the enormous problems with this kind of universalizing of terms derived from European Christian experience to the rest of the world, but will comment on Anderson's use of the term for South Asia. His glib use of it has enormous repercussions for his understanding of secularism/communalism in India. It makes him follow in the footsteps of his colonial forebears, who reduced the politics of secularism/communalism to "religion". For instance, on Partition: "it could be argued that no political force could have averted that division, so deep were the long-standing differences, and latent antagonisms, between the two major religious communities of South Asia" (pp. 97–9). This was the position of the Muslim advocates of Pakistan, but it was not acceptable to "official Indian nationalism" which, according to Anderson, "canonically regarded Muslims as Hindus converted—under pressure—to Islam, whom culturally or ethnically little or nothing separates from their fellow countrymen." His opinion is that "Empirically however, this case cannot be dismissed", because "The subcontinent was not just the theatre of two major incompatible religious systems, but of an imbrication of these with unequal political power, and to boot a recent dramatic reversal of the hierarchy of dominance between them. Could a secular nationalism ever have successfully unified *two such communities of believers?*" (p. 98; emphasis added). These communities were not only "believers", they were and remain "populations steeped in the supernatural"; and this was why "everywhere in the region, political awakening was intertwined with religious revival" (ibid.).

Apart from the fact that this puts paid to his second claim—that Gandhi disastrously "injected" religion into the national movement—the childishly simplistic reading of the politics of Partition and of secularism/communalism boggles the imagination. The assumption of a deep civilizational difference between the two communities; the conflation of the "Indian nationalist" argument about shared cultural and ethnic affinities with the Hindu nationalist claim of forced conversions; the idea of "incompatible religious systems" (are there any religious systems that can be described as compatible?); the almost unbelievably supercilious dismissal of "populations steeped in the supernatural". Anderson combines all the arrogance of the British ideologist with that of a certain variety of Marxist. However, Marxism does not seem to have taken Anderson towards understanding communal politics in terms of complex interconnections between political economy and religious/cultural identity. Identity is not an ahistoric given, it is in a constant state of being produced and mobilized. "Communal riots" are a relatively recent phenomenon, starting in the nineteenth century, and are produced at the intersection of colonial governmentality, anti-colonial politics, political party agendas, and local factors of social and economic conflict, eventually becoming what Paul Brass has termed, for a later period, an "institutionalized riot system".[32] Even those who mistakenly read Ashis Nandy as a closet Hindutva ideologist take for granted Nandy's pioneering insight that communal violence is a phenomenon of modern politics and has nothing to do with religious belief.[33]

Anderson goes on a glorious gallop of embarrassing factual errors, produced as evidence of his startlingly new claim about India's essentially Hindu politics, and designed to shatter the delusions of Indian Ideologists. "Hindustan" is presented as if it means the land of Hindus ("a term in private not shunned by Congress leaders" [p. 137]; "what

[32] Paul Brass, *The Production of Hindu–Muslim Violence in Contemporary India* (Seattle: University of Washington Press, 2003), p. xv.

[33] Radhika Desai, "Culturalism and Contemporary Right: Indian Bourgeoisie and Political Hindutva", *Economic and Political Weekly*, vol. 34, no. 12, 20–26 March 1999.

is hidden inside India is Hindustan" [p. 145]). This may seem to beggar belief—but he does not seem to know that the name Hindustan comes from the Persian name for the Indus, with Sindhu or Hindu meaning, simply, the land beyond the Indus. The Arabic al-Hind for the region has a similar etymology. "Hindu" for the set of religious practices that is neither Islamic, nor Christian, nor Parsi is a nineteenth–twentieth-century development in Indian history, produced by colonial governmentality, while "Hindustan" retains its older meaning. Anderson may like to consider that "Hind" is a common Arabic name for girls among North Africans even today, referring to this history of relations between Arab civilization and al-Hind, not to the religion Hinduism.[34] He may also consider the fact that Hindustani is the name for the Hindi–Urdu language that pre-dates both India and Pakistan as well as the Hindi–Hindu/Urdu–Muslim formulations that emerged during the twin nationalist movements; that the sole Hindu nationalist party of India calls itself "Bharatiya"—not "Hindustani"—Janata Party; that Pakistan refers to India

[34] "Hind" certainly does not mean "100 camels" in Arabic, as popular wisdom on the internet would have you believe! In the novel *The Broken Mirrors: Sinalcol* (trans. Humphrey Davies; London: MacLehose Quercus, 2015), by the Lebanese intellectual Elias Khoury, a leading female character is named Hend, a variant spelling.

as Bharat, not Hindustan, which, had the latter signified "Land of Hindus", would have been the preferred term. Hindustan, in other words, draws on pre-colonial cosmopolitan histories, not on the set of heterogeneous religious practices that came to be named "Hinduism" in the nineteenth century.

The self-administered *coup de grâce* by Anderson is a claim "never seen or spoken" by anybody else (all under the thrall of the Indian Ideology), the "perfectly obvious" fact that "the hand of AFSPA has fallen where the reach of Hinduism has stopped." The Armed Forces Special Powers Act (AFSPA) is in force, he says, in Kashmir, Nagaland–Mizoram, and Punjab, "regions respectively Muslim, Christian and Sikh", and in the Naxalite corridor with "pre-Aryan tribal populations with their own forest cults" (p. 144).

First, let's outline the factual errors that put paid to his theoretical claim. The AFSPA is in force only in the border regions of India, not in the "Naxalite corridor". Other extraordinary laws are in force in Chhattisgarh and Andhra Pradesh, but not the AFSPA.[35] Second, the AFSPA was not,

[35] Chhattisgarh is covered by the state's Chhattisgarh Public Security Act, Andhra Pradesh by the Central Government Unlawful Activities Prevention Act, and the provisions of the Indian Penal Code are also routinely used to deal with suspected Maoists: Ujjwal Kumar Singh, op. cit.

and is not, only in force in non-Hindu areas, even if we consider "religion" a factor relevant at all in the use of the AFSPA. The act was first passed as the Armed Forces (Assam and Manipur) Special Powers Act of 1958 and enforced in the Naga-inhabited areas of Assam and Manipur. The Nagas opposed the merger of their area with that of India on the grounds that the "Naga way of life" (not Christian way of life) was racially and socio-politically different from the Indians. The Mizo National Front (MNF) of Mizoram, a state described by Anderson as "Christian", called for an armed struggle to liberate Mizoram from Indian colonialism. Indian colonialism: not Hindu rule.

The Union Territory of Manipur was formed in 1949, after the Hindu-majority kingdom of Manipur, which had been constituted as an independent constitutional monarchy with a democratically elected Assembly, was forced into a merger with India. In 1964 an armed movement in Manipur demanded the separation of Manipur from the Indian Union, and by 1970 the AFSPA was made applicable to Manipur. Also in 1970 Hindu-majority Tripura was covered by it, as was Arunachal Pradesh, where a third of the population is Hindu. In 1983 it was imposed in Punjab, and in 1990 in Kashmir as well as in Hindu-majority Assam, where a separatist movement had become militant.

Essentially, religion has had nothing whatsoever to do with the promulgation and imposition of the AFSPA. It is put to use in areas affected by internal rebellion, insurgency, or militancy, and is argued by the state as providing the armed forces with an enabling environment to carry out their duties without fear of being prosecuted for their actions.[36] The AFSPA is about the assumed "integrity" of the Indian nation-state, not "Hindu India".

In the context of Africa, Mahmood Mamdani has consistently argued against Western characterizations of various kinds of conflicts, and what is generically called genocide, in terms of ancient hatred between historically unvarying ethnic and racial identities. Mamdani has complicated the picture with the history of colonialism, identity formation, and the configurations around specific conflicts; not to do so, he says, is the "denial of a history and a politics" to the non-West.[37]

Anderson's analysis is a prime instance of this kind of denial. He translates into the language of "religious identity" three radically different kinds of politics—in Punjab, separatist nationalism; in Nagaland and Kashmir, armed

[36] Pushpita Das, "The History of Armed Forces Special Powers Act", in Vivek Chadha, ed., *Armed Forces Special Powers Act: The Debate* (IDSA Monograph Series No. 7, November 2012, IDSA, and Delhi: Lancer's Press, 2012).

[37] For example, Mahmood Mamdani, "The Politics of Naming: Genocide, Civil War, Insurgency", *London Review of Books*, vol. 29, no. 5, 8 March 2007.

struggles for independence from India—regarded as an occupying power that moved in after the British left; and in the Naxalite corridor, Maoist insurgency for the overthrow of the exploitative capitalist Indian state. Of course religious, tribal, and other identities inevitably come to play a role in any mass movement, but to claim the primary identity of these movements as Sikh, Muslim, Christian, and "forest cults", and to characterize the Indian state's authoritarian response as "Hindu", is to render them entirely in terms legible to colonial ideology and to depoliticize the encounters completely.

Anderson is determined not to let any knowledge of history or any fact whatsoever stand in the way of his characterization of India as a "confessional state by default" (p. 145). He makes no distinction between Israel's constitutional Judaism, Ireland's institutional Catholicism, and India, although India did not establish a religion-based state. For him, in all three cases, religion "provided the genetic code of the movement" (p. 146). This kind of lazy generalization provides no way of distinguishing between states with secular constitutions but entrenched practices that marginalize minorities, and states that build anti-minorityism into their constitutions. The difference resembles that between racism in Britain and racism in apartheid-era South Africa.

Anderson is by no means the first to note the failures and limitations of Indian secularism, which has been attacked both for being too derivatively robust,[38] and not robust enough.[39] However, it is not only that Anderson's hearty attack on "the sophism and evasions" (p. 171) of Indian secularism is not the preserve of one courageous true critic alone, as Anderson assumes on the basis of his limited research, but that in India it is a very familiar one. More crucially, Anderson is unable to comprehend that "secularism" as it arose in the particular history of Europe over the sixteenth to the eighteenth centuries is not what is called "secularism" in other parts of the world, where relations between the modern state and religious communities developed in entirely different historical contexts, among the most significant of these being colonialism. Anderson and other such critics—who search all over the world for "democracy", modernity", "secularism", and "individualism" in exactly the shape and form in which it emerged in a few

[38] Ashis Nandy being the best-known proponent of this view.

[39] For instance Achin Vanaik, one of the "few true critics" whose "courage" Anderson recognizes, but also numerous Marxist scholars such as Javeed Alam ["The Indispensability of Secularism", *Social Scientist,* vol. 27, nos. 7–8, July–August 1998; idem, *India: Living with Modernity,* Delhi: Oxford University Press, 1999]; and Sumit Sarkar ["The Anti-secularist Critique of Hindutva: Problems of a Shared Discursive Space", *Germinal,* vol. 1, 1994]).

countries of Western Europe—can only always find these other parts of the world lacking, telling us, in effect, that "our modernity is incomplete, our secularism impure, our democracy immature, our development arrested and our capitalism retarded."[40] It is one thing to note the way in which dominant community norms become naturalized as common sense in any society, quite another to simply explain a society in terms of religion alone. Why does it never occur to Anderson, for example, to use "Christian" in conjunction with the British Raj? Because, even though the Christian worldview is naturalized in the Western world (Sunday as the day of rest, for example) it would be an utterly irrelevant and misleading category to describe British colonialism with that term as a simple equivalent.

And finally, Anderson's last claim, that "Indian democracy is not contradicted by caste inequality, but rather enabled by it"—which at first sight appears to be Rudolph and Rudolph's well-known "modernity of tradition" argument.[41] But he has never read them. It turns out, rather,

[40] Aditya Nigam, "Look Inward, Angel", *Daily News and Analysis*, 13 August 2013: http://www.dnaindia.com/mumbai/report-look-inward-angel-1873681.

[41] Lloyd I. Rudolph and Susanne Hoeber Rudolph, *The Modernity of Tradition: Political Development in India* (Chicago: University of Chicago Press, 1984).

to be a misreading of mammoth proportions. Bravely untrammelled by scholarship on South Asia, Anderson proclaims his understanding of caste as "an impediment to collective action". Caste "fixes in hierarchical position", "divides disadvantaged groups from one another", and so on and on (pp. 111–12). Later he acknowledges the powerful caste mobilizations that have reshaped Indian democracy and cites Jaffrelot's argument about a "silent revolution"; but, he says sternly, "castes are not classes" (p. 154). Suddenly awakening (for the second time in the book) to a reductionist Marxism, he declares, "constructed by religion and divided by occupation, they are denizens of a universe of symbolism governed by customary rituals and taboos." Caste can only lead to "recognition", not "redistribution". (Where was this muscle-bound Marxism when we needed it, in the discussion on Independence and Partition, where tea-time chit-chat passed for analysis?) Anderson needs to note that caste mobilizations have fundamentally transformed Indian democracy, and this is why no Left analysis which fails to take caste seriously, or that sees it simply as an impediment to class mobilization, has survived the twentieth century.

So this is how I read *The Indian Ideology*—a reputed historian stomping arrogantly into territory he knows next to nothing about, to tell the tale of a subcontinent's

Independence and Partition in the style of a British tabloid; a tale claiming startling originality partly through highly dubious citation practices and partly out of sheer ignorance of well-known bodies of scholarship; a tale which makes large assertions founded on factual errors.

Minus the backing of his repute and pedigree, Anderson's manuscript would not have passed a blind peer review.

2

There is an Indian Ideology, But it's Not This

PARTHA CHATTERJEE

The British playwright Simon Gray, describing his Oxbridge education, once put it this way: "I wrote all my papers with a fraudulent fluency that could only have taken in those who were bound by their own educations to honour a fluent fraud."[1] Gray's close contemporary Perry Anderson is an eminent and worthily acclaimed historian of medieval and modern Europe, a man of prodigious learning. So it is a matter of some astonishment, and perhaps regret to those not anointed with an

[1] Geoffrey Wheatcroft, "The British Gift to American Letters", *The New York Times*, Sunday Review, 5 August 2012.

Oxbridge degree, to find Anderson having lost neither the skill nor the temptation he presumably acquired at Oxford to write with a fraudulent fluency on subjects he knows very little about.[2]

Anderson's *The Indian Ideology* is, on the face of it, the indictment of a nationalist myth of a centuries-old Indian identity finding political fruition in Nehru's democracy—albeit marred by the divisive machinations of the departing colonial power—and then continuing its miraculous journey by successfully overriding all the impediments that have tripped up most other postcolonial states. A perfectly legitimate, even laudable, project, many would say.

The first surprising thing about the three essays that comprise Anderson's book is their magisterial tone, intended to create the impression that the unpalatable truth of the ideology being really a sham is pronounced so for the first time. Nowhere is there any acknowledgement that the so-called Indian ideology has been a subject of persistent public criticism in India from the moment of its birth (whenever one chooses to date it). The second surprising—some might say, shocking—thing about the essays is that their critical vantage point is, historiographically, not contemporary with its object but antecedent to it. Any reader familiar

[2] Perry Anderson, *The Indian Ideology* (London: Verso, 2013). Page references in the text relate to this edition.

with the current historiography of South Asia cannot but be dumbfounded at the repeated invocations by Anderson of vintage colonial criticisms of Indian nationalist politics. Coming from a renowned Marxist intellectual and critic of imperialist regimes, this antiquated view of India is, to say the least, bewildering. Anderson's much admired prose is repeatedly dotted with references to the revolt of 1857 as "the Mutiny", the Khilafat Committee as "the Caliphate Committee", and Indian writers as "native scholars". One suspects his lack of familiarity with the historical literature of recent years—outside the fifty books cited in his bibliography—is the problem. These days, even undergraduates studying Indian history routinely learn that the events of 1857 meant something considerably more momentous than a mutiny and its suppression. And, given the blatantly racist pedigree of the word "native" in colonial India, readers don't even have to be all that knowledgeable to squirm at its repeated use to describe writers with Indian names. The discourtesy is compounded: Anderson uses proper names when mentioning Western writers while merely gesturing (not once but at least half a dozen times) to nameless "native scholars" when citing the latter's views. But these are just stylistic pointers to the much more substantively colonialist positions that Anderson occupies in his criticism of, say, Gandhi's politics, the integration of the princely states into India, and Indian democracy. More on these matters later.

Dismantling the Gandhi Myth

Before launching into his first demolition job—the myth of Gandhi—Anderson spends a few paragraphs dismissing the claims of certain contemporary Indian eminences whose "patriotic reveries" about the age-old unity of India from the dawn of civilization faithfully follow the rhetoric of the Indian state. "The 'idea of India'", he says, "was a European not a local invention, as the name itself makes clear. No such term, or equivalent, as 'India' existed in any indigenous language" (p. 11). It is difficult to fathom what exactly he means by this. If he is saying that Indian languages do not have a name for the country and so have borrowed the Greek coinage, he is plainly wrong. The Sanskrit name *bharatavarsa*, designating that division of the mythical island continent of *jambudvipa* ruled by the legendary King Bharata—whose story is narrated in several Puranas and the *Mahabharata*—has always been known in every major Indian language. Being a territory's mythical name, the exact geographical boundaries it designates are indeterminate. But precisely for that reason, the name has been available for centuries to describe a country with many shifting political boundaries. Most Indian languages today use that word, or the shorter Bharat, to name the country; the term "India" is reserved for use in English. In fact, the Constitution officially names the country "India, that is, Bharat". Besides, various derivatives of the Arabic word *hind* have also been used in Indian languages for centuries. So if "the idea of India" (a phrase first coined by Rabindranath Tagore in 1924) inheres exclusively in the Greek name, others of significant antiquity are available in the Indian languages and can be, as they constantly are, substituted for it. Or is it Anderson's claim that only Herodotus and Megasthenes, being European, could have given the country a name capable of carrying the burden of an idea?

The British conquest of India is summarily described by Anderson as the quick subjugation of a heterogeneous and politically disunited people by an armed force consisting largely of native troops. Nowhere does he mention the motivations for acquiring a territorial empire in the East—mercantile rivalries with France, the Seven Years War, the need to finance the East India Company's exports from India, the irrepressible urge among Company officers to plunder the country. Wishing to leave no stone unturned, he emphasizes that the British only came as the last of a succession of conquerors, thus repeating the first axiom of two centuries of colonialist historiography, beginning with Robert Orme, in which tradition of thinking the inhabitants of India, though adept at manufacturing and commerce, were politically incapable of ruling themselves.[3] Anderson speaks at some length of the composition of the British Indian army as always consisting of a far larger proportion of Indian soldiers *vis-à-vis* British, as well as of the collaborating classes of princes, chiefs, landlords, and the new English-educated gentry. "This was the stage on which Gandhi stepped on his arrival in Bombay in 1915," he announces. A short list of the major changes he chooses not to mention would include the destruction of traditional Indian manufacturing, especially textiles; the unbearable pressures on the agrarian economy, exacerbated by the heavy land tax; the growing indebtedness and dispossession of peasants; and the increasingly frequent famines—all now staples of the historiography of colonial India in the nineteenth century. How is it possible, without acknowledging such basic aspects of imperial rule, even to begin to understand the impact of Gandhi's politics of self-reliance, spinning and weaving, voluntary poverty, cooperation, and the call to take nationalist politics to the villages?

Anderson's blinkered view of popular politics is most apparent in his treatment of Gandhi. He is firmly convinced

[3] Robert Orme, *A History of the Military Transactions of the British Nation in Indostan, from the year MDCCXLV*, 2 vols (London: John Nourse, 1778).

that Gandhi was the way he was because he was a man of religion, even though his peculiar brand of religion was idiosyncratic. No one, Anderson says, has studied this matter seriously, at least not before Kathryn Tidrick, who in 2006 published "the first scrupulous account" of Gandhi's religion and was greeted by "a deafening silence".[4] Tidrick's book, if one bothers to look at it, turns out to contain the bizarre argument that Gandhi was in truth an Esoteric Christian, a follower of the many cranks he befriended as a student living in London's East End. Gandhi apparently came to believe that "he was the pre-ordained and potentially divine world-saviour", a Christ in the making. Yet this "greatest godman of them all" never acknowledged his Esoteric Christianity because it would evoke ridicule and compromise the world role he wanted to play. Given that the source for this hitherto unknown insight into Gandhi's true religious beliefs comes from a single stray comment by Gandhi's associate and biographer Pyarelal,[5] a deafening silence was probably the most polite response the scholarly community could have offered the book.

In any case, religion is the dominant motif in Anderson's account of Gandhi's politics as well as popularity. "The

[4] Kathryn Tidrick, *Gandhi: A Political and Spiritual Life* (London: I.B. Tauris, 2006).

[5] Ibid., p. 33.

original politics of the Congress elite had been studiously secular. Gandhi's takeover of the party not only gave it a popular basis it had never possessed before but injected a massive dose of religion—mythology, symbology, theology—into the national movement" (p. 22). Yet Anderson never seriously examines how exactly Gandhi's religion came to be connected to his popularity. The liberal, constitutionalist, and secular politics of the lawyers, landlords, and retired civil servants who constituted the older Congress leadership had no support outside their own class and only limited support within. The mould was broken by so-called Extremist leaders like Bal Gangadhar Tilak in Bombay, and Aurobindo Ghose and Bepin Chandra Pal in Bengal, in the first decade of the twentieth century. They managed to mobilize a wider middle-class support in cities and small towns, but only by explicitly invoking religious doctrines of political activism from the high Hindu tradition. Gandhi wrote *Hind Swaraj* while sailing from Britain to South Africa in 1909 with the explicit purpose of countering the Extremist appeal to armed resistance against colonial rule, and he kept up a lifelong mission of fighting that particular interpretation of the *Gita*. But in his political career in India, as he radically expanded the bases of nationalist mobilization far beyond those the Extremists had achieved, he resorted once again to a religious idiom—except this time it was one of popular piety and devotion.

Anderson does not use the standard Indian name for religious conflict—communalism—preferring a term from Europe's sectarian history—"confessional politics"—once again betraying his dogged belief that provincial Western categories must provide universally normative standards of historical evaluation. More troubling is the fact that his account of religion in politics shows no awareness of the nuances that have been uncovered over the past thirty years by historians working on the local material of nationalist mobilization in the 1920s and 1930s. He makes no distinction between Gandhi's personal spiritual experiments ("sleeping nude with his great-grand-niece", for example), which were mostly regarded with incomprehension if not scandalized disapproval by even his closest followers, and the image of the saintly renouncer with miraculous powers, which was how he was seen in much of the popular imagination. Anderson seems oblivious too of the need to distinguish between the social conservatism of many of Gandhi's views on caste and women on the one hand, and on the other the radical effects of his practical injunctions, such as being one's own scavenger, or asking women to go to jail by publicly courting arrest; his resolute adherence on the one hand to his Hindu identity even as, on the other, he embraced and was in turn embraced by village imams preaching in the name of the Khalifah. For Anderson, all of this research represents "the industry of glozing commentary that has grown up around [Gandhi's] ideas, adjusting them for contemporary usage in much the same way as the Pentateuch becomes a blueprint for universalism and the Quran all but a trailer for feminism" (p. 18), conveniently forgetting that the most enlightening research here deals not with ideas but practices. An essay like Shahid Amin's "Gandhi as Mahatma", or his monograph on Chauri Chaura, and novels like Satinath Bhaduri's *Dhorai charit manas* and Phaniswarnath Renu's *Maila anchal*, shed more light on how Gandhi acquired the popular authority that he did than Anderson's vapid observation: "It is no surprise that so magnetic a force would attract such passionate admiration, at the time and since" (p. 17).[6] There was a world of difference between Gandhi's moral appeal among the literate urban classes and his near-divine status in many parts of rural India, cutting across organized religious and sectarian divisions. The latter image was not wholly of Gandhi's creation; indeed, he was often thoroughly irritated by the uninformed and frenzied adulation he received in the villages. But the source of that

[6] Shahid Amin, "Gandhi as Mahatma: Gorakhpur District, Eastern UP, 1921–22", in Ranajit Guha, ed., *Subaltern Studies III* (Delhi: Oxford University Press, 1984), pp. 1–61; Shahid Amin, *Event, Metaphor, Memory: Chauri Chaura 1922–1992* (Delhi: Oxford University Press, 1995); Satinath Bhaduri, *Dhorai charit manas*, in Sankha Ghosh and Nirmalya Acharya, eds, *Satinath granthabali* (Calcutta: Signet, 1973), vol. 2, pp. 1–296; Phaniswarnath Renu, *Maila anchal* (Delhi: Rajkamal, 2003).

devotion, as the ethnographic research into rural political mobilization has revealed, had little to do with what Gandhi said or wrote. It had to do with the work that a culture of popular rural practices could perform on attempts by urban elites to mobilize peasants for nationalist agitation. Anderson's investigations into Gandhi seem so cursory because they completely overlook this pathbreaking research from the 1980s.

Indeed, Anderson's exclusive focus on Gandhi's personality in order to debunk his myth serves to accentuate rather than demystify the central paradox concerning his authority. Despite his many disagreements and conflicts with not only his political antagonists but even his closest lieutenants, how did Gandhi manage so often to get his way? He has been frequently called an autocrat, hiding an authoritarian personality under the cloak of benevolent saintliness: Anderson too calls him "temperamentally in many ways an autocrat" (p. 17). Yet Gandhi was clearly no autocratic dictator in the usual sense of the term. Within the Congress organization he was, until the early 1940s, unquestionably the supreme authority, even though for most of that period he held no official position and, indeed, from 1934 was not even a member. His decision to suspend the Non-cooperation movement after the violent incidents at Chauri Chaura in 1922 was greeted with shock and disbelief in every rung of the Congress: from senior leaders like Motilal Nehru, Lajpat Rai, Mohammed Ali, and C.R. Das to young acolytes such as Jawaharlal Nehru and Subhas Bose, virtually everyone disagreed, and many argued with Gandhi. But he refused to budge; in the end, the others acquiesced. Why? He entered into a ferocious test of wills with Ambedkar in 1932 over separate electoral representation for the untouchable castes, putting his life on the line during a fast. It was an utterly unfair contest which ended with Ambedkar having to give in. Why? When Bose challenged Gandhi's chosen candidate for the top position in the party and won, Gandhi managed to throw Bose out of the party in a matter of weeks: an elected Congress president could not resist someone who held no position in the party. Why? None of all this was because all those who opposed Gandhi and lost were afraid of something in Gandhi's personality—in fact many, perhaps most, while following him politically, did not take his so-called religion seriously at all. However, what they all recognized was his power to move the masses. None of them could match it. Putting it down to some inexplicable magical quality, they chose to either defer to it or accept banishment from the organization. Even Ambedkar realized the calamity that would descend if he were to be blamed for Gandhi's death; he had no option but to agree to a pact.

That Gandhi had a deep dread of popular rebellion running out of control is beyond doubt. This observation has been made by virtually every critical historian of the Left, from R.P. Dutt, the British communist writing in 1940, to Ranajit Guha and Sumit Sarkar in recent years, not to speak of the communist leader E.M.S. Namboodiripad.[7] Anderson makes much of the fact that in the same period, in the early 1920s, popular rebellion in Ireland led to Britain having to concede an Irish Free State, suggesting that a similar conclusion might have been on the cards in India had Gandhi not applied the brakes. In fact Anderson thinks it was the spectre of widespread tax refusals in the countryside, leading to the collapse of the entire land revenue system and causing an insurmountable crisis of the colonial state, which scared Gandhi into calling off the growing agitation. The Irish counterfactual is hardly persuasive, not only because of the incomparable difference in the sizes of the two colonies, but also because the colonial government in India had powerful coercive instruments, such as seizure of the lands of tax defaulters and their sale by auction—measures that were widely employed in the 1920s. Only the most hardened non-cooperators were willing to accept the

[7] R. Palme Dutt, *India To-day* (London: Victor Gollancz, 1940; Bombay: People's Publishing House, 1947); Ranajit Guha, *Dominance Without Hegemony: History and Power in Colonial India* (Cambridge, Mass.: Harvard University Press, 1997); Sumit Sarkar, *Modern India, 1885–1947* (New York: St Martin's Press, 1989); E.M.S. Namboodiripad, *The Mahatma and the Ism* (New Delhi: People's Publishing House, 1959).

permanent loss of their lands; it was never imagined by even the most firebrand Congress agitators that the tax refusal could last for more than a year or two. The really difficult problem was peasants turning the agitations against local oppressors—landlords and rich farmers. Research on agrarian movements in UP, Bihar, Bengal, Gujarat, Maharashtra, Andhra, and other regions has shown that these turnings did, in fact, happen. Gandhi, in particular, was resolutely against such class warfare, and local Congress leaders spoke of postponing that particular battle until after freedom had been won. But peasants did not necessarily heed the advice, and in numerous localities all over India the forces unleashed by Non-cooperation endured in the form of struggles by tenants and sharecroppers against their overlords, sometimes outside the fold of the Congress but often within it.

On the question of Hindu–Muslim relations, too, Anderson thinks that Gandhi's injection of religion into politics was the main reason for the political conflicts that later emerged between the two communities. The alliance over Khilafat was, he says, little more than opportunistic: predictably, it did not last. But the damage was done by turning the Congress into a mass organization essentially of the Hindus. Anderson overlooks the fact that it was the Khilafat agitation that produced—in those parts of the country such as UP, Bengal, and Assam, where Muslims formed large rural peasant communities—an entire generation of Muslim leaders who, beginning their careers in the Congress, became mass leaders in political formations outside the Congress. So again, the domain of popular politics, once opened up, often acquired a dynamic all its own and owed nothing to what Gandhi or anyone else said or did.

Anderson's "Great Men" view of history blinds him to the possibility that the carefully laid campaigns and plans of Gandhi or Nehru or Jinnah or Mountbatten could have produced, in the shape of popular mass responses, consequences completely unanticipated. Ordinary people in India, whether in towns or villages, even when enthusiastically joining campaigns of mobilization launched by the elite leadership of political organizations such as the Congress, did not always dutifully follow the directions of leaders. They often had their own reasons for joining the movement. At other times, and quite frequently, they refused to join despite the most beseeching efforts at persuasion by leaders. On yet other occasions, having joined the movement, they quit, once again for motives of their own which did not necessarily conform with those proffered by elite leaders. These local realities of nationalist mobilizations have been revealed in rich detail by historical research since the 1980s.[8] Collectively, this research constitutes a powerful critique of nationalist historiography—which claims this mobilization was the gift of the political leadership comprising Gandhi and his team. By ignoring entirely this corpus of research, Anderson, in his demolition of nationalist history, relapses—sadly—into the sneering condescension of a colonialist elitism.

This appears most clearly in his account of how Indian independence was finally achieved. Gandhi's three great campaigns were failures, Anderson says, and none more so than the Quit India movement of 1942–4, which was crushed by the organized force of a colonial power already at war. He concludes: "By 1945 [Gandhi] was politically speaking already a back number . . . An assassin's bullet

[8] This literature is now quite large. A few examples: Gyanendra Pandey, *The Ascendancy of the Congress in Uttar Pradesh, 1926–1934* (Delhi: Oxford University Press, 1984); David Hardiman, *Peasant Nationalists of Gujarat* (Delhi: Oxford University Press, 1984); Sumit Sarkar, *Popular Movements and Middle-class Leadership in Late Colonial India* (Calcutta: K.P. Bagchi, 1984); Partha Chatterjee, *Bengal 1920–1947: The Land Question* (Calcutta: K.P. Bagchi, 1984, new edn 2012); Dipesh Chakrabarty, *Rethinking Working-Class History: Bengal 1890–1940* (Princeton: Princeton University Press, 1989); Gyanendra Pandey, *The Construction of Communalism in Colonial North India* (Delhi: Oxford University Press, 1990).

spared him a comparable fate [with Nasser, Nehru, Sukarno, Ben Bella, and Makarios], embalming him in the martyr's death that by then he wanted" (p. 44). That he had become irrelevant to the future plans of the Congress state leadership, which was about to assume power, can hardly be disputed. That he might have become, had he lived longer, a force of the opposition, perhaps even a thorn in the flesh of his erstwhile underlings, is a possibility which cannot be easily ruled out. One of his last political acts—once again, accomplished via a fast—was to reverse the decision of the new government to withhold Pakistan's share of the huge sterling reserves left behind by the British as their wartime debt to India. The speculation can go on and on over how Gandhi may have reacted to the reform of Hindu marriage and inheritance laws: given his firm and repeatedly expressed opposition to state interference in matters of religion, it is reasonable to suggest that he would have opposed them. Or planning the industrialization of the economy under state auspices: could that have gone through so easily had Gandhi chosen to oppose it? There is little doubt that Gandhi would have had no role within government, but can one be so sure that he would not have tried to influence, even obstruct, its course from outside?

These are matters on which one is free to speculate. The surprise comes with Anderson's stark enunciation of the conditions that brought about Indian independence. Those conditions had nothing to do with nationalist mass mobilizations, he says, because the latter always ended in failure. The first reason for independence was, he says, the expanded system of electoral representation put into effect by the British in 1937. The irresistible temptations of governmental office now entered the soul of Indian politicians; subsequently there was no going back to civil disobedience and jails. It would scarcely suit Anderson to remember that the Congress held provincial ministries for a mere two years, quitting as soon as Britain declared war on behalf of India in 1939. "The wine of electoral success had done what the water of non-violence had failed to do: give Congress a political weight and strength that neither rulers nor rivals could henceforth ignore" (p. 46). Reading the last paragraphs of Anderson's chapter on Gandhi might leave one with the impression of having encountered a passage from books such as *Rise and Fulfilment of British Rule in India*.[9] But that would be a mistake: there was a liberal earnestness about Thompson and Garratt's self-congratulatory history that gave it an air of hopeful anticipation for the future. Anderson's cynical assessment of

[9] Edward J. Thompson and G.T. Garratt, *Rise and Fulfilment of British Rule in India* (London: Macmillan, 1934; revised edn Allahabad: Central Book Depot, 1958).

Indian nationalism—as culminating in the fight for the loaves and fishes of office—makes it little more than a simple restatement of Gallagher, Johnson, and Seal's much criticized "Cambridge school" thesis.[10]

His second explanation of India's independence is even more striking: it was "the hammer blow from outside" in the form of the Japanese assault on South East Asia which left the British with no alternative but to come to an understanding with the Congress on the future of India. It led, after the war, to Indian independence. Popular movements, mass mobilizations, nationalist projects—none were of any relevance. The vanity of an empire could only be destroyed by the aggression of another empire. This is an explanation one might have expected from a Tory military historian: that it comes from one of the foremost Marxist historians of our time will remain a matter of lasting shame.

Who was Responsible for Partition?

Anderson's "Great Men" method of history writing could seem somewhat more appropriate for the history of the partition of India than for other periods or episodes. For, in 1947, the fate of more than four hundred million people was

[10] John Gallagher, Gordon Johnson, and Anil Seal, eds, *Locality, Province and Nation: Essays on Indian Politics 1870 to 1940* (Cambridge: Cambridge University Press, 1973).

decided within a few weeks by about a dozen individuals. Anderson has a great time prying into the characters, motivations, and foibles of Nehru, Jinnah, and Mountbatten, besides directing a few piercing glances at Patel, V.P. Menon, and Cyril Radcliffe. "In Nehru, Mountbatten found delightful company, a social equal with a touch of the same temperament . . . Within weeks, not only was Nehru fast friends with the viceroy, but soon thereafter in bed with his wife, to the satisfaction of all concerned . . . Affairs of the heart rarely affect affairs of state. But in this case the erotic ties of the triangle were, at the least, unlikely to tilt British policy towards the League" (p. 65).

That policy, according to Anderson, had shifted from a British reliance on Muslim politicians earlier in the century as a counterweight to the growing nationalist challenge of the Congress—bolstered in particular by Jinnah's offer of cooperation with the British war effort when Congress launched the Quit India movement in 1942—to one of open sympathy with the Congress after the Labour victory in the British elections of 1945. The Labour Party's links with the Congress were of long standing, strengthened by personal ties fostered by Nehru and Krishna Menon. "To sentimental affinity was joined national amour-propre"; men like Attlee, "products of an imperial education", could not countenance the possibility that, at the moment of its inevitable departure from India, Britain might have to supervise the destruction of the political unity it had created over the course of two centuries of benevolent rule. The Muslim League, "once a tactical expedient for the Raj, was now the principal obstacle to a satisfactory settlement of its affairs." To this line of thinking was added the pretentious self-importance of Mountbatten, "that mendacious, intellectually limited hustler" (p. 64). The result was a process in which the Congress was assured of far more than a fair share of attention from the departing colonial power.

Why, then, it seems pertinent for us to ask, did this process culminate in the partition of the country, an idea that the Congress had always attributed to the unmerited ambition of Jinnah and the classic imperial policy of divide and rule? To figure this out, one needs to understand the calculations of the Congress leadership. After the fruitless negotiations with the Cripps Mission in 1942, it had become clear that any arrangement for the transfer of power that preserved the political unity of India would involve a very weak central authority with considerable autonomy for the provinces and the princely states. This was not the sovereign independence the post-Gandhi leadership of the Congress, fired by the imagination of a strong nation-state marching rapidly towards industrialization, was expecting. The astute Rajagopalachari saw this as early as 1942 when he proposed that Congress accept the Cripps Mission proposal of the provincial option and let the Muslim provinces go their own way if they so wanted. But the idea of "the vivisection of India", as Gandhi described the proposal, was anathema to the Congress at this time.[11] B.R. Ambedkar, taking a position of neutrality between Hindus and Muslims, set out with clinical clarity the realist case for partition in 1944, arguing that with a carefully organized transfer of populations it would produce a coherent nation-state in India free of the virus of sectarian politics. The Muslims who remained in India would lack the numerical strength to form credible electoral blocs and would thus become free to align with different political parties, based on class interests and social ideologies. Without a Muslim challenge, there would be no viable ground for Hindu communalism. More important, the army would not be saddled with a large corps of Muslim soldiers of doubtful loyalty.[12]

But intellectual clarity does not always point to the most expedient path in the domain of mass political sympathies. The realist strategy could be grasped, but not spoken, far less advertised as an article of faith. So, while the Congress continued to insist on its commitment to the unity of

[11] Anita Inder Singh, *The Origins of the Partition of India 1936–1947* (Delhi: Oxford University Press, 1987), p. 79.

[12] B.R. Ambedkar, *Pakistan or Partition of India* (Bombay: Thacker, 1944).

India, its leaders resisted every proposal for confederation and provincial autonomy. The historical documentation on this matter has been quite irrefutable ever since the publication of Ayesha Jalal's book on Jinnah.[13] Anderson is right to say that, for Nehru, the Cabinet Mission plan would have "deprive[d] his party of the powerful centralized state to which it had always aspired . . . if the worst came to the worst, it was better to enjoy an unimpeded monopoly of power in the larger part of India than be shackled by having to share it in an undivided one" (p. 67). But the reason for this, Anderson asserts, is that the Congress always wanted a state dominated by Hindus. What they intended to do with this state is not, for him, a question worth taking seriously. Once again, for a Marxist scholar not to take into account the well-advertised Congress promises to abolish landlordism, carry out land reform, promote state-led industrialization through a central planning body of experts, and undertake the reform of marriage and inheritance laws as well as caste discrimination through social legislation, is a glaring omission. Even more conspicuous is Anderson's failure to mention the fact that virtually the entire class of Indian industrialists at this time supported a strong centralized national state that could provide the lead for precisely such a transformation of the colonial economy

[13] Ayesha Jalal, *The Sole Spokesman: Jinnah, the Muslim League and the Demand for Pakistan* (Cambridge: Cambridge University Press, 1985).

into one of relatively independent industrial growth. That the Congress promises would remain only partially and shoddily fulfilled, and that the capitalists would in the 1960s vent their frustration at being hemmed in by the overwhelming weight of the public sector and a punishing tax regime are, of course, the stuff of Indian politics after Independence. The point is that Anderson does not appear even vaguely aware of this line of analysis of Indian Independence and Partition.

Instead, he repeats the old charge that Mountbatten, prodded by Nehru, was in a mad rush to hand over power and leave. Despite warnings about the crisis of authority that might ensue, he gave himself no time to adequately plan the political and administrative transition. Anderson's twist to this story, however, seeks to rework it into a historical morality play. There are only two possible interpretations of the story of the Partition, he says. It happened either because the Congress would not accept the other option of an undivided but confederal state, in which case the Congress was primarily responsible for the horrors of the Partition killings; or because the populations of the region were so steeped in the supernatural that no modern state could be built except on the foundation of religious majorities, in which case the very culture of the people must be blamed:

> Confronted with the outcome of the struggle for independence, Indian intellectuals find themselves in an impasse. If partition could have been avoided, the party that led the national

> movement to such a disastrous upshot stands condemned. If partition was inevitable, the culture whose dynamics made confessional conflict politically insuperable becomes a *damnosa hereditas*, occasion for collective shame. The party still rules, and the state continues to call itself secular. It is no surprise the question it poses should be so widely repressed in India. (p. 100)

Anderson's insistence on Congress culpability leads him to accuse it of abandoning its ally, the Khudai Khidmatgar (he, naturally, calls it the Red Shirts) in the North-West Frontier Province (NWFP); of getting Mountbatten to put pressure on Radcliffe to award the Gurdaspur district of Punjab to India in order to provide access to Kashmir even before that state had decided to join the Union; and of supervising an enormous massacre of Muslims during the armed annexation of Hyderabad. All three charges are tendentious, not because the Congress was blameless, but because Anderson is shockingly parsimonious with his facts.

On the NWFP, Anderson neglects mention of the fact that the Khudai Khidmatgar actually got fewer votes in the 1946 elections than the Muslim League and won a majority to form the government only because of its support base in the more numerous rural constituencies (with fewer voters) and its sweep of the non-Muslim constituencies. Further, as Wiqar Ali Shah has shown, the relations of the Khan Sahib ministry with the tribal populations deteriorated rapidly from late 1946, leading to the rising influence among them of the Muslim League.[14] The governor, Olaf Caroe, knew that a referendum among the entire electorate (about 14 per cent of the population) would result in a Muslim League victory in a province strategically located in the neighbourhood of Afghanistan, the Soviet Union, and war-torn China. This is why Caroe insisted with Mountbatten that the fate of the NWFP be decided not by its recently elected assembly but by a plebiscite. Basing himself on a remark by Mukulika Banerjee, Anderson attributes the Congress acquiescence to a plebiscite to Nehru's petulance at being subjected to hostile demonstrations during his visit to the province in October 1946. Banerjee, however, also speaks of Abdul Gaffar Khan's "final great act of principle . . . He feared that given the tensions and violence already simmering in the Province, particularly among the would-be *jihadists* in the Tribal Areas, a fiercely fought referendum campaign and narrow majority in favour of India would be tragically divisive and risk unleashing unbridled violence among the Pathans."[15] Anderson overlooks

[14] Sayed Wiqar Ali Shah, *Ethnicity, Islam and Nationalism: Muslim Politics in the North-West Frontier Province* (Karachi: Oxford University Press, 1999), pp. 159–242.

[15] Mukulika Banerjee, *The Pathan Unarmed: Opposition and Memory in the North West Frontier* (Delhi: Oxford University Press, 2001), p. 189.

this entirely. The Khudai Khidmatgar did not participate in the referendum and the NWFP voted overwhelmingly to join Pakistan.

The story of Kashmir's accession to India has been told so often and in such tiresome detail that Anderson has nothing to add to it. Yet his selective narration is revealing. He makes much of the allegedly forged document of accession without mentioning the reason why the original was not presented before the Indian cabinet: the reason was that the Maharaja had not made a commitment which Nehru was insistent about—installing Sheikh Abdullah as the prime minister. Nehru was keen to secure a stamp of popular legitimacy on what was a forcible annexation, and Abdullah's National Conference, without doubt, represented the most popular force at this time in the Kashmir valley (though not in Muzaffarabad in the west and the tribal areas of Baltistan and Gilgit in the north). Anderson outlines without comment the fact that the National Conference included a significant communist component in its leadership which later, during Abdullah's first ministry, carried out land reforms on a scale and with a thoroughness unmatched elsewhere in India at the time and, arguably, since. Indeed, Anderson seems to chide the National Conference for its eagerness to bring down the hated monarchy. It was his faith in Abdullah's popularity which must have persuaded Nehru that a plebiscite in Kashmir would democratically settle the matter of its accession once and for all. It is well known that Nehru subsequently prevaricated, leading to his falling out with and imprisonment of Abdullah; the series of sham elections to prop up the puppet regimes of Bakshi Ghulam Mohammed and his successors; and the permanent installation in the Kashmir valley of what is effectively an occupation force. This story is by no means untold in India, even though it is not, for obvious reasons, the version officially promoted. The writings of Balraj Puri represent the most thoroughly researched criticism of official Indian policy in Kashmir, but many other writers have, over the years, made similar criticisms.[16]

On Hyderabad, Anderson's omissions are inexplicable. "When the Indian army took over Hyderabad", he writes, "massive Hindu pogroms against the Muslim population broke out, aided and abetted by its regulars." Some 40,000 Muslims were killed, making it "the largest single massacre in the history of the Indian union, dwarfing the killings by the Pathan raiders en route to Srinagar which India has ever since used as the *casus belli* for its annexation of Kashmir" (pp. 90–1). Not once does he speak of the massive armed

[16] Balraj Puri, *Kashmir Towards Insurgency* (New Delhi: Orient Longman, 1993); idem, *Kashmir: Insurgency and After* (Hyderabad: Orient Longman, 2008).

peasant movement led by the Communist Party in Telangana demanding, among other things, the end of the Nizam's rule and the integration of Hyderabad into India. The fact that a significant section of Muslim intellectuals and students in Hyderabad city were part of the communist mobilization escapes his notice.[17] Nor does he seem to be aware that, prior to the entry of the Indian army, there was a virtual coup d'état in Hyderabad by the Ittehad ul Muslimin, whose leader Qazim Razvi declared his intention to proclaim Islamic rule in the state and merge it with Pakistan, and whose military wing, the Razakars, went on a violent rampage in parts of the state.[18] Retaliatory killings began after the Indian army moved in. The report of a fact-finding team, consisting of senior Congress leaders Pandit Sundarlal and Kazi Abdul Ghaffar, noted that the massacres were mainly in the districts of Osmanabad and Nanded in the Marathwada region (currently in Maharashtra), and in Gulbarga and Bidar (now in Karnataka), all regions which, it said, "had been the main strongholds of Razakars . . . the

[17] Gulam Hyder, "Anti-Nizam Struggle: Participation of Muslims", in Raj Bahadur Gour, Chandragupta Chaudhary, Gulam Hyder, and B.S. Paranjpe, *Glorious Telengana Armed Struggle* (New Delhi: Communist Party of India, 1973), pp. 136–52.

[18] Margrit Pernau, *The Passing of Patrimonialism: Politics and Political Culture in Hyderabad 1911–1948* (Delhi: Manohar, 2000), pp. 322–33.

people of those four districts had been the worst sufferers at the hands of the Razakars." The report estimated that in the entire state between 27,000 and 40,000 people were killed "during and after the police action". It noted that the soldiers often stood by as the mob looted and killed; at times they even joined in the frenzy. But it also said there were many instances of Hindus coming to the rescue of Muslims.[19] No one familiar with the scores of reports on communal riots in twentieth-century India will be surprised by the contents of the Sundarlal report, except in relation to the extremely large number of the victims and to the report not being published at the time. Significantly, P. Sundarayya, the communist leader of the Telangana movement, remarks: "the Union armies rescued the very deshmukhs and Razakar leader Kasim Razvi, who were responsible for setting fire to village after village and the killing of hundreds of people. At the same time, the ordinary Muslim people, who stood against the atrocities of the Nizam, were pounced upon and untold miseries were inflicted on them." There were no large-scale conflicts between Hindus and Muslims in the Telangana region; they took place in districts where there was little democratic mobilization.[20] Anderson, busy

[19] The main text of the report was published in *Frontline* (Chennai), 18, 5 (3 March 2001).

[20] P. Sundarayya, *Telangana People's Struggle and Its Lessons* (Calcutta: Communist Party of India—Marxist, 1972), pp. 188–9.

arranging the sensational nuggets of information that can stack up his tally of Indian misdeeds as against Pakistani ones, seems entirely uninterested in such historical contextualization.

Anderson's explanation of India's partition is thus quite simple: it was the Congress and its implicit, sometimes explicit, identification with the institutions and sentiments of the Hindu religion that was at the root of it. One of the few who saw with complete lucidity that partition was indeed the best solution for all concerned was Ambedkar. "The condition of Ambedkar's sanity was that he had broken with Hinduism. The condition of Nehru's obduracy was that he had not" (p. 90). After such pronouncements, it seems utterly futile to bring up the question of the materialist interpretation of history.

A Democracy of Caste

In his third essay Anderson provides a lurid account of Indian politics since Independence in prose that might have worked wonders for the circulation of the tabloid in which it ought to have appeared. His purple prose expands on two principal themes: first, Indian democracy as the playground of caste; and second, the cravenness of Indian intellectuals. He is much irritated by commentators who wax eloquent on the uniqueness of Indian democracy: "To be impressive . . . is not to be miraculous . . . There was never anything supernatural about it: terrestrial explanations suffice" (p. 105). He does not have far to go to find that explanation: "The answer lies, and has always lain, in what also sets India apart from any other country in the world, the historic peculiarities of its system of social stratification" (p. 111). Anderson gives short shrift to the linguistic reorganization of states in 1956, describing it as a concession under pressure to regional demands, forgetting entirely that it was the founding principle of the reorganization of the Congress under Gandhi in 1919–20 which, by ignoring the existing colonial administrative divisions into provinces, made the regional languages instead of English the medium of mass political communication and thus initiated a process of democratization of politics that has continued ever since.

> But the truly deep impediments to collective action, even within language communities, let alone across them, lay in the impassable trenches of the caste system. Hereditary, hierarchical, occupational, striated through and through with phobias and taboos, Hindu social organisation fissured the population into some five thousand *jatis*, few with any uniform status or definition across the country. No other system of inequality, dividing not simply, as in most cases, noble from commoner, rich from poor, trader from farmer, learned from unlettered, but the clean from the unclean, the seeable from the unseeable, the wretched from the abject, has ever been so extreme, and

so hard-wired with religious force into human expectation. (pp. 111–12)

Such breathless portrayals of the radical strangeness of Indian society have now become extinct in the academic discourse on caste, but Anderson, a neophyte, seems unaware of how comically his language echoes that of the European missionaries and administrators of past centuries. Undaunted, he declares caste

> the ultimate secret of Indian democracy . . . Caste is what preserved Hindu democracy from disintegration. Fixing in hierarchical position and dividing from one another every disadvantaged group, legitimating every misery in this life as a penalty for moral transgression in a previous incarnation, as it became the habitual framework of the nation it struck away any possibility of broad collective action to redress earthly injustice that might otherwise have threatened the stability of the parliamentary order over which Congress serenely presided for two decades after independence. (p. 112)

The result is a political system that has "morphed under pressure from below" to become one resembling those in Ireland and Israel, where numerous small political parties jostle to align with one of the two major parties, both of which subscribe to the hegemonic religion of national identity. Anderson's irrepressible need to make sense of India in terms of Western parallels prevents him asking even the most elementary question—whether Irish and Israeli political campaigns have ever been on a scale comparable with Indian ones.

Let me sketch only a few of the reasons why Anderson's archaic view of caste has led him astray. It is now firmly established in the sociological literature that six decades of electoral democracy has extricated caste from its scriptural and religious moorings and turned it into a secular and politically charged category of social identity. The "five thousand *jatis*" are no longer—it is doubtful that they ever were—a massive array of fixed compartments, sanctified by cycles of rebirth that preclude any possibility of mixture or social mobility. They are categories that can be politically and socially mobilized for change, alliance, differentiation, enmity—in other words, made adequate for putting together large electoral constituencies.

The size of some of these constituencies based on caste alliances is staggering. Had Anderson not been blindsided by Orientalist blinkers he might have noticed, for instance, that in Uttar Pradesh the Samajwadi Party led by the Yadavs or the Bahujan Samaj Party led by Dalits often garner the support of some twenty million voters, which is larger than any mobilization ever accomplished by any political party in Europe, whether conservative, social democratic, or revolutionary. "But castes are not classes", Anderson retorts.

"Constructed by religion and divided by occupation, they are denizens of a universe of symbolism governed by customary rituals and taboos. State and market have loosened the frontiers between them, but when it came, political activism would all but inevitably acquire a distortingly symbolic twist" (pp. 154–5). There we have it! Mobilization by class would have brought material remedies for the oppressed; mobilization by caste only produces symbolic satisfaction: "recognition—the quest for dignity—trumps redistribution, leaders gratifying followers with symbols of esteem rather than the substance of emancipation" (p. 155). It is patently obvious to any observer of Indian politics that the quest for dignity is at the heart of much popular agitation. It is unclear why Anderson believes that that cannot, or should not, be a valid component of the quest for emancipation.

Besides, it is not true that the struggle always stops with recognition. In the southern states, where the social and political movement against Brahmin domination is a hundred years old, not only have the upper castes been thoroughly ousted from all positions of political power, the struggle for the material amelioration of poverty is arguably more advanced than in other regions of the country. The Dravida parties of Tamil Nadu, for instance, having completely jettisoned the atheist rationalism of E.V. Ramasamy (the founder of the social movement), and having made their peace with popular religiosity, compete to provide some of the best-administered social welfare programmes in the country to the most disadvantaged castes. Or take the flexibility of the legal category of the OBC (Other Backward Classes) that operates as a new social identity encompassing many hitherto distinct jatis; it can accommodate even Muslims, alongside backward castes, as claimants to social justice. And as for the rival idiom of class, take the case of West Bengal, where nearly five decades of political mobilization by the Left parties has totally delegitimized caste as a language of political identity, only to establish the virtually complete domination of the upper castes in every political party across the entire spectrum from Right to Left and in every institution of public life. This should not lead one to assert that caste rather than class is the appropriate ground of political mobilization in India, but rather to reminding oneself that neither has privileged access to the road towards emancipation.

Indeed, what numerous studies of caste since the 1950s have demonstrated, with increasingly irrefutable evidence, is that contrary to Anderson's belief it is not religion or belief in the supernatural that constrains the structures of power in Indian society. On the contrary, it is the dynamics of power that continues to transform the practices of caste.

Only an obsolete prejudice about caste as something solidly embedded in an immovable substratum of scripturally sanctioned dogma can prevent someone from seeing this.

Anderson claims to have identified "what is perfectly obvious, but never seen or spoken", namely, that "the three great insurgencies against the Indian state have come in Kashmir, Nagaland–Mizoram and Punjab—regions respectively Muslim, Christian and Sikh" (p. 144). There, he says, "the reach of Hinduism stops", and presumably that of caste-democracy too. Even if one were to discount the political significance of the fact that caste exists even among the Muslims of Kashmir, it is well known that Punjab as a whole, and Sikhs as a religious community, are not only divided by caste but that political affiliations too are frequently determined by caste loyalty. (Punjab, in fact, has the largest proportion of Dalits to the total population among all states in India.) Anderson is oblivious too of the major insurgency that has taken place in the valley of Assam, which is thoroughly a part of the domain of "Hinduism" as well as caste. Finally, the armed uprising in "the Naxalite corridor that runs from Jharkhand to Andhra Pradesh", which Anderson describes as having "pre-Aryan tribal populations with their own forest cults", is led—Anderson forgets to mention—by Hindu upper-caste Maoists recruited from Andhra, Bihar, Orissa, and Bengal.

The same blindness leads Anderson to identify India's democracy of caste as an "intractable brake . . . on the fullest expansion of capital. The poor outvote the rich, the villages the cities, the slums the suburbs. At once activated and segregated by caste, the deprived have never been able to achieve any real redistribution of national income, their drive for recognition typically contenting itself with symbolic representation in the political firmament, with little reaction at its lack of practical consequence" (p. 164). His sociological reasoning here seems simplistically Weberian. He does not see that capitalist enterprise, as well as accumulation, has often been enabled in India by caste networks. The early Indian industrialists mostly came out of traditional mercantile caste groups, operating their kin loyalties to raise capital and enforce contracts. More recently, caste networks of rising farmer and artisanal castes, including a few who were formerly untouchable, have produced major manufacturing capitalists, operating on the borderline between the corporate and informal sectors by forging effective caste-based alliances sometimes straddling the divide between capital and labour. Industrial towns like Sivakasi and Tiruppur in Tamil Nadu are perhaps the most striking examples of the operation of caste-based capital, but similar centres abound all over India.

What this form of capital does not produce, of course, is the abstract labour, or the abstract subject of history, that the classical theory of Western capitalism propounds. Of course, this has many significant implications for the form of capitalist development in India. Crucially, the primary or primitive accumulation that is the inevitable precondition of capitalist growth is, under prevailing conditions in countries like India or China, producing a massive surplus population dissociated from its means of production but with no possibility of entry into the capitalist growth sector, not even as a reserve army of labour. Lacking the instruments used in Europe in past centuries to manage primitive accumulation—emigration to America and Australia, mass recruitment into the army, Malthusian demographic catastrophes such as mass deaths in epidemics or famines—large emerging capitalist economies are today having to find new political methods mediated by the state to look after huge populations that are entirely redundant for the capitalist growth economy. These instruments may be easier to find in an authoritarian country like China, even though recent accounts of widespread local resistance to land seizure and forced mobility suggest those methods too are straining at their limits. In India they have been found, first, in the massive expansion of informal units in manufacturing and services that survive by gathering political support for violations of labour, tax, municipal, and environmental laws that apply to the corporate sector; and second, under conditions of a vibrant electoral democracy, by responding in bits and pieces, according to political calculation, to a plethora of mobilized demands for resettlement, rehabilitation, the right to a livelihood, and a life of dignity. If democracy in India is a drag on capitalist growth, as the corporate sector and the urban middle classes often complain, it is not because of caste per se; it is because democracy is unnecessary for the strictly economic dynamic of capitalist growth and imposes costs on capital that it would rather not pay, especially when growth slows.

Which brings us back to one of the persistent contradictions of modern political life: the historic duty of an enlightened elite to educate the people to become reasonable and productive citizens on the one hand, and the myth of the sovereignty of the people on the other, that requires the popular will to be periodically verified through universal suffrage—where the prejudices, fantasies, fears, and irrationalities of voters could well dictate the result. Given Anderson's comparison between China and India in the matter of promoting capitalist growth, there is no doubt on which side his sympathies lie. His conclusion, in fact, is no different from those of American modernization theorists of the 1960s who said, "Let the underdeveloped world first modernize their social institutions for capitalist growth; democracy can wait." Anderson's words are an echo of David Apter and Samuel Huntington, half a century later.

Why have Indian intellectuals failed in their historic duty to instil the values of secular rationality in the people? Anderson is convinced it is because they have been spineless in confronting the irrationalities of Hinduism. Their professions of secularism are "spavined", i.e. they are like a disorder of the knee joint in a horse's hind leg (p. 151). Even non-believers are fearful of demystifying the religion that has been fused with the nation. They shrink from affronting the vast majority of their fellow citizens by belittling the beliefs and practices of popular life permeated by religion. On the political front, while they may criticize this or that economic or administrative policy of the government, they do not protest against the military occupation of Kashmir or the immense apparatus of repression in the north-eastern states and the tribal regions of Chhattisgarh. And on the question of the unity of the nation, "dissent comes close to vanishing altogether." Why? Because "Hindu culture, exceptionally rich in epics and metaphysics, was exceptionally poor in history, a branch of knowledge radically devalued by the doctrines of karma, for which any given temporal existence on earth was no more than a fleeting episode in the moral cycle of the soul" (pp. 173–4). No surprise to him, therefore, that even those Indian intellectuals trained in Western universities fall so easily for the trans-historical metaphysics of the centuries-old unity of India.

Every nation-state produces its own apologetic literature. Nation-states that are relatively stable and have succeeded in eliciting a certain degree of consent from those they rule produce sturdy official ideologies. There does exist today, without a shred of doubt, an official Indian ideology that extols the virtues of the Indian nation, its leaders, and their historic achievements. This ideology finds expression even in the academic writing of stalwarts celebrated in the universities, as well as in public life. Why should one be surprised by this? What is completely untrue, however, is Anderson's charge that there is no critique of "the Indian ideology" within or outside the academy. On the question of state repression, for instance, it is ridiculous to suggest that governments in India have not been subjected to public criticism, even legal action in the courts, by movements almost entirely led by professionals and intellectuals. In fact, ever since the Emergency of 1975–7, the civil liberties movement has been one of the most vibrant areas of activism by dissident intellectuals all over India. Anderson never once mentions the women's movement, which has radically criticized both the patriarchal foundations of the nationalist ideology and the discriminations against women institutionalized by religion-based personal laws. His single reference to Subaltern Studies dismisses it as a neo-nativist defence of popular practices of devotion, ignoring the fact that its historians—Gyanendra Pandey, in particular—carefully constructed an account of how the upper-caste Hindu came to be normalized as the model citizen of the Indian state, and how "Congress secularism" and "Hindu nationalism" became two rival ruling-class strategies for mobilizing consent from the subaltern classes. Those are exactly the critiques Anderson is now offering, but they have been already made in the academic literature with far greater expertise and rigour, and none of his inept Orientalist chatter.[21] And while Anderson makes several gestures of approval towards Ambedkar and later Dalit critics of the official national ideology, he undercuts the political thrust of that critique by a wholesale rejection of the strategy of caste assertion and the building of electoral caste alliances in the quest for governmental power. His is, he would have us believe, the first prophetic call to Indians to renounce the dubious heritage of their nationalist past.

The claim becomes even more unpersuasive when one realizes that Anderson's view of the Indian ideology is entirely restricted to the world of English-language writings on India. He has no access to the massive material that

[21] Gyanendra Pandey, *Remembering Partition: Violence, Nationalism and History in India* (Cambridge: Cambridge University Press, 2001); idem, ed., *Hindus and Others: The Question of Identity in India Today* (New Delhi: Penguin, 1993).

circulates, in print as well as orally, in the Indian languages as the primary source of political information for most people in the country. The Indian ideology "in English medium", as one would say in India, is one thing; the Indian ideology in any of the vernaculars is quite another. This is not to suggest that the dominant nationalist ideology is not purveyed in the Indian languages, or that in the domain of the vernaculars there is enormous resistance to that ideology. But the explosion of research in the last two decades on the print literatures in the Indian languages has shown with remarkable clarity that the modern imagination of the Indian nation and its social and political terrain is differently constituted in each language region, shaped by its own distinctive linguistic tradition and regional political structure. This means that the Indian ideology in its effective role in creating consent is complexly structured, with different inflections and valences in the various linguistic regions of the country. This goes some way towards explaining the fact that, with the broadening and deepening of democratic desires, there has been a steady decline in the support base of both the Congress and the Bharatiya Janata Party (BJP), the two major national parties. This trend has not been reversed even in the recent parliamentary elections of 2014, where the BJP won a majority of seats at the expense of the Congress; the two parties together got only half of all the votes, while the dozen or so regional parties have retained their hold over the other half. The Indian ideology will remain alive and kicking, though not in the simple constitutive relation to Hinduism and caste that Anderson imagines it. The thing is far more flexible and robust than that, which is why it will not bother in the least with views such as his; it has got used to dealing with far more variegated, much better informed, and culturally rooted critics.

A question that will persist among the numerous admirers of his writings is: Where in all this is Perry Anderson the Marxist? Reading his book, one cannot help being reminded that when Marx and Engels wrote *The German Ideology* in 1846 (the book remained unpublished until 1932) they were, by criticizing Bauer, Stirner, and other Young Hegelians, in effect settling scores with their own intellectual heritage. It would have been far more in keeping with that tradition had Anderson attempted an exercise such as *The British Colonial Ideology*. Instead of appearing ignorant, it might have brought him face to face with some of the unexamined premises of his own intellectual upbringing.

3

The Curious Persistence of Colonial Ideology

SUDIPTA KAVIRAJ

Perry Anderson's book, *The Indian Ideology*, comes out of a high tradition of European thinking that runs from great modern thinkers like Hegel, James Mill, and J.S. Mill—only from its wrong side. It presents us with a long-term problem: how to take the offer of Europeans to enlighten us about ourselves.

In his *Philosophy of History* Hegel had remarked about the Indian "spirit": "India is a phenomenon antique as well as modern; and one which has remained stationary and fixed . . . It is marked by an idealism—but only as an Idealism of the Imagination, without distinct conceptions . . . which changes everything into the merely Imaginative . . . We may say the Absolute being is presented here as in the ecstatic state of the dreaming condition." He thought "The character of Spirit in a state of Dream, as the generic principle of the Hindoo Nature, must be further defined."[1] Two features of Hegel's observations about Indian history are remarkable. The first is the establishment of a linear frame upon the gathering evidence, collected by European intellectuals of the high colonial period, of the immense diversity of social forms in the world. The enterprise named "universal history" sought to make sense of this increasing evidence of historical diversity. While earlier European thinkers, such as Voltaire or Montesquieu, arranged this evidence on a lateral range of difference, a powerful new strand of thinking, represented by both Hegel and the Scottish Enlightenment, placed them on a hierarchical scale of "civilization". For this new discourse of progress, Europe, China, and India did not represent different civilizations with divergent internal principles, but a straight linear scale of civilization on which other cultures were rude and the modern European civilized. Universal history—the name for reflection on the history of different societies—involved thinking about these histories through a grid of comparison. But it was an odd sort of comparison marked by striking asymmetry. European thinkers could draw on a vast amount of accumulated

[1] G.W.F. Hegel, *The Philosophy of History*, trans. John Sibree (London: Dover Publications, 2004), pp. 141–2.

knowledge about their own past, compared to scanty material about other societies; but that did not deter them from pronouncing judgements about their comparative value in human evolution.

Hegel's *Philosophy of History* is a classic text of this genre. On the basis of the available knowledge on European and non-European history, Hegel proceeded to evaluate the great civilizations of the world and produced a powerful narrative that showed those of China, India, and Persia as stages passed by human history, coming eventually to Europe, and then following the triumphant rise of its self-consciousness and the modern idea of freedom.

Hegel's reflection gave rise to two strongly connected strands of historical reflection. His ideas on Western societies began the tradition of philosophical history or historical sociology that formed the originary bases of modern social science thinking about Europe. But it is important to note that, at the same time, he inaugurated a tradition of thinking about non-European societies which was a combination of little information and grand generalizations—the beginnings of a cognitively deleterious tradition of "theorizing". Strictly speaking, European writings about the non-West in this form were an exercise in not *comparative* but *contrastive* history: because their treatment of the two kinds of societies was asymmetric. They set up a contrast in which attention to some large, supposedly essential features of Asian societies set the stage for closer and detailed exploration of the history of Europe. Hegel's work is paradoxical precisely because it announces historicity as a universal principle and suspends its application to the larger part of the world. At the very foundation of the modern theory of historicity we find a "truncated universal".[2]

Anderson's book follows Hegel not in the first trajectory but the second. A remarkable feature that travels from Hegel directly into Anderson is the supposition explicit in Hegel, slightly less so in his successor, that European societies were hot, historical societies; by contrast, Indian and other societies were cold, unchanging. They could be dealt with in a small chapter of exalted prose simply because they had no history: they had an essential character, captured in Hegel's piercing vision, and were presented in a short, simple, and strikingly ahistorical analysis. The methods of study of Western and non-Western societies were necessarily asymmetrical: the West needed historicization, a fine sensitivity about constant social change, the East

[2] I use the phrase from Samuel Moyn's history of the idea of human rights—which is characterized by a universal announcement of rights, and its suspension in the case of workers, women, other races. Samuel Moyn, *The Last Utopia* (Cambridge, Mass.: Harvard University Press, 2012).

required essentialization, an intuitive grasp of the essence of their character which had formed presumably in ancient times and stopped, crusted in immobile "village communities".[3] The "Hindoo" mind was given to febrile imagination and lived in a world of its own fanciful constructs, unconnected to reality. Evidently, the qualities of the Hindu mind—the collective mind of most Indians, except a few who received Western education—had not changed, as evident from the instances of Gandhi and Nehru.[4] Nehru's is the particularly instructive case: he was entirely "Hindoo" in his thinking; his secularism was either a pretence or a delusion. Nineteenth-century British observers had already noted that Hindus were a peculiarly deceitful race. Indians are, in this point of view, unchangingly religious or communal: in fact, the two categories become interchangeable. Gandhi and Jinnah were explicitly religious; Nehru was inexplicitly so; and Ambedkar—whom Anderson treats with less derision—after all, fought for the rights of his community (even if he collapsed at the end of his life into the

[3] Incidentally, this is a prejudice also absorbed by Marx through the early ethnography of authors like James Phear.

[4] Clearly, even among those who were educated in England, there are serious differences. In the case of some—notably Bose and Ambedkar—it resulted in serious mental uplift, but in those of Gandhi and Nehru it did not.

consolations of Buddhism. Anderson naturally does not emphasize this inconvenient fact.)

The history of India, as this powerful "philosophical" argument suggests, is therefore always a history of its religious life. The argument is remarkable coming from Anderson because one does not expect it to be made now; in colonial times this kind of argument was common, so it is interesting to find that the tradition of this part of Hegelian thought still runs powerfully through European culture, including its Marxist strand. Some parts of Marxism are deeply indebted to Hegelianism. Ideology, as Anderson suggests, is indeed a formidable force: it prevents even great minds from seeing what is involved in their own thinking.

Anderson's slight book would not have deserved close analysis were it not for the surprises it contains. It shows the paradoxical nature of European postcoloniality: this is a time after colonialism, but it is one in which some of its intellectuals still feel a warm affection for the colonial past. In one sense, Anderson's book is extremely Hegelian.[5] It is a series of grand generalizations on the basis of a reading list economical enough to seem like an undergraduate syllabus—showing what can be accomplished by a great

[5] Since we excel in imitating Europeans, we could think of a good and bad Hegelianism—the first following Hegel's historicism, the second his essentializations.

mind even on the basis of meagre facts! The structural similarity of the analysis with that by Hegel is striking: Anderson does not seem to think much Marxism is required in an analysis of modern Indian politics;[6] all that is required is a good grasp of how the Hindu mind (Hegel's "The Hindoo Spirit") works.

What is striking about the book is not so much its contents but its attendant claims. Anderson is not the first to attack Gandhi or Nehru from the left. He is not the first, as he admits, to suggest that Jinnah never wanted to create the state of Pakistan; and he comes after a long line of Western observers who predicted, every time a general election was held, that it was going to be the last. In light of these antecedent criticisms, it is startling to encounter the claim that Anderson is the first to organize these facts coherently into a critique of "the Indian ideology"; for Indians lack the courage to utter these truths, or else the honesty to face them. The book is all about truth: it could be called Anderson's experiments with truth. Its successive chapters unveil the truth about Gandhi, about Partition, and about Indian democracy. We shall discuss these truths in sequence; but, as these judgements about the three themes have been made before, it is more instructive to examine the methods

[6] Prabhat Patnaik notes this in his review in the *EPW*: Prabhat Patnaik, *Economic and Political Weekly*, XLVIII, 36 (7 September 2013).

of analysis which produce these interesting conclusions.[7] It appears that, despite criticisms, Anderson has not retreated from his world-historical stance: he thinks that his book caused such offence because although some of his truths had been insecurely grasped by South Asians discretely, they have never been asserted in conjunction and with such coherence. Even banalities, when spoken by Europeans, make history.

The Truth about Gandhi

Before the analysis of Gandhi's politics, Anderson makes a really startling prior claim, not made by even conventional colonial ideologists. The "idea of India", he is convinced, was a British invention—certainly an argument of some originality. Nationalists, whom Anderson derides as gushy irrationalists, of course thought the idea was theirs—the phrase at least was Tagore's. Colonial writers derided this idea as impractical and utopian. The diverse parts of the subcontinent, which had never had a united political history, could not remain united through the power of any internal animating idea, but only by the "steel frame" of the colonial state. Others claimed that the idea of a *political* India did not pre-exist British rule, but the historical circumstances

[7] His judgements about Indian political history are dealt with in the accompanying essays by Partha Chatterjee and Nivedita Menon.

of the British unification of India created conditions for a historically unprecedented nationalist imagination.

Anderson's position is different from all the above: the idea of India, the nationalist imagination of a single people who could demand freedom from British rule, is, for him, in the face of all the evidence, "a British invention". If that means simply the fact of colonial conquest, he is referring not to an idea but to brute administrative force. The suggestion that the *idea* was British is curious because it must mean that a colonial state incongruously created and placed an anti-imperialist emotion in the minds of its native subjects—a rather strange act of altruism by imperialist rulers. How this is possible Anderson does not condescend to explain. What are the great texts of this British-created Indian nationalism? Anderson does not offer much evidence from intellectual history. Remarkably like Hegel, he expects us to surrender to this amazing claim by the simple power of speculative "theory". After the British gifted this idea to Indians, they began to put it to political use. The principal figure who is put centre stage in this story of independence—illegitimately, as it turns out—is Gandhi.

Anderson's critique is marked by a notable singleness of purpose—to debunk the myth of a successful national popular movement leading to the establishment of a successful democracy; and this is equalled by the singleness of his categorial repertoire. Before Gandhi, Indian politics had unfolded in expected ways, through a slow education of Indians in the complexities of modern liberalism. Two general historical theses stand in the background of this analysis. British imperialism was a generally benign enterprise that had, following its Millian heritage,[8] long decided to grant democracy to its subjects—in small, bearable instalments. Second, the prior history of India was one of incessant conflict between its two religious communities (note their impressive singleness and solidity). The understandably slow evolution of Indians towards a democratic future was suddenly thrust aside by Gandhi, who introduced *religion* (a thunderous singleness of category again) into political life.

Through his long critique of Gandhi and Indian nationalists, Anderson never wavers from this high-toned singularity of categorizing. His thesis, remarkable for both its force and simplicity, is that Gandhi introduced religion into Indian politics, mobilizing the Indian peasantry for his initial popular movements by infusing the political appeal of nationalist defiance with a deeply Hindu religious language. This made "Indian" nationalism an entirely Hindu idea and

[8] See the suggestion in Mill's *On Liberty* that in some future time Indians might become capable of managing a democratic government themselves. Anderson's account of their ineptness seeks to make us doubt that that time has arrived even now.

political enterprise. Given the centuries of ceaseless conflict between two religious communities—restrained only by the benign secular power of British rule,[9]—it is hardly surprising that Muslims (note the emphatic singular) were scandalized by this appeal and forced to launch their own religious counteroffensive through the Muslim League.

Actually, this reading is not entirely new: Indian communists had long pursued a similar line on Gandhi. At least some Indians anticipated Anderson's critique; he forgets to include them when awarding certificates for secular probity: it seems their analyses lacked the grace of Anderson's superior prose.[10]

Deploying this singular methodology, Anderson rescues us from a common error—from believing that Gandhi's attempts at mass mobilization were successful and that these played a major part in ending imperial rule. He replaces that ideological belief with a more critical perspective. British power was ended in India, in reality, by two historical forces: by the orderly introduction of democracy

[9] Note how here Anderson is the true successor to another great figure of Western thought, James Mill, and how little his sense of the Indian past has changed since Mill's classic work of colonial history.

[10] The quality of English prose they write plays a very serious role in Anderson's ranking of intellectuals. We have to admit that, stylistically, Indian communist writing has been generally unprepossessing.

by the colonial rulers themselves, though this democracy was not yet quite complete. At the time of their departure the British had at least got the natives going, even if they had been able to enfranchise only 13 per cent of the people in their brave march towards democracy. A second, sudden, unexpected force that hastened the end of colonial rule was the Japanese military threat during the war. Although the war ended with British victory, the British were sufficiently unnerved by the Japanese invasion to decide to leave India in 1947. Jointly, these two factors suffice as an explanation of the end of empire. Indians, it turns out, had rather little to do with Indian independence. Gandhi was thus a failure; he initiated popular movements, only to lose his nerve when the populace threatened to act on its own, and he always withdrew the mobilization when real revolution threatened.[11] Until Anderson came along, Gandhi's irrelevance to India's freedom passed unnoticed—due to the power of the ideological narrative. Gandhi was in fact saved from oblivion by the assasin's bullet. A devious and obscurantist

[11] Fear of a revolution was quite widely shared. Here is what Ambedkar had to say: "These downtrodden classes are tired of being governed. They are impatient to govern themselves", but "this urge for self-realization of the downtrodden classes must not be allowed to devolve into a class struggle or class war . . . That would be a day of disaster." B.R. Ambedkar, in *Constituent Assembly Debates*, 25 November 1949, http://parliamentofindia.nic.in/ls/debates/vol11p11.htm.

politician, Gandhi misled the Indian peasantry into fruitless confrontations with British power. In fact, in this story too, Anderson was anticipated by an Indian Marxist. Except for the last one, the rest of the "truths" about Gandhi that Anderson outlines were earlier clearly grasped by M.N. Roy, who does not figure in Anderson's list of perceptive Indians.[12]

[12] Anderson's difficulties with Gandhi are not substantially different from those of Gandhi's contemporary M.N. Roy, who wrote approvingly of the movements in Indian political thinking represented by the rise of early liberal thought. He thought, basing his expectations entirely on European history after the French Revolution as the template of all future history, that gradually intellectual dominance by liberal ideas would be challenged and replaced by socialist conceptions, which would be propelled by the increasingly intense political activism of the working class. Though numerically small, this working class would nonetheless ideologically show the way to the peasantry, who were less capable of a cognitive mastery of the world, because the boundaries of their plots of land were also the boundaries of their consciousness, encapsulated in Marx's famous insult calling the French peasantry "a sack of potatoes". Roy was right in believing that Gandhi was primarily a leader of the potatoes, not of the cognitively masterful Indian proletariat politically controlled by communists. (It is interesting that Marxists do not always repose great cognitive faith in the proletariat. On their own, they believe the proletariat tends to be misguided; it is invincible when guided by a theory that is all powerful because it is true—i.e. the thought of communist intellectuals.) Actual history, however, refused to follow the script that Roy thought he had, and others did not, giving him an unassailable cognitive advantage through historical clairvoyance. Uncomfortably for

Gandhi and Nehru come out the worst in Anderson's history. Despite their well-known differences regarding the place of religion in political life, and the centrality of the state in modern societies, they are both shown, without much obvious evidence, to collaborate in the creation of a predominantly Hindu nationalist movement in the Congress. And, not surprisingly, the state that emerges from it is a Hindu confessional state, only barely hidden by the appurtenances of a secular constitution.

Some dissenting figures emerge with greater honour from this story of travestying political rationalism and secularity: these are Jinnah, Ambedkar, and Subhas Chandra Bose. An interesting underlying feature of Anderson's worldview is his belief in the power of an Oxbridge education to haul Indians out of their religious blindness into the light of political rationalism, so that they learn to see politics as a purely instrumental activity and gather the courage to state what they really want politically. Bose and Ambedkar were fortunate recipients of this illumination through their cognitive pilgrimages to Cambridge and the LSE.[13] Gandhi,

him, the peasantry responded to political mobilization on a large scale through Gandhi's peculiar mixture of religious beliefs and political purposes.

[13] The Sanskrit adage correctly states that true education "opens our eyes" ("*chakshur unmilitam yena*").

we are categorically informed, was a lawyer, not a thinker.[14] Passing a Cambridge examination is the true test of a philosopher; it establishes Bose's credentials incontrovertibly as a subtle philosophical mind. Anderson passes over the fact that Bose's attraction to socialism was so wide that he did not mind collaborating with a form of socialism with a strong nationalist bias—popular at one point in Germany; or perhaps his great philosophical subtleties were temporarily in suspension when he sought support for India's freedom from Nazi Germany and Imperial Japan—two regimes distinguished by their freedom-loving character.

Historical analysis of a society forces us to do two types of task: first, to acquire factual knowledge. Even Hegel's speculative genius could not rescue his thinking from the effects of his narrow factual base. Second, if we wish to advance an explanatory argument based on some specific causal factor, we must focus on increasing conceptual differentiation of that analytical category. If Marxists wish to explain the rise of modernity through the central category of capital, they have to conceptually concentrate on that particular category—trying to figure out, as Marx did, how many types of capital exist, and how each produces effects peculiar to it. Explanatory load has to be matched with

[14] For a disagreement from an Indian, see Akeel Bilgrami, "Gandhi as a Philosopher", *Economic and Political Weekly*, 38, 39 (2003), pp. 4159–65.

conceptual differentiation: the more we want an explanatory concept to accomplish, the further we have to refine it.

Anderson's analytics does not follow this rule. The primary trouble is that it uses the term religion as a resolute singular—broadly, vaguely, abstractly, unhistorically, and indiscriminately. Attention to the internal history of Indian religious life would show that Gandhi was not the ingénue Marxists often think he was—using "religion" in politics. He had read widely and thought closely about religion precisely because it was so important for his conduct; and he recognized that Indian religious thought contained varying, conflicting strands. Avoiding trends which interpreted religious belonging in ways that promoted conflict, he carefully selected strands advocating accommodation. For him, such strands of religion reinforced a pluralist nationalism and a pluralist-secular state.[15] Radical commentators, usually unaware of the differentiation in religious ideas—because of their general distaste for religion and trust in a hoary European colonial tradition depicting Indian history as a long war between religious communities—often conclude that any injection of religious belief into politics must fuel discord. Gandhi and Jinnah drew upon ideas from the

[15] See the explanation of political secularism in Rajeev Bhargava, "Reimagining Secularism: Respect, Domination and Principled Distance", *Economic and Political Weekly*, 68, 50, 14 December 2013.

religious past, but they drew on strands that were of very different provenance, which we lose sight of if we only recognize "the religious". This creates a conceptual night in which all cows are black.

Anderson, alongside some Marxists and many traditions of social scientific thinking, uses this crude, entirely undifferentiated category, "religion", and refuses to look more closely at what he and his predecessors are using as a crucial explanatory tool for their analysis. By contrast, Ashis Nandy, who pioneered the modern debate about secularity in India, after introducing the theme of politicians using "religion", provides a preliminary refinement between four types of political leaders, with the large methodological implication that what can be said about one cannot be said about any other.[16] What one kind of "use of religion" does to politics is quite different, often opposed, to what others do. Conceptual proliferation, or the creation of new concepts to capture creases in a reality that we discern when we look closely, is a first condition of historical analysis.

A professional hazard for analysts of society is that, often, they might have to look closely at something of which they deeply disapprove. But, for instance, a historian's abhorrence for the caste system does not mean that, when he

[16] Ashis Nandy, "Politics of Secularism and the Recovery of Religious Tolerance", in Rajeev Bhargava, ed., *Secularism and Its Critics* (Delhi: Oxford University Press, 1998).

undertakes serious social analysis, he avoids close and differentiated inspection of how caste really functions. An ideological aversion to religion often leads to an unwillingness to get into conceptual refinements when interpreting the functions of religion in social life. Anderson's use of "religion" is so devoid of discrimination that for him Gandhi, Jinnah, and Nehru, and probably Indian scholars working on Indian politics, are all religious, with varying degrees of adherence—clear-headed or self-delusionary—to Hinduism. Their protestations that they are not believers or practitioners are of no avail, because of another convenient tool of Marxist analysis—the easy attribution to others of "false consciousness".

Anderson's category, "religion", which recognizes no differentiation and no history, does not register the specific kind of religious thought that different actors brought into religious life. His treatment of Jinnah is different because he was a personally secular individual who used religion only for political purposes, as a rational instrumentalist; he was using Muslim separatism for entirely rational political purposes. Though he called for a state for Indian Muslims, Jinnah was free from religious obscurantism: he knew what he was doing, the mark of rational orientation in action. Even Ambedkar, in comparison with Gandhi and Nehru, appears less disingenuous to Anderson, because of Ambedkar's explicit advocacy of a communal demand. What he applauds about Ambedkar is his clear-headed assertion that, given the nature of Hindu society, it is impossible for untouchables to be treated well or equally, and their only recourse is to act as a negatively defined religious collectivity. (Anderson's approval of Ambedkar comes at the cost of some inconsistency, for, after all, at the end of his life Ambedkar too succumbed to the seduction of Buddhism.) Jinnah and Ambedkar explicitly acknowledge the indelibility of religious division and base their politics on the assumption of religious exclusivity. This analysis expresses the firm conviction that Indians are irredeemably religious: they can either engage in a frank politics of communal interests, or hide it behind a deceiving façade of fraudulent secularity. Modern politics can only articulate the untransformable religiosity of Indians in various ways, not change it. A few remarkable individuals, educated in the secular culture of the West, can withstand its pressure—Bose, Ambedkar, and in our time the political theorist Achin Vanaik—but they are too few to shape the political destiny of the state. With this as the true character of the national movement, it is hardly surprising that politics after Independence shows a bleak trajectory of failure.

The Truth about Partition

Independence was of course inextricable from Partition. This was truly a defining moment for modern India, Anderson says, and any serious history must try to understand how it happened. Two complementary explanations are offered: a long-term history and a short-term analysis of fateful decisions. Anderson agrees with the "revisionist" view that questions the simple narrative in which the Muslim League and its leaders wanted, at the end of the colonial period, to create a separate state of Pakistan, and the historical circumstances of the endgame of empire gave them eventual victory.

Recent writing about Partition has explored this extensively; but there is hardly any settlement on the contentious judgements. A section of academics contend that Congress was primarily responsible for the tragedy, not Jinnah and the Muslim League, and certainly not the British administration. Anderson seems persuaded by the British colonial version of Indian history: the British, as the secular, rational colonial masters of a land gripped by irrational religious fanatics, did their best to hold the two major warring communities apart, their only purpose being to keep India united and lead it towards democracy. The genealogy of this line of thought is to be traced to the other strand of European theory—James Mill's *History*. It is odd, to say the least, to dismiss Jinnah and the Muslim League's repeated demands for Pakistan as mere bargaining devices, and to turn Congress leaders, especially Nehru—who emerges from Anderson's narrative as a Hindu chauvinist authoritarian—and

Gandhi as the real creators of Pakistan. It is one thing to claim that politicians often say one thing and believe another; it is quite another to read them as meaning exactly the opposite of what they consistently say. There is no doubt that politicians bargain, mask their motives, make excessive demands in the hope of getting a more realistic settlement; but Namierite history's subtle reading of motives is taken to implausible lengths when agents' declared objectives are entirely set aside and they are credited with achieving just the opposite of what they professed to demand. A simple reading of Sumit Sarkar's book on the *Swadeshi Movement in Bengal* would provide evidence that the British were not intent on keeping India united and were not exactly despairing when Hindus and Muslims clashed over political objectives.[17]

Anderson correctly emphasizes the elitist character of the constitutional settlement, though with some contradictions. On the one hand he believes Indians—elites and masses alike—recognize only their religious-communal identity; on the other he wishes for the establishment of a modern (liberal?) constitution. His criticism, after all, is not that those constitutional principles—*borrowed* from the Enlightenment, obviously—were faulty, but that Congress governments paid lip service to them and actually violated them

[17] Sumit Sarkar, *The Swadeshi Movement in Bengal* (second, revised edn, Ranikhet: Permanent Black, 2013).

in practice. But the question then is: Where did these principles come from? Not from the enlightened reflections of Ambedkar and Bose? Ambedkar was isolated and actually advocated the communal principle. Bose was not involved in the deliberations leading to the adoption of the document. The principles of the Constitution evidently came from the British. The Indian Constitution becomes a parting gift from benevolent colonialists, as the draft was based in part on the previous 1935 statute. The constitution appears as a massive operation of deception by the Indian elite to get good marks from the dominant Western powers. Once more, this fundamental paradox—of universal suffrage being established by an assembly elected by a limited electorate—has been noted by earlier commentators. Anderson acknowledges that Khilnani saw this; he could have gone further and acknowledged that Nehru did as well. When campaigning before the first general elections, Nehru repeatedly portrayed them as the popular ratification of an elite constitution.

Two other arguments against Nehru are equally remarkable. The first is a curious argument about Indian democracy. "The *larger* truth, however, is that Nehru could be the democratic ruler he was because once in office, he faced little opposition . . . Given the ease of that monopoly of power—political scientists would dub it a 'one-party democracy'—there was no occasion to resort to the conventional forms of authoritarian rule." The characterization by political scientists is strictly about the peculiar structure of the party system—actually dubbed "an one-party dominant system" precisely to avoid confusion with the one-party systems of "popular democracies" like China or the Soviet Union. But it is hard to understand "the larger truth" about there being something unreliable about this democracy. Is it that Nehru actually wanted to establish an authoritarian government, but did not because he did not need it? It is hard to understand an argument based on this kind of arcane psychology. That India established a democratic system after colonial rule is a small matter: the larger truth is that it is not really democratic.

Anderson's second claim is that Nehru established a regime which was really, despite its secular constitutional trappings, a confessional Hindu state. Congress again is a vast, solid, *single* political formation. Had Anderson taken the trouble of investigating some of the internal dissensions, he would have found it a very complex organization with different segments trying to make their own constructions of nationalism dominant in the new state. Important segments of the Congress leadership interpreted secularity in ways vastly different from Nehru—driving him at times to despair. It is sobering to read what Nehru wrote to G.B. Pant about the gathering atmosphere of Hindu assertion even among his Congress colleagues: "I have felt for a long time that the whole atmosphere in the UP has been changing for the worse from the communal point of view. Indeed, the UP is becoming a foreign land for me. I don't fit in there . . . I find that communalism has invaded the minds and hearts of those who were pillars of the Congress in the past. It is a creeping paralysis and the patient does not even realize it."[18] Far from being the duplicitous leader of a Hindu confessional state, Nehru appears as one who, despite his personal pre-eminence after the death of Gandhi and Patel, was increasingly isolated and forlorn in a Congress Party that became more conservative not because of Nehru's manipulations but on account of the realignment of political forces.

Prabhat Patnaik, in his short review, notes pointedly how little Anderson relies on Marxist techniques of analysis of capitalist economies when presenting his views on India. It is interesting to explore the reason behind this methodological suspension: is it because class analysis applies to advanced societies of the West, whereas some other form has to apply to backward non-Western societies? If a party acts on religious lines, say in Italy, it is essential to reduce such action to subtle, inexplicit, underlying movements of class

[18] Letter to G.B. Pant, 17 April 1950, in *The Essential Writings of Jawaharlal Nehru*, ed. S. Gopal and Uma Iyengar (Delhi: Oxford University Press, , 2003), vol. 1, p. 184.

interest: but in India it appears there is nothing underlying to grasp. The ontology of Indian society does not admit of any forms of sociability other than religious communities; and even that takes only one undifferentiated form: warfare. Democracy can thrive only in truly secularized societies like Western Europe: in other cultural ecologies, the authoritarian imposition of majoritarian rule is the only historical possibility. Democracy can only be a deception.

Curiously, British responsibility for Partition vanishes completely. British rulers did not try to entrench and prolong their colonial dominion by "divide and rule"—that was only a nationalist fable, a major constituent of Anderson's notion of the Indian ideology. No large political or economic imperial interests complicate this picture of serene colonial benevolence in which European powers conquer territories primarily to disseminate economic modernity and political democracy. Some vestigial responsibility is assigned, but strictly to *individuals*, not to groups or elites or classes or interests. British responsibility for Partition is limited to the arrogant ineptness of Mountbatten and his wife's amorous inclinations. The entire state and society of Britain, minus these two, bore little responsibility for the massive upheavals in their distant empire: their responsibility stops with benevolent imperial rule; the carnage of Partition is the culminating expression of the communal war that imperial rule had striven all along to prevent. As an explanation this makes something of a mystery of the interesting fact that wherever British power had colonial control—Ireland and Palestine, for instance—partitions tended to happen. We may continue to wonder why.

Anderson's hostility to Nehru simply re-enacts the frowning disapproval of colonial elites facing modernist nationalists. Nehru should, in this view, have become an ideal product of Macaulayan education, coming as he did from the colonial aristocracy of modern professionals, properly educated in England and trained in the practice of the rationalist Eurocentric condescension required when dealing with their non-European societies. For a potential collaborator to become rebel seems like money down the drain. Worse, for such a turncoat to then become the admirer of a half-naked fakir with strange recidivist ideas shows a colossal Judas, a comprehensive betrayer of the colonial cultural project. The antipathy for Nehru is made more severe by the offence of his fluency in speaking a liberal language and flinging at the West the principles it claimed to cherish—and which he had acquired in the West. (Kennedy resented Nehru's tendency to lecture Western politicians on principles of liberal theory.)

There are other interesting elements in relation to Nehru: he may have learnt more than enough of the language of liberalism, but not quite enough, Anderson feels, of the

English language. An important constituent of Anderson's analysis of world history is his general contempt for those who fail to write elegant English. It appears an incontrovertible argument: elegant English is a fundamental requirement of modern statesmanship. We may plead weakly against the assumption that, just as dogs bark and cows moo, human beings must universally emote in literary English. Many might agree with Anderson's disapproval of Nehru's often florid, sentimental English style. Yet, more pertinently, Anderson's withering contempt for Nehru's gushy nationalist fantasies is misplaced, a kind of category mistake. For Nehru's works did not offer retrospective historical analyses of the course of Indian politics. They were texts *of* nationalism whose defining characteristic was to portray as eternally present a nation of recent confection—driven precisely by an anxiety about its recentness and fragility. This is not a peculiar failing in Nehru's texts but a general feature of nationalist thinking.

Celebratory Rhetoric

Anderson cannot be blamed for his annoyance with the celebratory discourse on Indian democracy. He attributes it to the uniform and wholesale absorption of state ideology by Indian academic intellectuals, excluding Achin Vanaik. To ascertain the validity of this particular judgement, we should analyse, historically, the chequered career of both

Indian democracy and the academic discourse that accompanied it. Independence did not inaugurate an intellectual climate characterized by unmixed adulation of either democracy or Nehru's government. Ironically, it is the dismal performance of post-colonial regimes subsequently that has retrospectively raised the stock of Nehru's regime. In fact, after Independence the tendency towards uncritical nationalist euphoria faced unsparing scrutiny from political opponents and critical intellectuals. Few political groups seemed altogether happy with the trajectory of independent India. Communists offered searing indictments of Nehru's failure to reduce economic inequality and poverty. Socialists criticized an arrogant English-speaking sub-imperialist elite which had made an Oxbridge degree almost a requirement for entry into the new political aristocracy: they demanded a second independence movement. Ambedkar, after initial association with the cabinet, suffered deep disillusionment and was scathing about the persistence of caste domination. Gandhians added to this mix their suspicion of a superstitious reliance on modern science and statecraft. Hindu nationalists derided the secular constitution and demanded a solidly majoritarian Hindu regime. Nehru's India was not lacking in critical perspectives.

Pride about the new nation-state and its democratic Constitution was balanced by sharp criticism against the distance between the moral imaginary of this state and its reality.[19] Nehru himself, despite Anderson's supercilious dismissal, agonized about the ideological shifts towards the right inside his own party, and religious and regional parochialism.[20] China had just become a new communist state; it appeared that, as European empires crumbled, successor states across the third world would embrace freedom and democracy. All these conditions were to change in the next half-century, both internally and internationally. Democratic regimes faltered and fell in many post-colonial states, giving rise to assorted forms of autocracy. China's path became more authoritarian; subsequently it offered the bizarre spectacle of a communist state supervising a transition to a formidable capitalist economy. A combination of these circumstances added lustre to India's flawed democracy. In the last few decades this has certainly fuelled a less restrained rhetoric of celebration and self-endorsement. The marching music of this celebration of a "deepening of democracy" drowns criticisms of many troubling aspects of political change. Politicians from the lower castes have joined their upper-caste predecessors in an entirely dismissive rhetoric against democratic and bureaucratic procedure; and

[19] For a discussion of the political imaginary of Indian nationalism, see Ananya Vajpeyi, *Righteous Republic* (Cambridge, Mass.: Harvard University Press, 2013).

[20] S. Gopal, *Jawaharlal Nehru* (Cambridge, Mass.: Harvard University Press, 1984), esp. vol. II.

criticism against corruption is thwarted by a disingenuous rhetoric of electoral validation. Criticism of lower-caste politicians is sometimes regarded as a traitorous rejection of democracy itself. A political culture of unchecked venality thrives without much resistance from any political force. Deeper mobilization has energized not merely the radical identity politics of the lower castes but also the reactionary politics of Hindu nationalism. Powerful forces of economic change unleashed by liberalization have disturbed the internal balance of the central and state governments and tended to intensify economic inequality. There is no doubt at all that democratic political change since the mid-1970s has produced deep systemic challenges that the discourse of celebration hides from view.

Anderson's cryptic remarks about Indian democracy being based on caste—which both sustains and disfigures it—are not helpful without more unpacking. His mode of thinking about caste impedes serious historical analysis. If caste is seen as unchanging, it produces a wholly distorted picture of both India's past and present. To pursue the history of caste involves research in Sanskrit, Persian, and vernacular texts—a field which radicals are disinclined to enter; and after the textual hurdles are crossed there is the further question of how far a textualist view of something like caste practices can capture social conduct on the ground. There is a constant temptation, given these difficulties, to shift into a more comfortable comparison with a history that we know somewhat better—the history of the West. Often, what passes for historical analysis is really the refusal to enter this difficult history, or a substitute for analysis by comparisons—with the better-known history of the West. But *that*, despite copious reference to historical events, is hardly historical analysis.

Khilnani's claim that, in the long term, the rise of Indian democracy might be comparable in its historic significance with the French or the American—a comparison of embattled Indian democracy with the hallowed history of the West—has given Anderson particular offence. Is the comparison outrageous? No-one well informed about the real history of French democracy, and certainly not a Marxist historian, should deny that through the long century when France became the beacon of democracy for the world it was nothing like a fully realized democratic state. As de Tocqueville observed, the rise of French democracy was accompanied by dramatic spells of violence, occasional reversals, and colonial expansion. European democracies have become uniformly picturesque only in retrospect. Khilnani is not necessarily claiming that India has the "greatest democracy on earth"—a phrase that should not be unfamiliar to US residents—but that its historic significance might be remarkable. This is particularly because it is a standing refutation of the lazy and spiteful "theory" that non-Western societies are permanent hostages to Oriental despotism. In some of the more recent academic literature this "theory" is repackaged in terms of a series of preconditions for the successful entrenchment of democratic politics: the prior establishment of conditions like individuation, secularization, capitalist prosperity. This is a trick, not a theory; it simply replays European history to extract conditions which other societies cannot satisfy, and shepherds us to the conclusion that democratic experiments outside the West are predestined to fail. Just as French democracy bore many flaws, as the *Eighteenth Brumaire* showed, Indian democracy is undeniably full of failings.

It is futile to argue that Anderson's is a "drain examiner's report", as Patnaik's short review rightly suggests; if we have a drain running through our yard, instead of blaming the examiner we should concentrate on improving household hygiene. But we also need to refute the claim that this examiner is the first to reveal the squalor of this particular drain.

The Truth about Democracy

Like other liberal democracies (not *unlike* them) the Indian political system announces principles and rights realized very unevenly in the lives of their recipients.[21] It would be

[21] For a recent study of the differential enjoyment of the rights

absurd to pretend that because of some printed lines in the Constitution, which few can read and fewer understand, all citizens *have* an equal set of rights. Anderson focuses on cases where Indian democratic institutions have shown the most appalling failures—at times leading to persistent and spectacular violence by the state itself.[22] His examples are the Northeast and Kashmir—to which we must add Punjab, Assam, and state vengeance against the Naxalites. In all these cases, either the promise of democracy to give voice to the people has collapsed or its institutions have failed to provide even minimal legal security to its putative citizens. What is misleading is not Anderson's focus on these instances of repression, but the claim that these are rarely discussed in Indian political commentary, and that he is tearing the screens off Indian ideology by revealing them. But, to take an example from Anderson's own list of Indian commentators whom he believes are in the thrall of the dominant nationalist narrative, Ramachandra Guha, in his *India After Gandhi*, in fact diverges sharply from any uncritical nationalist rationalization of the policies of the

---

of citizenship, see Niraja Gopal Jayal, *Citizenship and Its Discontents* (Ranikhet: Permanent Black, 2014).

[22] A collection of papers by Rajni Kothari in the 1970s bore the title *State Against Democracy*: R. Kothari, *State Against Democracy* (Delhi: Ajanta Publishers, 1978).

Indian state in case of both the Northeast and Kashmir. The failings of Indian democratic politics in other regions of the subcontinent have been, at times, equally dismal. Difficulties with the Northeast have continued from the time of Independence to the present day, and through three clear stages. In the first, Naga nationalists under Phizo's leadership contested the fundamental claim of the Indian state to a sovereign title to the territory, and this resistance was put down by military force; in the second round, the state reorganization of the 1950s faced insoluble problems in relation to settling the north-eastern part of the country as linguistic entities because of the intractable linguistic demography. Even in recent decades, militant movements for Bodoland and protests against the presence of the army and its enhanced powers in Manipur have demonstrated the unreality of the claim of democracy in these frontiers. By modifying Gandhi's remark about minorities, we could say that a democracy is known by the way it treats its dissenters. In all such cases, it is evidently essential to step outside the nationalist story of the nation-state.

The Failures of Indian Democracy

The question here is not political but analytic—not whether we oppose these actions of the state, but how to analyse such developments with the deep historicity that Marxism recommends. In regions which British power had not brought under its direct control, regimes of graded or layered sovereignty continued. What was controlled by the British and what by local rulers fluctuated temporally and often remained undecided. These political difficulties were in part a larger historical problem linked to the coming of regimes of sovereign state power into areas with substantial survivals of pre-modern political forms, and in part a problem of democratic governance. Indians ought to take these problems seriously, because Anderson, after all, is an external critic of Indian democracy whereas Indian citizens bear an internal relation to it and a collective responsibility for its character.

But this too involves a larger theoretical question regarding the study of liberal democracy. Are such deformations peculiar to Indian democracy, or are these historically common in democratic systems more generally? Are they a feature of all democratic polities, or are these vitiations produced by the peculiar circumstances in India and non-Western cultures? Arguments of this kind were common in the nineteenth century, for example in J.S. Mill, who used a stage theory of history to argue against the establishment of democratic government in India. Even that variety of objection could have two versions, depending on the precise reading of the reason for India's ineligibility.

First, the objections could be historical, the argument being that Indians at that particular point in time were not "advanced" enough to manage representative government. But happily, democratic government could itself be a graded thing, and as Indians gained more of the crucial qualifications, they could be given full representative government in future. Mill's thinking belonged to this category. Europeans, obviously, would remain the impartial inspectors of these qualifications. However, there could be a harder, essentialist version of this argument, suggesting that these "national" characteristics were impervious to history: the innate communalism of Indians is in this perspective an unchangeable brute fact. Indians have practised an inadequate democracy for seven decades and have not got over their innate dispositions. Anderson seems inclined to the second version of Mill's argument.

Marxism and the Analysis of Democracy

There is another question about Marxism and the analysis of democracy: do techniques of Marxist analysis provide some analytical advantages? I think they do. The deep historicity of Marxism, developed by thinkers like Gramsci, provides some analytic moves that are not common to conventional analyses of democratic regimes. Academic analysis of democracy often suffers from the assumption that the adoption of a democratic legal constitution conclusively proves the presence of democracy in that society, evenly and equally for all its purported citizens. Academic analytics rarely troubles itself over the "unevenness" of the democratic experience in formally democratic states. Marxism urges a more sceptical approach that treats democratic practice as uneven across different spaces and classes. Instead of treating democracy as internally even and unproblematic, we should examine if access to democratic rights is even across groups and this method produces a more complex map of political practice. Attention to historicity also opens up the possibility that, without formal constitutional change, a democratic polity might go through periodic fluctuations when these spatial discrepancies expand or contract. Marxist techniques allow us to develop a more historicist, more complex, more uneven as well as more accurate picture of how democratic states really function.

If we apply this augmented arsenal of analytical tools to the Indian case, it demonstrates that the relative tranquillity of Indian democratic politics during the Nehru era came with two kinds of severe cost: the spatial exception of Kashmir and the Northeast, as Anderson rightly contends; but also at the cost of a low level of popular participation in general. Democracy in the Indira Gandhi period was seriously compromised by the Emergency, and subsequently outbreaks of regional discontent in Assam, Punjab, and

Kashmir, followed by the slow descent into a wider set of "exceptions"—using military force to deal with outbreaks of increasingly lethal militancy. It is equally essential to record the serious abrogation of democratic rights for particular groups in particular regional contexts—even in regions which fall inside the mainland of democratic politics. Marxism should particularly draw our attention to the historical fact that in most cases where democracy is accompanied by a powerful advance of capitalist production, economic forces tend to erode gains in political life: the equalizing logic of democracy, though restricted to the political sphere, seriously clashes with the remorselessly dis-equalizing effects of capitalist growth. Disappointingly, Anderson's account is almost entirely devoid of any analysis of Indian capitalism and its historical complexities. His indictment of democracy hardly ever moves beyond the register of individual culpability to an analysis of the historic re-formation of social groups.

Democratic Audit

How should democracies be assessed? There is a common view that many deformities characterize Indian democracy, and others in Asia and Africa, but not European democracies. By contrast, a Marxist analysis would contend that democracies everywhere are peculiarly fragile and internally uneven political regimes, and the same analytical format should be applied to assess all instances. Internal enclaves of democracy deprivation existed in most Western cases, both spatially and socially. If India is not a democracy because of failures specific to it, how could the United States in the 1950s, given the way it treated black Americans, or the United Kingdom with its Northern Ireland suppressions, qualify as shining examples of democratic government? Surely critics such as Anderson would say we should not lecture them about the failings of their democracies for they know them quite well and contest them hard in their political practice.

But the question remains: why are democracies treated by different analytical standards? Despite their treatment of African Americans and Irish Catholics, the US and the UK remain democracies with shortcomings; but India, because of Kashmir, or the Northeast, or dalits, or its women becomes in Anderson's analysis an *authoritarian confessional* state. The failings of democracy are treated in one case as shortcomings which do not entirely override the reality of a democratic regime, and in the other as facts which turn a democratic regime into a sham. If we apply to Britain the arguments by which Anderson turns the Congress into a Hindu confessional party and Nehru into a Hindu nationalist, the Conservative and Labour parties there would both come out looking like regimes of white dominance. Moreover, we shall be pre-committed, in the name of seeing deeply into reality instead of mere appearances, to decide their character by the race of their members rather than their political purposes. It is not uncommon for Western critics to applaud Ambedkar's insistence on separate electorates, because high-caste Hindus could not be trusted to practise non-discriminatory laws and procedures. There is powerful truth in this argument; but such critics should acknowledge the implication of this argument for their own political regimes. Unless they believe that contemporary Europe is a paradise of non-discrimination, they must advocate separate electorates in Western democracies as well. If they do not, they must candidly state their belief that there is an *essential* difference between the advanced societies of the West and atavistic ones elsewhere; that while separate electorates are required in countries like India, Western regimes, being superior, are exempt from such added procedural safeguards. If Muslims in selected parts of the United Kingdom were to be asked, they might adopt a "two nations" theory, as might African and Arab immigrants in France. Such contrastive questions are implicit in analyses of the kind Anderson offers; but these are hardly ever taken up by Western authors, and avoided with great delicacy by their Indian admirers.

In many democratic nation-states the idea of the nation—drawn from modern European history—introduces an additional complexity. Like religion, Anderson has a highly singular—in both senses—notion of Indian nationalism. Actually, the question of nationalism was always deeply contested within India. Gandhi and Tagore, two most influential figures, were irreconcilably critical of European nationalism.[23] And one of the primary occurrences in intellectual history was the sharp contention between two models of nationalism in the initial stages of freedom: a European-style homogenizing nationalism, and a competing model based on pre-modern Indic forms of complex and layered identity. A major difficulty with Anderson's analysis is a similar use of a single Europe-derived notion of nationalism: like many other Western commentators he does not notice that colonial nationalists do not always treat European nationalism or its model of a homogenizing nation-state as normative or modular. Anti-colonial sentiments produce nationalist resentment against imperial rule, but in India at least nationalist thinkers see some obvious difficulties in applying a simple Europe-derived institutional form.

[23] But this is a much deeper and wider phenomenon. Earlier thinkers like Bankimchandra Chattopadhyay or Bhudeb Mukhopadhyay in the nineteenth century showed a profound suspicion of the European form of national patriotism. Among twentieth-century figures, Iqbal evinces a deep unease with the idea of a European-style nation-state. Yet, nationalists had to foster a form of intense anti-colonial nationalism. And after Independence, the states faced the problem of dealing with the demands of a homogenizing nationalism of exactly similar kinds.

Thus, some of the major problems with Anderson's critical analysis of Indian nationalism and democracy stem from a similar methodological source—the tendency to analyse vastly complex historical material through narrowly defined singular categories, drawn primarily from definitions in European theory and supported implicitly by their confirmation in the experience of European modernity.

Ideology

The concept of ideology plays no small part in Anderson's project. His main contention is that Indian intellectual life is not short of intelligent analysis, but some truths are screened off from even intelligent observers by the force of nationalist ideology. Again, the concept is never analysed: its meaning and applicability are assumed. The Marxist argument about ideology makes a powerful connection between cognition and interest, but this can be read at different degrees of conceptual complexity. At its simplest, the use of the term ideology against others is simply a form of ungrounded self-endorsement, the idea that, since Marxism is a "science", the adoption of Marxist categories enables individuals to see through the screens of appearance—treating others as a vast unintelligentsia to be saved from its own poor thinking.[24] In India, such self-exception from the unintelligence

[24] This too has a long history, starting from an early modern idea that ordinary people cannot think: therefore they must be guided.

of the surrounding world is common among some Western-educated radicals who effect a seamless merger between the Marxist disdain for people mired in false consciousness and an assured condescension acquired through an Oxbridge education. The intellectual consequences of this form of reductionism have been dismal: for example, in the treatment of caste as false consciousness, grounded in the belief that ordinary people require expert assistance to understand the real causes of their misery. Marxism of this kind led to half a century during which the virtues of "class consciousness" were indefatigably preached to a cognitively recalcitrant Indian peasantry.

The Marxist tradition contains a second strand of thinking about ideology which applies its effects more generally and does not use the move of self-exemption. Gramsci does not reserve the term ideology for non-radical forms of thinking alone, but often likens Marxism itself to Catholicism. In this second form, the notion of ideology points towards something much deeper as a condition for thought: it is hardly ever possible for any group of thinkers to be entirely clear or critical about all the conditions of their own thinking, and therefore to attain complete self-transparency. In this second reading, ideology can also be viewed as a complex theory of utterance. It suggests that, inside what we say, there are said many things that we only vaguely grasp. Our own thinking includes unreflected entanglements and implications.

A lot of things get said through our own saying that we might not intend to convey were we wholly conscious of them. If this is how ideology operates, as a dark penumbra around clear utterances, then much Indian political writing contains ideological elements—as does Western thought.

Thinking is always attended by provisionality, probabilism, and an insufficient understanding of its own grounds. Anderson's invocation of "ideology" is closer to the first, simpler version which only sees the external view as privileged: as an outsider, he is unburdened by "Indian ideology" and therefore free to unmask India's sham democracy. But here too it is possible for Marxists to make two quite different arguments about democracy being a sham. The first implies that democracy is itself a sham; there is actually nothing like real liberal capitalist democracy. The second suggests that democracy can exist, with all its flaws and despite them, under some conditions; but in the Indian case, democracy is a sham. Anderson seems to incline towards the second argument.

Several reviewers have noted that Anderson's analysis does not use much of the Marxist conceptual apparatus; and it is possible to infer a reason for this puzzling absence. Indian democratic politics is driven by identities that are quite different from class, and therefore Marxist analytics is strictly speaking inapplicable. Marxism does not offer a deep sociology of caste or of religious identities because its primary epistemic objects were societies where capitalist development had already made class the dominant form of collective identification and agency. This is certainly methodologically appropriate, as a first, negative move, rather than the conventional reductionism practised by Indian radicals. Such reductionism conceals a form of explanatory substitution. Since Marxists are fluent in class analysis, if actual historical agents' grounds for action can be discredited as false consciousness, analysing acts by their hermeneutically "internal" categories becomes unnecessary; however much the actual actors might think they are acting on the basis of caste or religion, Marxists can go on analysing their actions in terms of class. Anderson avoids class reductionism, and he is quite right to focus on other identities, such as religion and caste. But, as suggested at the outset, a sociological analysis of political action in non-Western settings requires conceptual refinements of precisely those forms of solidarity that are prevalent—like religious or sect communities, castes and subcastes, linguistic and dialectal regionality, tribal solidarity. Explanatory use of these identity markers requires increasing conceptual refinement, concentrating on these collective agents—capturing in analysis the different ways in which such identities can be causally effective. Anderson, however, tends to explain the significant facts of Indian history—events like Partition or processes like democratic change—through an unsociological register of analytical categories: mainly individuals and their psychological dispositions. True, we are spared an inappropriate reduction of other forms of sociality into falsely universal class sociology; but the consequence is an explanation of the major questions of Indian history by a British Cleopatra's nose.

Identity

Anderson's treatment of Partition illustrates another serious problem. We get the impression that since Indians are generally incapable of acting out any identity except their communal ones, democracy must degenerate into majoritarianism. Under such circumstances, what can minorities do? Indian Muslims thus had no option except the creation of Pakistan.[25] Ambedkar, similarly, could not march the dalits out of India, and therefore saw a separate state, a separate electorate, and reservation as options in a descending order of preference. Pakistan was a state based on religious identity, not on disingenuous secularist declarations.[26] Yet the Pakistan story is also disconcerting. Pakistan was a failed

[25] That incidentally was not the drift of Ayesha Jalal's argument: she regarded the creation of Pakistan as unnecessary, not inevitable.

[26] Though Jinnah's speech in the Pakistan Constituent Assembly enunciated political principles that were remarkably similar.

experiment in imposing the logic of a Westphalian state-formation on the diversity of South Asian society. It would be an interesting question to ask a political theorist: What governmental form should we—non-Western people mired in our terrible history—try to construct? Are we condemned to perpetual degradation under declared or disingenuous autocracy? A relatively simple but basic difficulty with the Westphalian solution—herding people of one identity to retire into mono-religious states of their own (where minorities are necessarily disadvantaged)—is that individuals possess a complex medley of identity attributes, which they foreground when required by historical circumstances. Consequently, the achievement of political purity by creating a state consisting of a single type of people might prove an illusory solution: people of the same religion may have different linguistic identities, or the same caste might be divided by class. At some point in history, the theoretically pure state might develop unexpected fissures along other lines of identity. It appears therefore that modern states in the dark continents outside the West are condemned to seek some kind of resolution of these potentially catastrophic differences not in an elusive state of purity—one meaning of Pakistan—but in a fallen state of plural democratic life. Anderson offers no suggestions for the resolution of political conflicts but simply the continuation of a constitutive belief of colonial ideology, namely that what Europeans achieved is outside the reach of others. For Anderson, as much as for J.S. Mill, Europe is both the norm and the exception: it is what the rest of the world must try to emulate but never really can.

Instead of an explanation, Anderson offers snides about the relation between caste and democracy. What he says is not contentious: Indian democracy works through caste and is degraded by caste at the same time.[27] Caste is a contentious and difficult subject to understand, and we would have had invaluable help if the historian of the world had given us some assistance on how to think about it historically: in fact we get little except a degrading exoticism. Caste is hard to theorize in many different ways. Its high theory is contained in Sanskrit texts, about which Marxists usually know little beyond rumours. The Vedas and the Manusmrti may contain contemptible ideas, but we have to read them to ascertain that they are despicable. Acquaintance with Sanskrit is so rare among modern intellectuals that its texts have become a dark, impenetrable world. Even if we knew the texts, there are immense discrepancies between textual pronouncements and social practice.

Finally, we need not just a grasp of the "internal" theory of the caste order which produces a hermeneutical

[27] Perry Anderson, *The Indian Ideology* (New Delhi: Three Essays, Collective, 2012), p. 167.

understanding of the system, but an external theory which offers an Archimedean point from which it can be subjected to historical critique. On caste too we get from Anderson little except an empty superciliousness.

All these problems lead to a much larger question for modern social science theory: the lack of developed theoretical analytics of social identity and its connection with political action. It is clear that political action and institutional behaviour in the non-Western world are not based on class interest or national solidarity of the Western kind. Ordinarily, these are based on other types of identity—such as caste, sect, or religion. But a theory that can adequately deal with such identities is still inadequately developed. The illusion of fixity—no serious historical change—is the logical consequence of a lack of conceptual differentiation.

Politically, the implication of Anderson's argument is hazardous, because it condemns Nehruvian politics as a disingenuous version of the politics of Hindutva, which would imply that there is not much difference between Nehru's India and an India controlled by Modi. Either we have already lost the battle, or there is no battle to lose. For leftists there is really no cause for concern: you cannot lose what you never had.

An analysis by an external observer is a real opportunity: because it is true that there are some truths which are not easily seen by insiders. Anderson's book is a wasted opportunity: because as a correction to the prejudices of the insider, it offers merely the prejudices of the outsider. The major difficulty with Anderson's book is not the severity of his judgements about Indian democracy and nationalism, which ought to be taken seriously. It is the belief that these are historical facts that require a simple form of unmasking explanation, instead of the rather more serious analytic enterprise required when looking at examples of European history. This explanatory asymmetry sits at the heart of a long tradition of European thinking about "universal" or comparative history. This, as suggested at the outset, characterized Hegel's practice as much as it does Anderson's. Ironically, for some writers the relation with the West is still most significant; Western certificates are still of the highest value, and therefore Western approval or disapproval is a matter of special exultation or mortification. We should not start sombre soul searching about our past and present after reading Anderson. We should politely decline his invitation to rejoin the debates of the nineteenth century, even if these were started by Hegel and J.S. Mill. For, in the end, Anderson shows that, with sufficient ingenuity, people may still seamlessly combine elements of Marxism with elements of Orientalism.

Note on Contributors

PARTHA CHATTERJEE

is Professor of Anthropology and South Asian Studies, Columbia University, New York, and Honorary Professor, Centre for Studies in Social Sciences, Calcutta. His many books include *Nationalist Thought and the Colonial World* (1986), *The Nation and Its Fragments* (1993), *A Possible India* (1997), *The Politics of the Governed* (2004), *Lineages of Political Society* (2011), and *The Black Hole of Empire* (2012).

SUDIPTA KAVIRAJ

is Professor of Indian Politics and Intellectual History at Columbia University. He taught for many years at SOAS, London University, following a long teaching stint at Jawaharlal Nehru University, New Delhi. He has been a Fellow of St Antony's College, Oxford, and a visiting professor at the University of California, Berkeley, as well as at the University of Chicago. His most recent books are *The Invention of*

Private Life (2014), *The Trajectories of the Indian State* (2012), *The Enchantment of Democracy and India* (2011), and *The Imaginary Institution of India* (2010).

NIVEDITA MENON

is Professor, Comparative Politics and Political Theory, Jawaharlal Nehru University, New Delhi. She is the author, most recently, of *Seeing like a Feminist* (2012) and editor (with Aditya Nigam and Sanjay Palshikar) of *Critical Studies in Politics: Exploring Sites, Selves, Power* (2013). An active commentator on contemporary issues in newspapers and on the blog kafila.org, she has translated fiction and non-fiction from Hindi and Malayalam into English, and received Katha's A.K. Ramanujan Award for translation. Her most recent translation is of Geetanjali Shree's Hindi novel *Khali Jagah* (2011).

SANJAY RUPARELIA

is Assistant Professor of Politics at the New School for Social Research, New York. His publications include *Divided We Govern: Coalition Politics in Modern India* (forthcoming), and *Understanding India's New Political Economy: A Great Transformation?* (2011). He is currently writing a new manuscript, Contesting a Right to Welfare: Law, Citizenship and Accountability in India.

Bibliography

ALAM, JAVEED
"The Indispensability of Secularism"
Social Scientist, vol. 27, nos 7–8, July–August 1998

——
India: Living with Modernity
Delhi: Oxford University Press, 1999

ALOYSIUS, G.
Nationalism without a Nation in India
Delhi: Oxford University Press, 1998

AMBEDKAR, B.R.
Constituent Assembly Debates
25 November 1949
http://parliamentofindia.nic.in/ls/debates/vol11p11.htm

——
Pakistan or Partition of India
Bombay: Thacker, 1944

AMIN, SHAHID
"Gandhi as Mahatma: Gorakhpur District, Eastern UP, 1921–22"
in Ranajit Guha, ed., *Subaltern Studies III*
Delhi: Oxford University Press, 1984, pp. 1–61

——

Event, Metaphor, Memory: Chauri Chaura 1922–1992
Delhi: Oxford University Press, 1995

ANAND, S.
"Despite Parliamentary Democracy"
Himal Southasian, August 2008

ANDERSON, PERRY
The Indian Ideology
New Delhi: Three Essays Collective, 2012, and London: Verso, 2013

ARORA, NAMIT
"Revisiting the Idea of India"
3 Quarks Daily, 3 December 2012
http://www.3quarksdaily.com/ 3quarksdaily/2012/12/revisiting-the-idea-of-india-part-1.html

BANERJEE, MUKULIKA
The Pathan Unarmed: Opposition and Memory in the North West Frontier
Delhi: Oxford University Press, 2001

BAXI, UPENDRA
Writings
http://www.upendrabaxi.net/documents.html

BHADURI, SATINATH
Dhorai charit manas
in Sankha Ghosh and Nirmalya Acharya, eds, *Satinath granthabali*
Calcutta: Signet, 1973

BHARGAVA, RAJEEV
"Reimagining Secularism: Respect, Domination and Principled Distance"
Economic and Political Weekly, 68, 50, 14 December 2013

BIDWAI, PRAFUL
"Respect Gandhi if You Will, Don't Sentimentalise Him"
Interview with Perry Anderson, *Outlook*, 12 November 2012
http://www.outlookindia.com/article.aspx?282832

BILGRAMI, AKEEL
"Gandhi as a Philosopher"
Economic and Political Weekly, 38, 39 (2003), pp. 4159–65

BRASS, PAUL
The Production of Hindu–Muslim Violence in Contemporary India
Seattle: University of Washington Press, 2003

CHAKRABARTY, DIPESH
Rethinking Working-Class History: Bengal 1890–1940
Princeton: Princeton University Press, 1989

CHAKRAVARTI, UMA
"Beyond the Altekarian Paradigm: Towards a New Understanding of Gender Relations in Early India"
Social Scientist 16, 183, 1988

——
"Whatever Happened to the Vedic Dasi: Orientalism, Nationalism, and a Script fo the Past"
in Kumkum Sangari and Sudesh Vaid, eds, *Recasting Women: Essays in Colonial History*
New Delhi: Kali for Women, 1989

CHATTERJEE, PARTHA
Bengal 1920–1947: The Land Question
Calcutta: K.P. Bagchi, 1984, new edn 2012

——
The Nation and Its Fragments
Princeton: Princeton University Press, 1994

CHAUDHRY, YAHYA
"The Poverty of the Indian Ideology"
Jacobin, 5 December 2013
https://www.jacobinmag.com/2013/12/the-poverty-of-indian-ideology/

Constellations
21, 2 June 2014, pp. 162–98

DALTON, DENNIS
Nonviolence in Action: Gandhi's Power
New York: Columbia University Press, 1993

DAS, PUSHPITA
"The History of Armed Forces Special Powers Act"
in Vivek Chadha, ed., *Armed Forces Special Powers Act: The Debate*
IDSA Monograph Series No. 7, November 2012, IDSA, and Delhi: Lancer's Press, 2012

DESAI, A.R.
Violation of Democratic Rights in India
Hyderabad: Sangam Books, 1986

——
Expanding Governmental Lawlessness and Organized Struggles
Bombay: Popular Prakashan, 1991

DESAI, RADHIKA
"Culturalism and Contemporary Right: Indian Bourgeoisie and Political Hindutva"
Economic and Political Weekly, vol. 34, no. 12, 20–26 March 1999

ERIKSON, ERIK H.
Gandhi's Truth: On the Origins of Militant Nonviolence
London: Faber and Faber, 1970

GALLAGHER, JOHN, GORDON JOHNSON, AND ANIL SEAL, EDS
Locality, Province and Nation: Essays on Indian Politics 1870 to 1940
Cambridge: Cambridge University Press, 1973

GEETHA, V.
"Periyar, Women and an Ethic of Citizenship"
Economic and Political Weekly, vol. 33, no. 17, 25 April–1 May 1998, pp. WS9–WS15

GOPAL, S.
Jawaharlal Nehru, 3 vols
Cambridge, Mass.: Harvard University Press, 1984

—— AND UMA IYENGAR, EDS
The Essential Writings of Jawaharlal Nehru, 2 vols
Delhi: Oxford University Press, 2003

GUDAVARTHY, AJAY
"Review of *The Indian Ideology*"
Studies in Indian Politics, 1, 1, 2013, pp. 115–17

GUHA, RANAJIT
"Discipline and Mobilize"
in Partha Chatterjee and Gyanendra Pandey, eds, *Subaltern Studies VII*
Delhi: Oxford University Press, 1992

——
Dominance Without Hegemony: History and Power in Colonial India
Cambridge, Mass.: Harvard University Press, 1997

HARDIMAN, DAVID
Gandhi in His Time and Ours
Ranikhet: Permanent Black, 2003

——
Peasant Nationalists of Gujarat
Delhi: Oxford University Press, 1984

HEGEL, G.W.F.
The Philosophy of History
trans. John Sibree
London: Dover Publications, 2004

Hindu, The
Editorial, "Don't Ban Great Soul"
31 March 2011

HYDER, GULAM
"Anti-Nizam Struggle: Participation of Muslims"
in Raj Bahadur Gour, Chandragupta Chaudhary, Gulam Hyder, and B.S. Paranjpe, *Glorious Telengana Armed Struggle*
New Delhi: Communist Party of India, 1973

ILAIAH, KANCHA
"Towards the Dalitization of the Nation"
in Partha Chatterjee, ed., *Wages of Freedom: Fifty Years of the Indian Nation-State*
Delhi: Oxford University Press, 1998

JALAL, AYESHA
The Sole Spokesman: Jinnah, the Muslim League and the Demand for Pakistan
Cambridge: Cambridge University Press, 1985

JAYAL, NIRAJA GOPAL
Citizenship and Its Discontents
Ranikhet: Permanent Black, 2014

KANNABIRAN, K.G.
The Wages of Impunity: Power, Justice, and Human Rights
Hyderabad: Orient Longman, 2003

KAVIRAJ, SUDIPTA
"A Critique of the Passive Revolution"
Economic and Political Weekly, vol. 23, no. 45/47, Special Issue, November 1988

——
"The Imaginary Institution of India"
in Partha Chatterjee and Gyanendra Pandey, eds, *Subaltern Studies VII*
Delhi: Oxford University Press, 1994

KHILNANI, SUNIL
"The Indian Constitution and Democracy"
in Zoya Hasan, E. Sridharan, and R. Sudarshan, eds, *India's Living Constitution*
Ranikhet: Permanent Black, 2002

KOTHARI, R.
State Against Democracy
Delhi: Ajanta Publishers, 1978

KUMAR, RADHA
The History of Doing: An Illustrated Account of Movements for Women's Rights and Feminism in India, 1800–1990
Delhi: Kali for Women, 1993

LAL, VINAY
"Gandhi's Last Fast"
Gandhi Marg, July–September 1989

LOUIS, PRAKASH AND R. VASHUM, EDS
Extraordinary Laws in India: A Reader for Understanding Legislations Endangering Civil Liberties
Delhi: Indian Social Institute, 2002

MAMDANI, MAHMOOD
"The Politics of Naming: Genocide, Civil War, Insurgency"
London Review of Books, vol. 29, no. 5, 8 March 2007

MANTENA, KARUNA
Letter
in the *London Review of Books*, vol. 34, no. 16, 30 August 2012

MENON, NIVEDITA AND ADITYA NIGAM
Power and Contestation: India After 1989
London: Zed Books, and Hyderabad: Orient Blackswan, 2007

MISHRA, PANKAJ
"India and Ideology: Why Western Thinkers Struggle with the Subcontinent"
Foreign Affairs, 92, 6 November/December 2013
http://www.foreignaffairs.com/articles/140167/pankaj-mishra/india-and-ideology

MOYN, SAMUEL
The Last Utopia
Cambridge, Mass.: Harvard University Press, 2012

MUKUL, AKSHAYA
"First-Past-the-Post System Unfair: CEC"
Times of India, 5 May 2005

NAMBOODIRIPAD, E.M.S.
The Mahatma and the Ism
New Delhi: People's Publishing House, 1959

NANDY, ASHIS
"Politics of Secularism and the Recovery of Religious Tolerance"
in Rajeev Bhargava, ed., *Secularism and Its Critics*
Delhi Oxford University Press, 1998

NAVLAKHA, GAUTAM
Writings
in *Economic and Political Weekly* from 1986 to the present
in http://www.epw.in/authors/gautam-navlakha?page=11

NIGAM, ADITYA
"Look Inward, Angel"
Daily News and Analysis, 13 August 2013
http://www.dnaindia.com/mumbai/report-look-inward-angel-1873681

ORME, ROBERT
A History of the Military Transactions of the British Nation in Indostan, from the year MDCCXLV, 2 vols
London: John Ourse, 1778

PALAT, RAVI
"Review of *The Indian Ideology*"
Critical Asian Studies, 45, 2, 2013, pp. 323–30

PALME DUTT, R.
India To-day
London: Victor Gollancz, 1940; Bombay: People's Publishing House, 1947

PANDEY, GYANENDRA
The Ascendancy of the Congress in Uttar Pradesh, 1926–1934
Delhi: Oxford University Press, 1984

———
The Construction of Communalism in Colonial North India
Delhi: Oxford University Press, 1990

———
Remembering Partition: Violence, Nationalism and History in India
Cambridge: Cambridge University Press, 2001

———, ED.
Hindus and Others: The Question of Identity in India Today
New Delhi: Penguin, 1993

PATNAIK, PRABHAT
"Modern India sans the Impact of Capitalism"
Economic and Political Weekly, XLVIII, 36, 7 September 2013: 30–5

———
"Political Strategies of Economic Development"
in Partha Chatterjee, ed., *Wages of Freedom: Fifty Years of the Indian Nation-State*
Delhi: Oxford University Press, 1998

PERNAU, MARGRIT
The Passing of Patrimonialism: Politics and Political Culture in Hyderabad 1911–1948
Delhi: Manohar, 2000

PHILIP, KAVITA
"Post-colonial Historiography and the Polemicist's Task: Understanding Perry Anderson's Indian Ideology"
Social History, 39, 3, 2014

PRASHAD, VIJAY
"A Flawed Project"
Naked Punch, 26 December 2012
http://www.nakedpunch.com/articles/158

PURI, BALRAJ
Kashmir: Insurgency and After
Hyderabad: Orient Longman, 2008

———
Kashmir: Towards Insurgency
New Delhi: Orient Longman, 1993

RAI, MRIDU
Hindu Rulers, Muslim Subjects
New Delhi and Ranikhet: Permanent Black, 2004

———
"Joseph Lelyveld's 'Great Soul' or How to Damn with Faint Praise"
Kafila 13 April 2011
http://kafila.org/2011/04/13/mridu-rai-reviews-joseph-lelyveld-gandhi-biography-great-soul/

RAO, NAGESH
"The Myths of Indian Nationalism"
International Socialist Review, Issue #94 Fall 2014
http://isreview.org/issue/94/myths-indian-nationalism

RENU, PHANISWARNATH
Maila anchal
Delhi: Rajkamal, 2003

RUDOLPH, LLOYD I. AND SUSANNE HOEBER RUDOLPH
The Modernity of Tradition: Political Development in India
Chicago: The University of Chicago Press, 1984

SARKAR, SUMIT
"The Anti-secularist Critique of Hindutva: Problems of a Shared Discursive Space"
Germinal, vol. 1, 1994

——

Modern India 1885–1947
Delhi: Macmillan, 1983

——

Popular Movements and Middle-class Leadership in Late Colonial India
Calcutta: K.P. Bagchi, 1984

——

The Swadeshi Movement in Bengal, second, revised edn
Ranikhet: Permanent Black, 2013

SHAH, SAYED WIQAR ALI
Ethnicity, Islam and Nationalism: Muslim Politics in the North-West Frontier Province
Karachi: Oxford University Press, 1999

SIMEON, DILIP
"Abominable Anderson"
Bargad, 9 November 2012
http://bargad.org/2012/11/09/dilip-simeon-on-perry-anderson

——

"The Assassination of Mahatma Gandhi: Inquiry Commission Report"
in *Dilip Simeon's Blog*: http://dilipsimeon.blogspot.in/2012/03/report-of-commission-of-inquiry-into.html

SINGH, ANITA INDER
The Origins of the Partition of India 1936–1947
Delhi: Oxford University Press, 1987

SINGH, JASWANT
Jinnah: India, Partition, Independence
Delhi: Rupa and Co., 2009

Singh, Pritam
"The Indian Ideology by Perry Anderson—A Review"
Socialist Resistance, 16 June 2014
http://socialistresistance.org/6414/the-indian-ideology-by-perry-anderson-a-review

Singh, Ujjwal Kumar
The State, Democracy and Anti-Terror Laws in India
New Delhi: Sage, 2007

Sundarayya, P.
Telangana People's Struggle and Its Lessons
Calcutta: Communist Party of India Marxist, 1972

Tambe, Ashwini
"Gandhi's 'Fallen' Sisters: Difference and the National Body Politic"
Social Scientist, vol. 37, no. 1/2, January–February 2009, pp. 21–38

Thompson, Edward J. and G.T. Garratt
Rise and Fulfilment of British Rule in India
London: Macmillan, 1934; revised edn Allahabad: Central Book Depot, 1958

Tidrick, Kathryn
Gandhi: A Political and Spiritual Life
London: I.B. Tauris, 2006

Vajpeyi, Ananya
"'Nimbus of Empire, Charisma of Nation': A Response to Perry Anderson"
Seminar 636, August 2012

——
Righteous Republic
Cambridge, Mass.: Harvard University Press, 2013

VANAIK, ACHIN
"Factual Accuracy and Logic of Argument"
Mainstream, LI, 25, 8 June 2013
http://www.mainstreamweekly.net/article4228.html

VON TUNZELMANN, ALEX
Indian Summer: The Secret History of the End of an Empire
London: Picador, 2008

WHEATCROFT, GEOFFREY
"The British Gift to American Letters"
The New York Times, Sunday Review, 5 August 2012